JN304660

# 地方自治の最前線

日本地方自治研究学会 編

地方自治体
地方公共団体
内部統制
公会計
財務報告
国際比較
地方財政
地方分権
組織間ネットワーク
地域経済
行政領域
協働
地域コミュニティ
個人情報保護
地域情報化
都市経営情報管理

清文社

# はしがき

　本書は、日本地方自治研究学会創立25周年を記念して編纂された。当学会では、先に、『地方自治の先端理論』（勁草書房、1997年）を刊行しているが、以来10年が経過した。この間における地方自治をめぐる動きは大きなものがあった。地方分権の推進、三位一体の改革、市町村合併、道州制の推進及び公会計改革等々である。

　近年における地方分権改革の動きは、1993年の衆参両院における地方分権の推進に関する決議にはじまる。翌年に地方分権推進大綱の閣議決定があり、1995年に地方分権推進法が成立している。当時までの動向は、前著でカバーされている。その後、1999年の地方分権一括法、さらに2006年の地方分権改革推進法の制定と続いている。この間、三位一体の改革、すなわち地方税、国庫補助負担金及び地方交付税の3項目の一体的見直しが行われた。財政改革に関連して、2007年に地方公共団体の財政の健全化に関する法律（財政健全化法）が制定されたことも指摘しておきたい。

　地方分権の推進との関連で市町村合併が進められている。明治の市町村合併により70,000を超える市町村が14,000台に、昭和の市町村合併により3,300台に減少した。そして、平成の市町村合併により、2008年には1,800台まで減少している。

　道州制の議論も活発に行われている。2006年に道州制担当大臣が任命され、実質上北海道のみを対象とする道州制特区推進法が制定された。その後、2008年に入ると、同大臣の下に設置された道州制ビジョン懇談会の「中間報告」、日本経済団体連合会の「道州制の導入に向けた第2次提言」、及び自由民主党道州制推進本部の「道州制に関する第3次中間報告」等が発表された。これらの提言・報告によると、遅くとも2018年には道州制が実現の見込みである。

　公会計改革も進んだ。明治以来、単式簿記・現金主義会計が実施されてきた

公会計分野に改革がもたらされた。一つは、2006年、総務省より総務省方式改訂モデル及び基準モデルが公表されたことであり、さらに大きな改革は、2006年度から、東京都に複式簿記・発生主義会計が導入されたことである。

　以上、自治体の視点から、最近の行財政改革並びに公会計改革の概要を紹介した。これらの改革は密接に絡んでいる。例えば、三位一体の改革は一方では地方分権の推進と、他方では国と地方の間での行財政改革と、あるいは市町村合併等と関連している。したがって、地方自治をめぐる諸課題には多角的に取り組まないとその全貌を明らかにしえない。当学会は地方自治体の活動を多角的に研究するために創立された。

　創立総会は1984年6月23日で、場所は大阪駅近接の新阪急ホテルのスカイルームであった。第1回全国大会は神戸商科大学（現兵庫県立大学）の主催により、神戸市立中小企業会館で開催された。そして2008年の全国大会を25周年記念大会として青山学院大学で開催した。この間、会長は一瀬智司(経営学)、吉田寛（会計学）、白鳥令（政治学）、喜多登（財政学）、山内昭（経営情報学）、河野正男（会計学）と引き継がれてきた。歴代会長の研究分野からも推測できるように、当学会は、多様な分野の研究者からなる学際的研究集団である。これまで地方自治をめぐる諸問題に関する取組みを、全国大会、地域部会あるいは研究部会、そして機関誌『地方自治研究』を通じて公表してきた。

　全国大会の統一テーマから、どのような課題に取り組んできたかがわかる。2009年度全国大会（於宮崎公立大学）までの26回の中で、最も多く使用された語は、地方分権、行財政改革及び地域経営で各5回である。次いで道州制を含む広域行政及び情報社会・情報化が各3回、この他、地域の活性化、国際化、行政評価、地域開発、市町村合併、都市と災害等が各1回使用されている。

　地方分権、行財政改革及び広域行政等は国と地方の枠組みにかかわる政治的課題であり、当学会で議論することは当然のことである。他方、自治体の経営や情報化にかかわる課題もかなりの頻度で取り上げている。これらの課題は自治体の日々の実践に密接にかかわっており解決を求められる問題も多い。前述の政治的課題とともに、当学会として見過ごしにできぬ課題である。

　本書の刊行にあたって、冒頭で指摘した最近10年間の地方自治をめぐる諸課

題を念頭におくとともに、当学会の活動内容、ひいては人的資源を踏まえ、会計学、財政学、経営学、行政学、経営情報学の各分野から1名、計5名の編集委員を選出し、協議の結果、18名の執筆者にお願いし、寄稿の内容を斟酌して行政、財政及び会計の3部門構成とした。

　読者に、地方自治をめぐる諸課題への理解を深めるとともに、問題解決のためのヒントが提供できれば幸いである。本書により当学会に関心をもたれた方は下記のホームページにアクセスを願いたい。最近の当学会の活動状況が掲載されている。(URL：http://wwwsoc.nii.ac.jp/umlgr/)

　本書の刊行を前にして、德江陞氏（公認会計士、元藤沢市代表監査委員）が亡くなられた。記して哀悼の意を表したい。

　最後に、多忙のところ貴重な時間を割いていただいた編集委員及び執筆者各位、並びに本書の出版を快くお引き受けいただいた清文社及び刊行に当たり大変お世話になった同社の玉江博氏、中山誠二郎氏に深く感謝申し上げる次第である。

2009年9月

　　　　　　　　　　　　　　　　　　　　　日本地方自治研究学会
　　　　　　　　　　　　　　　　　　　　　　　会長　河野正男

# 目　次

## 第 1 部　行政部門

第 1 章　地方分権改革 …………………………………………………3
　　　　　―その進展と課題―　　　　　　　　　　　　（山本　　清）

第 2 章　組織間ネットワークの形成と地域経済の活性化…………15
　　　　　―事例研究：神戸市「北野工房のまち」―　　（小松　陽一）

第 3 章　行政領域の縮小とコミュニティの再組織化………………35
　　　　　―協働のパートナーとしての地域コミュニティ―　（橋本　行史）

第 4 章　電子ネットワーク社会における地方自治と
　　　　　個人情報保護・情報公開制度の形成 …………………………54
　　　　　　　　　　　　　　　　　　　　　　　　　　（松行　康夫）

第 5 章　官民連携による地域情報化施策としての
　　　　　地域ポータルサイトの評価 ……………………………………72
　　　　　　　　　　　　　　　　　　　　　　　　　　（藤田　昌弘）

第 6 章　都市経営情報管理の確立とシステム思考……………………88
　　　　　―P.M.センゲの学習する組織論をヒントに―　（山内　　昭）


## 第 2 部　財政部門

第 7 章　地方自治体と行財政改革…………………………………105
　　　　　　　　　　　　　　　　　　　　　　　　　　（若山　浩司）

第 8 章　中央政府と地方政府の財政関係…………………………116
　　　　　　　　　　　　　　　　　　　　　　　　　（池宮城　秀正）

第9章 地方分権と地方財政……………………………126
　　　　　　　　　　　　　　　　　　　　（前村　昌健）

第10章 地方財政構造の変革と都市ごみ管理……………141
　　　　　　　　　　　　　　　　　　　　（和田　尚久）

第11章 地方自治の国際比較………………………………154
　　　　―北欧の地方自治と地方税を中心に―　　（星野　泉）

## 第3部　会計部門

第12章 地方自治体における発生主義会計の活用………169
　　　　―東京都の事例を参考にして―　　　（鵜川　正樹）

第13章 公会計におけるコンテンラーメンの設計…………187
　　　　　　　　　　　　　　　　　　　　（亀井　孝文）

第14章 地方自治体の再建法制と公監査…………………200
　　　　　　　　　　　　　　　　　　　　（鈴木　豊）

第15章 地方公共団体における内部統制…………………217
　　　　　　　　　　　　　　　　　　　　（德江　陸）

第16章 公会計の財務報告の目的と会計の基礎…………254
　　　　　　　　　　　　　　　　　　　　（米田　正巳）

第17章 公会計改革をベースにした予算制度改革………272
　　　　　　　　　　　　　　　　　　　　（筆谷　勇）

第18章 地方自治体における公会計制度改革の方向性…300
　　　　―持続可能で自律的な行政経営の実現に向けて―　（小林　麻理）

# 第1部 行政部門

# 第1章

## 地方分権改革
―その進展と課題―

山本　清
（東京大学大学院教育学研究科教授）

## 第1節　分析の視点

　分権改革を分析するわが国における従来の研究は、改革の政治過程に焦点を当てて何が改革を推進させ、どのような相互作用を経てきたかが中心であったという。伊藤（2008）によれば、アクターの「アイデイア」が改革に及ぼした影響度に注目した西尾（1999）や木寺（2005）のアプローチとアクター間の利害関係をめぐる調整結果として改革が方向づけられる点を扱う村松（1999）、北村（2000）、曽我（2002）や森田（2003）らの利益アプローチに大別されてきた。一方、伊藤は分権改革の過程に焦点をおきながらも他の改革や政策と相互に影響しながらアクターの決定がなされるとして、その構造と動態を分権改革を相対化して分析している。

　しかしながら、分権改革は手続き的には国（中央政府）と自治体（地方政府・地方公共団体）の関係を見直すことであるが、その目的は公共空間を公的主体（国・自治体）と企業・非営利組織、地域社会（市民社会）がいかに分担・調整して運営していけば社会問題を効果的に解決していけるかを検討し実現していくことにある。その意味で統治（ガバナンス）が改革内容の主眼になる。実際、地方分権推進法（平成7年法律第96号）では推進理念を「国及び地方公共団体が分担すべき役割を明確にし、地方公共団体の自主性・自立性を高め、個性豊かで活力に満ちた地域社会を実現する」と規定している。また、同法で設置された分権推進委員会の中間報告でも、中央集権型行政システムを住民主導の個性的で総合的な行政システムに切り替え、新しい時代の諸課題に対応することを目的に挙げている。

　したがって、本稿では分権改革を過程でなくガバナンスの視点から、人口動

態、経済、社会及び地域の4つの問題(それぞれ少子高齢化、財政悪化、コミュニティ崩壊及び地域間格差が対応)を解決するシステム改革とみなして分析する(図表1参照)。ここで、分権改革は国と自治体の関係を扱うため、分権化は自動的に中央政府の活動の「減量化」を意味し国の行政改革と結びつく。同時に、国と自治体の財政は地方交付税等を通じて相互に影響しあうため、地方分権推進法も述べるように国・地方を通じた行政の簡素効率化を推進する責務を負っている。そして、活動の分担は中央政府と地方政府間だけでなく企業や社会との分担や協働による方法も含まれるため、ガバナンス改革の視点からどのような内容のシステムに変更されたのか、意図した目的は達成されたかを分析することにする。

図表1　分権改革の分析枠組み

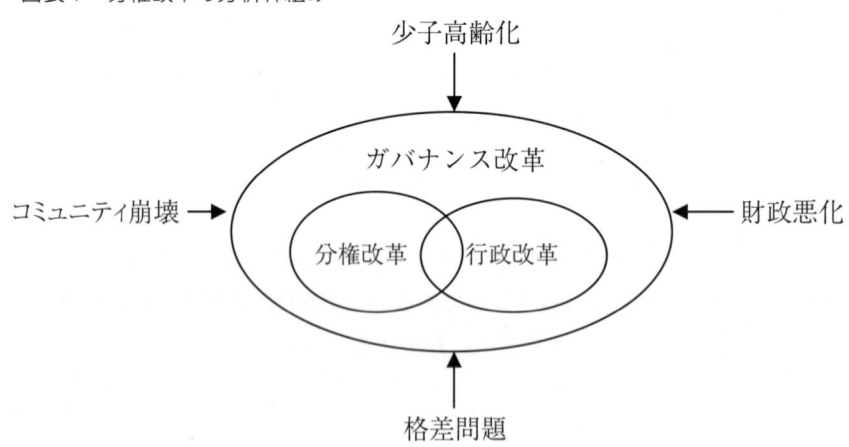

少子高齢化
コミュニティ崩壊 → ガバナンス改革（分権改革・行政改革）← 財政悪化
格差問題

(出典) 筆者作成

## 第2節　組織・財政・サービス改革

わが国における戦後の分権改革の開始をどこに求めるかはいくつかの見解があるが、ここでは国会で推進決議がされた1993年6月を起点にして主要な事項を年表にした（図表2参照）。分権改革を推進する法体系からは、地方分権推進法に基づく地方分権推進委員会の活動（1995年7月から2001年6月）と地方

図表2　分権改革の推移

| | |
|---|---|
| 1993年6月 | 地方分権の推進に関する決議（国会） |
| 1994年11月 | 第24次地方制度調査会答申（地方分権推進等） |
| 1995年5月 | 地方分権推進法成立 |
| 1996年12月 | 地方分権推進委員会第一次勧告（機関委任事務制度の廃止等） |
| 1997年2月 | 第25次地方制度調査会答申（監査制度の改革） |
| 1997年7月 | 地方分権推進委員会第2次勧告（機関委任事務制度の廃止等） |
| 1997年9月 | 地方分権推進委員会第3次勧告（地方事務官等） |
| 1997年10月 | 地方分権推進委員会第4次勧告（市町村の規模等に応じた権限委譲） |
| 1998年4月 | 第25次地方制度調査会答申（市町村合併等） |
| 5月 | 地方分権推進計画閣議決定 |
| 11月 | 地方分権推進委員会第5次勧告（公共事業の在り方見直し等） |
| 1999年3月 | 第2次地方分権推進計画閣議決定 |
| 7月 | 地方分権一括法成立 |
| 2000年4月 | 地方分権一括法施行 |
| 10月 | 第26次地方制度調査会答申（住民自治制度・地方税財源の充実確保） |
| 2001年6月 | 地方分権推進委員会最終報告 |
| 2002年10月 | 地方分権改革推進会議意見（事務事業の在り方） |
| 2003年6月 | 地方分権改革推進会議意見（三位一体の改革）※ |
| 11月 | 第27次地方制度調査会答申（今後の地方自治制度のありかた） |
| 2004年5月 | 地方分権改革推進会議意見（地方公共団体の行財政改革の推進等） |
| | 合併関連3法成立 |
| 2005年12月 | 第28次地方制度調査会答申（地方の自主性・自律性及び地方議会） |
| 2006年2月 | 第28次地方制度調査会答申（道州制のありかた） |
| 12月 | 地方分権改革推進法成立 |
| 2007年5月 | 地方分権改革推進委員会（基本的な考え方） |
| 11月 | 地方分権改革推進委員会（中間的な取りまとめ） |
| 2008年5月 | 地方分権改革推進委員会第1次勧告（「地方政府」の確立） |

注：出井・参議院総務委員会（2007）を加筆修正した。
※　国庫補助金、地方交付税及び税源配分を一体として見直すこと

分権改革推進法に基づく地方分権改革推進委員会の活動（2007年5月から）の2つに区分される。しかしながら、上記委員会は主要なアクターの一つであるものの、その果たした役割は異なる。何よりも改革内容に焦点をおく本稿の目的からは、1999年7月の地方分権一括法による自治体の団体自治の拡充、国からの権限委譲等がなされた段階、そして分権推進委員会で「未完の分権改革」

とされた地方財政秩序の改革を目指した「三位一体の改革」の段階及び国と地方の役割見直しと地方財政改革の2つの総合的に扱う現在の分権改革推進委員会の段階に3区分する。

　第一の段階では、国と地方の役割分担につき地方自治を拡充する視点から改革することに力点が置かれた。特に国（中央政府）と地方（地方政府・自治体）を「上下・主従」の垂直的から「対等・協力」の水平的関係に改め、従来の機関委任事務制度（自治体の執行機関を国の機関とし、国の事務を委任して執行させる仕組み）の廃止や地方に対する国の関与の限定、国地方係争処理委員会の設置、必置規制の緩和等が実施された。地方分権推進委員会の最終報告（2001年6月）にあるように、第1期の焦点は、団体自治の拡充の観点から政府内部での分担関係の見直し、それも財源配分には大きく影響しない執行範囲の分権改革に限定されている。分権改革として成果を挙げられたのは、市川（2006）が指摘するように機関委任事務制度の存廃は「官僚世界内部の問題であり、政治家の利害にはほとんど関係しない」(p31) ものであったゆえに、行政法学者らの技術と合理性の論理で推進できたことが大きい。

　第二の段階では、地方分権推進委員会で地方財源、国庫補助金、地方交付税等の財政が中心的テーマとなった。財政は国と地方の関係の他、補助金は個別政策毎に受益者が存在することから政治的利害関係を帯び、官僚制以外に政治の影響を強く受ける。同時に、補助金・地方交付税は自治体の重要な財源であると同時に国の財政の一部（歳出科目）でもあるため、国家財政の財務省と地方財政の総務省間の省庁間の対立を招く。地方財政充実は国の財政負担（支出）を増やすことになるからである。こうした複雑化した利害関係を調整するのは専門家集団の委員会組織では無理であり、実際、小泉政権の経済財政諮問会議が調整の場として機能した。経済財政諮問会議は議長が内閣総理大臣であり、総務大臣及び財務大臣は正規の構成員である。

　地方分権推進委員会の後継組織であった地方分権改革推進会議は、このため三位一体改革で主導的機能を発揮することはできず、行財政改革の推進に力点をおくことになった。したがって、第二期は財源移譲という側面で分権改革の要素はあるものの行政改革、特に財政改革の側面が強かったといえる。特に、

税源移譲よりも交付税減収の方が大きかった点は小西（2006）が指摘するように分権的な財政改革と財政再建をセットとして実施することで生じる。税源移譲は地方財政計画の国庫支出金を削減し、それに見合う額を移転するだけで本来財政収支には中立的であるから、実質的にこの時期の改革は（国の）行政改革の影響が強かったといえる。

第三期の地方分権改革推進委員会は第一次勧告を2008年5月に行ったが、その中心内容は国と地方の役割分担と国の出先機関の改革におかれている。このため、政府内部での分権改革に焦点があり、行政改革の側面は現在のところ出先機関の地方への移譲を通じた整理・合理化にすぎない。ただし、この委員会と並行して道州制の議論が道州制ビジョン懇談会や第29次地方制度調査会でも行われているため、分権構造がどのようになるか不透明である。

## 第3節　ガバナンス改革としての取組みと限界

地方分権推進委員会設置以降の活動を3区分して、そのプロセスを概説してきたが、分権改革は行政改革と一体的に推進されており、両者を含むガバナンス改革の視点から国家や社会の在り方の変革を意図したものである。このため、地方分権推進委員会の中間報告（1996年3月）でも明治維新、戦後改革に次ぐ「第三の改革」と位置づけている。そこで、主要な内容をガバナンス改革への取組みとみなし、それがどのような論理で実施されたか実施されようとしているかを明らかにする。

第1の段階では国と自治体の業務分担・執行体制の見直しを通じて自治・分権を高めた。機関委任事務制度の廃止等は中央政府と地方政府たる自治体の関係を変えたのは事実であるが、市民社会や市場経済と政府との関係においては政府内部の業務範囲の変更（「国から地方へ」）であった。その意味で、社会問題を解決する装置となる3つの統治機構たる市民社会、市場経済及び政府の相互関係には大きな変動は生じないものである。ただし、同時期に市町村合併が推進され基礎的自治体の規模・能力を向上させる政策が実施された。分権の受け皿つくりという一次的な目的を有するものの、合併は規模の経済による経費節減を同時にもたらすと期待される側面もある。つまり、結果として行政改革、

「小さな政府」への構造改革につながる要素をもっていた[注1]。実際、地方分権推進委員会の最終報告では、自主的な合併推進が歳出の徹底した削減を図る努力を結実させる有力な選択肢と述べている。

ところが、第2段階では三位一体改革と地方行革が同時に推進され、総人件費改革、公共サービス改革及び地方公会計改革が実施されることになった。これは、地方分権改革推進会議における行財政運営の改革に関する意見とも整合的なものであり、ちょうど小泉政権の構造改革期間(2001年4月〜2006年9月)に該当する。地方行革では民間給与との比較による人件費削減、指定管理者制度、PFI等の各種アウトソーシングの推進による効率化及び資産・負債管理の徹底が図られ、公共サービスの市場経済を通じた供給が推進された(「官から民へ」)。しかし、同時に政府内部の総務省では、構造改革の理論的基盤になっているNPM (New Public Management)を超えて、住民やNPO、企業等多様な主体と協働して自治体を運営していこうとする地域協働型のガバナンスも推進しようとする新しい動きが出てきた(「分権型社会における自治体経営の刷新戦略」2005年3月)。

前者のNPM的な政府経営では官から民への一方的な供給主体の移転が起こるだけであり、基本的には政府のリーン化(縮小)を目指すのに対し、後者の協働型運営では政府と市場経済及び市民社会がネットワーク的に資源を動員して問題を解決しようとするものであり相互作用の範囲が拡大する(図表3参照)。理論的には新自由主義的なNPMと第三の道的なNPSの混在を見出すことができる。もっとも、この段階で実質的な議論を主導した経済財政諮問会議はNPM的な志向が強く、総務省の2006年3月の「地方行革新指針」においても前出報告書の「新しい公共空間」の形成は盛り込まれていない。

第3段階におけるガバナンス改革の具体像はいまだ明確でないが、地方分権改革推進委員会の第一次勧告(2008年5月)の基本的な考え方を読むと、住民を主権者、納税者、消費者でもあるとみなし、また、地方政府の担い手を住民・首長・議員と定義しており、顧客＝消費者志向が強いNPMの見解をそのまま適用するものではないようである。もっとも、最初に取り組むのは国と地方の役割分担であり第1段階のものと同じ範疇(組織改革)であり、違いは国の出

先機関の抜本的改革も対象になっていることである。

　しかしながら、自治財政権を有する財源を各自治体が保有するように税源移譲を行うことは、税源の偏在もあって困難である。とりわけ、財政再建時には小西（2006）が指摘するように、税源移譲は地方財政計画の歳出圧縮とセットで実施されるため、自治体間の格差を拡大させる側面がある。三位一体改革は財源移譲より交付税減少の方が大きかったため、第二次勧告後に予定されている税財政構造の検討には、図表4に示すように三位一体改革に欠けていた自治体間の公正を効率とどのように調和させるかが課題である。ただし、金井（2007）及び木谷（2008）が指摘するように、地方分権改革推進法は「骨太方針2006」を踏まえており、国及び自治体を通じた行政の簡素化及び効率化を分権改革の推進により図ることから財政改革（歳出削減）としての色彩が強いという意見もある。確かに第2段階までは財源論も効率化にシフトしていたのは事実であり、第3段階では、行政サービスの民営化・アウトソーシングあるいは協働化による効率化と並び質の向上や財源の公正性に配慮されるかが注目される。つまり、民間事業者や地域協働による公共サービス供給における経費節減以外のリスク負担・供給者責任・モニタリング（図表4の規制）や財源保障の側面への検討である。

図表3　ガバナンスの移行

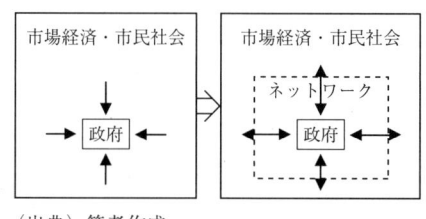

（出典）筆者作成

図表4　分権改革での焦点

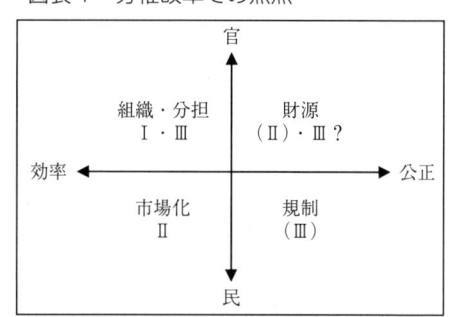

注：ローマ数字の番号は分権改革の段階をさす。
（出典）筆者作成

## 第4節　市町村合併の効果検証

　市町村合併は、分権推進委員会も認めるように分権の受け皿づくりの側面と効率化の側面を併せ持つ。基礎的自治体として権限委譲を受けて広範囲な行政サービスを責任をもって住民に対して行うには、組織機能・能力を高める必要があり、従来から増加する業務を適切に実施する人材・財源を確保するため自治体の財政の自律性を高め効率化を促す必要もあるからである。本来合併の効果は、面積や人口、財政力などが同じ条件で合併した場合としなかった場合の比較になるが、合併したとたん面積・人口などが増加するから厳密な比較による合併効果を抽出することは難しい。したがって、技術的な問題を踏まえた上で合併の効果を検証しなければならない。ここでは、比較的定量的な指標を使って評価している総務省の「市町村の合併に関する研究会」（2008年6月）の報告書データを利用して検証してみる。

　研究会報告では1999年4月から2006年3月までの7年間を対象に、1999年度の市町村所在地を3類型に区分し、それぞれの区分についてこの期間に合併した市町村と未合併市町村の運営状況を比較している。効率化や人員配置の変化を図表5は示しており、都市部と平地では未合併市町村の方が職員数の減少は大きいが、中山間部では合併による人員削減効果が大きい状況になっている。規模の経済性が都市部や平地部の市町村と統合したことにより発揮されたと考えられる。

　一方、受け皿として必要な健全かつ安定的な財務体質・財政構造の構築が図れたかという観点から財政力指数と経常収支比率の変化をみたのが図表6及び図表7である。都市部を除き合併市町村の財政力改善は未合併市町村に比して大きく、かつ、合併後の財政力水準も未合併の市町村より高い状況になっている。それゆえ、概ね財政の自律性が合併市町村は合併前より高まっているとみなせる。ただし、都市部では未合併市町村の方が改善度及び水準とも高くなっており、財政的に積極的な理由は見出せない状況になっている。財政力指数が低いことは、それだけ地方交付税への依存度が高いことを意味し、国の財政改革の影響を受けやすく財政の不安定性を招く恐れがあり、平地及び中山間部の市町村は自治財政権の見地から合併の意義があるといえる。地方交付税等の国

図表5　職員数の変化（人口千人当たり）

| 類型 | 合併市町村 |  |  | 未合併市町村 |  |  |
|---|---|---|---|---|---|---|
|  | 1999年度 | 2005年度 | 変化 | 1999年度 | 2005年度 | 変化 |
| 都市 | 8.2 | 8.0 | −0.2 | 8.0 | 7.0 | −1.0 |
| 平地 | 10.4 | 9.3 | −1.1 | 12.2 | 10.7 | −1.5 |
| 中山間 | 16.0 | 11.0 | −5.0 | 17.3 | 15.5 | −1.8 |

図表6　財政力指数の変化

| 類型 | 合併市町村 |  |  | 未合併市町村 |  |  |
|---|---|---|---|---|---|---|
|  | 1999年度 | 2005年度 | 変化 | 1999年度 | 2005年度 | 変化 |
| 都市 | 0.651 | 0.642 | −0.009 | 0.767 | 0.810 | 0.043 |
| 平地 | 0.382 | 0.516 | 0.134 | 0.424 | 0.484 | 0.060 |
| 中山間 | 0.271 | 0.438 | 0.167 | 0.307 | 0.341 | 0.034 |

図表7　経常収支比率（普通会計決算ベース）の変化

| 類型 | 合併市町村 |  |  | 未合併市町村 |  |  |
|---|---|---|---|---|---|---|
|  | 1999年度 | 2005年度 | 変化 | 1999年度 | 2005年度 | 変化 |
| 都市 | 81.1 | 89.3 | 8.2 | 83.4 | 89.4 | 6.0 |
| 平地 | 79.4 | 90.6 | 11.2 | 78.3 | 87.8 | 9.5 |
| 中山間 | 81.6 | 91.7 | 10.1 | 80.4 | 89.2 | 8.8 |

からの財源移転を考慮した2005年度の経常収支比率[注2]で合併市町村と未合併市町村を比較すると、都市部ではほとんど差がなく平地部及び中山間部ではむしろ未合併市町村の方が財政健全度がよい結果になっている。財政力指数は主として所在自治体の産業構造で規定されるのに対し、経常収支比率は財政運営方針で大きく左右されるので、合併を契機に財政運営を変革していないか、合併効果が出るのが遅れているかのいずれかであろう。

次に住民に対するサービス水準に関して、質の変化に関するデータを比較可能な形式で示したものが見当たらなかったので、住民負担としての使用料等の変化に関する調査項目をみる。合併を円滑に推進し住民の理解を得るため、使

図表8　合併に伴う使用料・利用料の見直し

| 項目 | 引き上げた | 引き下げた | 双方* | 計 |
| --- | --- | --- | --- | --- |
| 上水道 | 62(30.2) | 83(40.5) | 60(29.3) | 205(100.0) |
| 下水道 | 45(34.3) | 48(36.6) | 38(29.0) | 131(100.0) |
| 一般廃棄物処理 | 43(38.1) | 37(32.7) | 33(32.7) | 113(100.0) |
| 公共施設使用料 | 82(33.4) | 74(30.2) | 89(36.3) | 245(100.0) |

＊：旧A市と旧B町が合併して新C市になった場合、旧A市の料金を引き下げるとともに旧B町の料金を引き上げて新しい料金設定とすることが該当する。

用料・利用料の低い自治体の水準に合併後の水準を設定することが推測されるが、図表8に示すように「引き下げた」のは約3〜4割であり、「引き上げた」もの及び「双方」もそれぞれ同じ3割程度になっている。政治的には「引き下げ」る決定にしたかったと思われるものが必ずしも多数になっていないのは、引き下げた場合に合併後の市町村財政に与える影響が無視できない程度に大きかったのではないかと思われる。恐らく人口規模等（利用者数）が小さい合併対象市町村の料金が他の合併対象自治体に比較して低い場合、低い水準に合わせると一般会計からの繰入等が増加し当該利用料以外の財源手当が必要あるいは財源不足になったのであろう。

## 第5節　まとめ

本稿では分権改革には行政改革（特に中央政府）が密接不可分に関連し、両者を包括する概念として政府部門のガバナンス改革が意図されているという視点から分析を加えてきた。地方分権は地方と国の行政の分担をどうするかの政府部門内部での権限・責任の配分にとどまらず、政府と市民社会及び市場経済の3つの統治機構の間でどのように問題解決を分担するかというセクター間の配分見直しでもある。地方分権改革推進委員会は2008年8月に「国の出先機関の見直しに関する中間報告」を公表したが、自治体との役割分担の見直しと二重行政の排除等を通して国の組織を見直すことが直接的な目的である。組織の見直しによって地方（自治体）に移譲される事務・権限を特定化し、国の職員の移行等と廃止・縮小・統廃合などによる人員の整理合理化を実施することと

している。ここにも、国と地方との役割分担（分権改革）を通じた行政改革の要素が明確に示されている。もちろん、中間報告では「出先機関の見直しを通じて地域の民主主義に基づくガバナンスを充実すること」が地方分権改革の本質的課題としており、地域協働や住民主権の視点からの分権も視野に収めていると述べられている。

しかし、地方分権推進委員会の中間報告や最終報告にもあるように、自治体への権限・責任の移譲には制約条件である財政状況を踏まえた処方箋とならざるを得ないから、効率化の要素を抜きに分権を実現できるとみるのは現実的でない。今重要なのは国の行政改革の一環としての分権改革ではなく、まさに対等の立場で効率性を織り込んだ上で自律的な自治体運営を可能にする公正な行財政システムの確立である。このため、効率化が実際達成されているかについて市町村合併の効果をより客観的に分析すること及び分権改革でほとんど無視されていた公正の要素を含む総合的な視点(図表4での4つの象限に配慮した)での検証が今後の課題である。

また、本稿では道州制の議論が十分固まっていないため具体的な検証を行わなかったが、人口減少社会で一つの有力な選択肢となるため諸外国との制度比較等を含めた分析を行っていきたいと考えている。

以上の課題に加え、紙幅の制約により住民自治の観点から市民の政治参加や協働への関与を高めるための取組みの紹介やその可能性について触れることができなかったが、学会としても社会実験などの企画・協力を行うことが必要と思われる。

(注1)　加茂利男（2004）は分権改革が構造改革に組み込まれたと批判的に述べている。しかし、分権改革に関与した学者グループ自身、分権改革の行政改革的側面を認識していたと思われる。

(注2)　経常収支比率＝$\dfrac{（人件費・扶助費・公債費等に充当した一般財源）}{経常一般財源＋減税補てん債＋臨時財政対策債}$

【参考文献】
出井信夫・参議院総務委員会調査室『地方財政データブック平成19年度版』学陽書房、2007年
市川喜崇「分権改革の政治過程」、『地域政策』第21号、pp.28－35、2006年

伊藤正次「国による「上から」の分権改革」、森田朗・田口一博・金井利之『分権改革の動態』東京大学出版会、2008年

金井利之「第三次分権改革の展望と地方分権改革推進法」、『地方自治』第712号、pp.3－9、2007年

加茂利男「地方自治制度改革の政治パラダイム」、白藤博行・山田公平・加茂利男編『地方自治制度改革論』自治体研究社、pp.305－307、2004年

木谷晋市「地方自治制度改革と地方分権改革」、『市政研究』第160号、pp.46－56、2008年

木寺元「地方制度改革と専門家の参加」、『日本政治研究』2巻2号、pp.61－105、2005年

小西砂千夫「分権的財政改革と格差是正のあり方」、『地域政策』第26号、pp.20－27、2006年

市町村の合併に関する研究会『平成の合併の評価・検証・分析』2008年

西尾勝『未完の分権改革』岩波書店、1999年

村松岐夫「世紀転換期の包括的地方ガバナンス改革」、村松岐夫・稲継裕昭編『包括的地方ガバナンス改革』東洋経済新報社、2003年

森田朗「地方分権改革の理念と方向に関する一考察」、『自治研究』12月号、pp.37－62、2003年

曽我謙悟「行政再編：自民党と地方分権改革」、樋渡展洋・三浦まり編『流動期の日本政治：「失われた十年」の政治学的検証』東大出版会、pp.177－196、2002年

# 第2章

# 組織間ネットワークの形成と地域経済の活性化
―事例研究：神戸市「北野工房のまち」―

小松　陽一
（関西大学総合情報学部教授）

## 第1節　はじめに（解題）

　本章の研究テーマは、地域経済の活性化であるが、それには当然、様々なアプローチとパターンがありうる。本章で考察するのは、事業創造による地域経済の活性化である。ここで「事業創造」とは、事業体が、その「環境」に向けて、何か新しい産物ないしアウトプットを初めて提供し、それに対して「環境」から一定規模以上のプラスの価値評価を受けることで社会的に「価値創造」が生じ、それが次の事業展開に結びつく、といった相互作用的で動的な経営事象のことを指す。

　その場合、事業体（その多くは組織体であろう）は、企業ばかりではなく、NPO、大学、地方自治体など、営利事業体、非営利事業体のいずれであっても構わない。あるいは、本章で考察する「北野工房のまち」の事例のように、これら複数タイプの事業体（組織体）間の連携、すなわち、組織間ネットワークであっても構わない。組織間ネットワークの形成と事業創造のプロセスは、行為主体と行為それ自体のように、いわば、表裏一体の関係にある。

　事業体の産物（製品、サービス、情報、知識など）を価値評価する「環境」は、必ずしも地方行政の単位としての地域と境界が一致しているとは限らない。しかし、中間段階はさておき、最終的に、地域住民にとっての「価値創造」に結びつくことが、事業創造による地域経済の活性化が社会的に正当化されるための根拠である。

## 第2節　「北野工房のまち」の概要

　「北野工房のまち」は、神戸市中央区中山手通3丁目17番地に所在の工房集

積である。この地には、平成8年（1996年）3月に閉校になった神戸市立北野小学校（以下、北野小学校）の旧校舎（敷地面積：5,135m$^2$、建物面積：708m$^2$、延床面積：2,061m$^2$）がある。それは、昭和6年（1931年）に建築された鉄筋コンクリート3階建ての建物であり、その1・2階に20余りの工房が入居している。平成21年（2009年）現在、入居店舗の業種内訳は、洋菓子、和菓子、中華菓子、パン、靴、真珠アクセサリー、ガラス工芸、化粧品、和紙、和ろうそく、押し花、などである。「北野工房のまち」は、平成10年（1998年）7月に暫定開業した後、平成15年（2003年）8月に本設化開業して、現在に至っている。

　「北野工房のまち」の特徴は、創業時の事業コンセプト、「神戸ブランドに出逢う体験型工房」に示すように、単に商品の店頭販売ばかりではなく、また各種製品の製造・制作工程を見学できるだけでもなく、個人や小グループ、あるいは団体で申し込めば、ほとんどすべての工房で、それぞれの職人が指導する物づくり体験教室の開催を引き受けてくれることである。工房体験教室は、3階の旧講堂（多目的ホール）で開催されている。

　「北野工房のまち」には、小学校の校庭跡地を利用した大型観光バス21台収容可能な専用駐車場が付属していて、神戸市の中心市街地に位置する観光スポット、トアロードから北野町にかけて観光客が散策する際の拠点にもなっている。

　「北野工房のまち」は、地域住民のコミュニティ・センターにもなっていて、2階部分にギャラリーが常設され、北野小学校時代の思い出の品や写真、北野地域の所蔵品などを展示している。また、校舎敷地の北西隅にあったプールは防火水槽となり、その上部は覆蓋して地元管理型公園に改造されている。夏には盆踊りなども開かれる。

　「北野工房のまち」の事業成果（来場者数とバス駐車台数）は図表1及び2のとおりである。1日当たりの平均来館者数は、平日が1,900人、休日が3,000人である。また、1日当たりの平均バス駐車台数は、平日が23台、休日が36台である。

図表1 「北野工房のまち」の事業成果（来場者数）

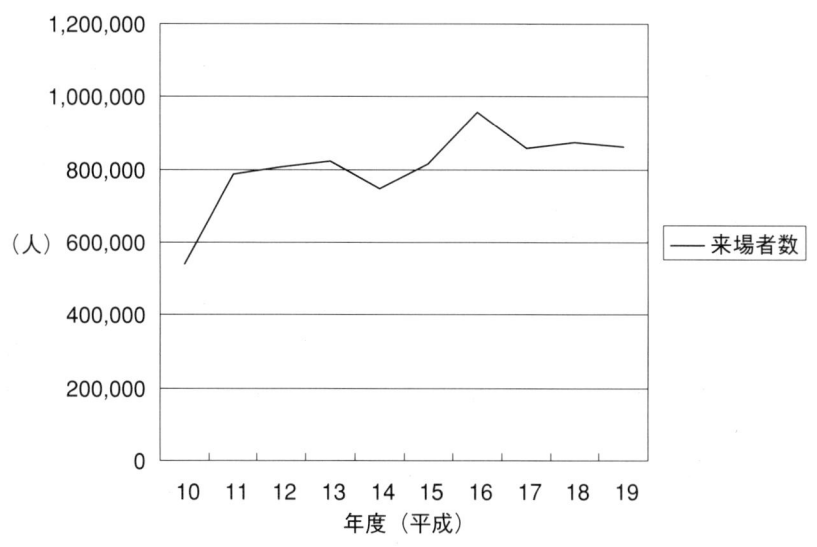

（出典）北野工房のまち視察資料「「北野工房のまち」について」のデータより筆者作成

図表2 「北野工房のまち」の事業成果（バス駐車台数）

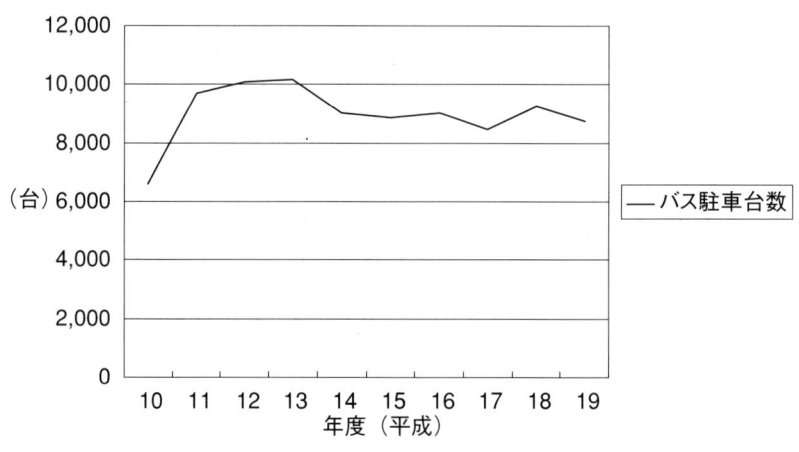

（出典）北野工房のまち視察資料「「北野工房のまち」について」のデータより筆者作成

## 第3節 「北野工房のまち」の沿革
### 1.「北野工房のまち」創業の先行状況
(1) 「阪神・淡路大震災」

　平成7年（1995年）1月17日に発生した「阪神・淡路大震災」（以下、「大震災」）によって神戸市は人的、物的、経済的に極めて大きな被害を受けた。人的被害は、死者6,437名、行方不明者3名、負傷者43,792名に達し、避難人数は30万名以上に及んだ。物的被害のうち、住家損壊は約46万世帯に及び、全壊104,906棟、半壊144,274棟、一部損壊390,506棟であった（**Wikipedia**「阪神・淡路大震災」参照）。

　「大震災」の経済的被害も、各種の工場・店舗・設備等の損壊をはじめとして広範囲に及んだが、その一つに観光客数（観光入込客数）の減少がある。『北野小学校暫定活用検討懇話会報告書』（以下、『報告書』）によれば、「大震災」前年の平成6年（1994年）の通年入込客数は、2,440万人であったが、「大震災」が発生した平成7年（1995年）のそれは、1,074万人に激減した。同年7月の「神戸まつり」、12月の「神戸ルミナリエ」などの大規模な誘客イベントが開催され、全国的に話題にもなったが、「大震災」翌年の平成8年（1996年）の通年入込客数は2,026万人であり、平成6年比で85％にとどまった。

(2) 北野小学校の閉校

　「大震災」以前、神戸市全体の人口は増加傾向にあったが、中心市街地にあたる中央区の人口は、長田区、兵庫区などとともに減少傾向にあった。（図表3参照）このような、いわゆる「ドーナツ化現象」に伴って、中央区の就学児童総数は減少し続けた。

　中央区（旧生田区）に立地していた北野小学校は、明治41年（1908年）に北野尋常小学校として開校され、大正期には総児童数1,400名に達した。戦後の総児童数のピークは、昭和33年（1958年）の1,142名であった。児童収容能力の拡大を図るため、大正4年（1915年）、昭和6年（1931年）、昭和34年（1959年）の3度にわたって校舎の増改築が施され、3度目の増改築では、本校舎（東校舎）の北側に新校舎（北校舎）が建設された。

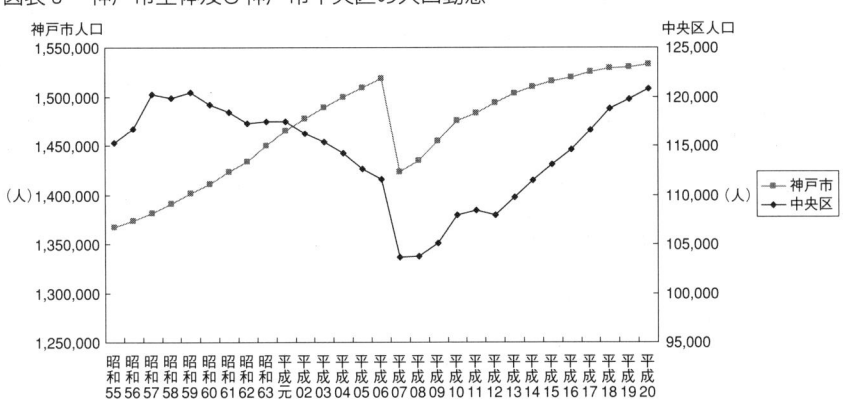

図表3　神戸市全体及び神戸市中央区の人口動態

(出典）神戸市ホームページのデータより筆者作成

　しかし、この当時、1,000名以上を数えた総児童数は、それをピークに減少し続け、平成2年（1990年）には200名になった（『中心市街地活性化ハンドブック』107頁参照）。「大震災」では北野小学校も大きな被害を受け、北校舎は使用不能になった。総児童数の減少と校舎の被災によって、「大震災」の翌年、平成8年（1996年）3月25日に北野小学校は87年間の歴史を閉じた。閉校時の総児童数は、ピーク時の10分の1程度にすぎない127名であった[注1]。

## 2．「北野工房のまち」創業に至る関係各団体の取組み

　「北野工房のまち」は、平成9年（1997年）に、関係各団体が参加して開催された「北野小学校暫定活用検討懇話会」（以下、「懇話会」）における議論と合意形成を通じて、基本的な事業計画案をまとめあげ、実施計画が策定され、平成10年（1998年）の創業に至った。しかし、「懇話会」以前から既に、各団体はそれぞれの立場から、結果的に「北野工房のまち」の創業に結びつく独自の取組みをそれぞれ実施していた。

(1) 地元業界団体の取組み

　神戸には、本高砂屋、神戸凬月堂、ユーハイム、ゴンチャロフ、モロゾフ、エーデルワイスといった全国的に名を知られた洋菓子会社の本社があり、洋菓子は伝統的に神戸の地場産業の一つである。これら大手各社は、全国に営業所あるいは工場を配置し、洋菓子の大量生産を図り、百貨店を中心に積極的な店舗展開をすることによって、企業成長を達成してきた。

　しかし、洋菓子市場全体の成熟化に伴い、売上の伸びが鈍化するにつれて、神戸の洋菓子業界は、「大震災」以前から、業界の将来に関して危機感を募らせていた。「大震災」の時、洋菓子各社の工場は全壊あるいは半壊の大きな被害を受け、危機は一挙に現実化した。

　そのような状況の中で、業界のあるべき将来像について、マスコミ等を通じて、最も雄弁に語っていたのが、モロゾフ株式会社の松宮隆男氏であった。松宮氏は、「懇話会」が設置された平成9年（1997年）4月に同社代表取締役会長を退き、取締役相談役に就任していた。また財団法人神戸ファッション協会の副会長でもあった。

　松宮氏によれば、「昔はケーキでもチョコレートでも、創造性のある職人が店を支えていた」にもかかわらず、高度成長期になると大量生産によって作業が標準化され、職人の技が軽んじられるようになった。「作る」手法は発展したが、「創る」機能は低下してしまった。その結果、「今は消費者のし好の変化に、我々メーカーがついていけなくなっている」と現状を分析する。このような状況を打開するために松宮氏たちが提唱したのは、「工房のまちづくり」構想である（『日本経済新聞』1997年4月28日号参照）。この構想は、神戸凬月堂、ゴンチャロフ、さらに西宮に本社のある和菓子メーカーのサザエ食品などの賛同を得て、「北野工房のまち」構想とは独立にその実現の方向で検討を図っていた。

(2) 地元商店街の取組み[注2]

　北野町の異人館街と旧外国人居留地を結び、北野小学校の前を南北に走る、全長約1.2kmの坂道は、トアロードと呼ばれている。かつて北野町界隈に住

んでいた外国人ビジネスマンはトアロードを通勤路としたため、その沿道に外国人向けの食料・衣料品店が立ち並び、「神戸のハイカラ文化発祥の地」とまで言われた。「大震災」以前にはファッション関連の店舗など約250店が集積し、神戸を代表するおしゃれな通りの一つとして知られていた。

　しかし、三宮、元町、北野町、旧居留地など、周辺の商業地区の開発が進む中で、トアロード商店街は徐々に魅力と集客力を失い、平成2年（1990年）のバブル崩壊の頃から次第に活気を失っていった。追い討ちをかけるような平成7年（1995年）の「大震災」は、トアロード商店街の店舗の約7割を倒壊させた。

　ここに至って、それまで特に連携することなくそれぞれ活動をしていたトアロード地区の3つの商店街組織は、一体となって、トアロードの復興・活性化策を模索し始めた。「大震災」の翌年、平成8年（1996年）1月17日に、「トアロード地区まちづくり協議会」（会長：嶋田勝次関西学院大学教授・神戸大学名誉教授）が設立された。

　同協議会は、平成9年（1997年）4月に「まちづくり計画1997」を策定し、平成9年（1997年）7月にその事業主体として「株式会社トアロードまちづくりコーポレーション」（社長：清水俊雄氏、資本金：2,000万円）を設立した。同社設立の狙いは、「コミュニティに根ざし、密着してまちづくり事業を掘り起こし、企画、推進、経営、管理、総合コーディネートといった機能を一貫して果たすことで、その存在意義を確立すること」（広瀬　2000）である。具体的な活動としては、平成10年（1998年）1月にエリアマップの作成と無料配布、また収益事業として、グラス・アート・ショップ「TOR DECO」、カフェ「TOR GARDEN」を経営している。

　トアロード地区の商店街は、「大震災」以前から、植樹、街灯設置、電線の地下埋設などを通じて街の景観づくりに取り組んできた。「トアロード地区まちづくり協議会」は、この活動を組織的に展開するため、平成9年（1997年）4月にトアロード地区景観形成市民協定を策定し、平成10年（1998年）10月に「神戸市都市景観条例」により神戸市の認定を受けた。「トアロード地区まちづくり協議会」は同条例により景観形成市民団体として認定された。

(3) 地域住民団体の取組み

「大震災」にも耐えた北野小学校の東校舎は、「白亜の鉄筋コンクリート3階建てで、アーチ型天井の廊下や階段の壁の透かし、木の窓枠などが残る貴重な昭和初期の和洋折衷方式」（『中心市街地活性化ハンドブック（別冊事例集）』より）の建築物である。北野小学校の閉校と校舎取壊しの可能性が出てきたことをきっかけにして、北野地域に住む同校の卒業生を中心に、母校の校舎・跡地の存続を訴える声が高まり、自治会を中心に「北野小学校の跡地を考える会」（会長：清政英士氏）ができた。「懇話会」までに同会は、北野小学校の卒業生を中心に、アンケート調査を行い、その結果を中央区役所に提出していた。

また、地域の歴史や文化を活かしていこうと活動を続けていた「北野・山本地区をまもり、そだてる会」（会長：浅木隆子氏）も「懇話会」に参加した。

(4) 神戸市の取組み[注3]

「大震災」の甚大な被害から神戸市民が一刻も早く立ち直って、以前のような日常生活を取り戻すことができるように、神戸市役所はその全力を挙げて災害復旧に取り組んでいた。そのため復興は後回しにされることが多かったが、北野小学校の跡地利用については例外的、優先的に取り上げられた。その理由は、第1に、神戸市に管理責任がある市有財産である北野小学校北校舎の損壊が甚だしく、利用者に危険が及ぶ状態にあったこと、第2に、北野小学校の校舎跡地が神戸市の中心市街地における稀少な、まとまったオープンスペースであったこと、第3に、当時の神戸市長、笹山幸俊氏のトップ・リーダーシップによって復興対策が検討されたこと、であった。

当初は、交通の便が良い立地ということもあり、住宅局が、「大震災」で自宅を失った市民のため、公営住宅を建設する計画案が検討されたが、地価が非常に高く、実現は不可能と判断された。同様の理由から、神戸市の外郭団体である住宅供給公社（現・住宅整備公社）による分譲マンション建設案も見送られた。

しかし神戸市役所は、時あたかも、予算編成の時期に当たっていた。笹山市長には、北野小学校の件についてこのまま全く手付かずで予算編成するのは何

としても避けたいという強い思いがあったようであり、改めて各局に対して個別に、跡地利用のアイデアを出すようにとの指示が出された。この指示を受けて、当時の神戸市産業振興局商工課が提出したのが、後の「北野工房のまち」創業に結びつく企画案であった。

## 3．「北野工房のまち」と「アーバンリゾート都市・神戸」

　神戸市産業振興局による企画案は、「大震災」以前から神戸市が取り組んでいた別の流れが関係している。すなわち、平成元年（1989年）10月29日の神戸市長選挙の結果、笹山幸俊氏が市長に当選したが、笹山市長が打ち出したのが、「アーバンリゾート都市」の構想とコンセプトであった。

　神戸市は昭和47年（1972年）の「人間環境宣言」以来、昭和48年（1973年）の「ファッション都市」、昭和58年（1983年）の「コンベンションシティ」など、新しい都市政策の全体構想を表現するコンセプトを、他の諸都市に先駆けて、次々に打ち出していた。当時の都市政策課長の言によれば、神戸市は「アーバンリゾート都市」のコンセプトによって、人間環境、ファッション、コンベンション、スポーツなどを「有機的に結びつけ、街全体がリゾートになること」（『日本経済新聞』1990年2月23日号）といった構想を思い描いていたようである。しかし、それが指し示すところは明瞭であるとは言えず、神戸市役所の内部でさえも、共通の理解が必ずしも得られてはいなかったようである[注4]。

　「アーバンリゾート都市・神戸」に関する当時の新聞記事[注5]を時系列的に一覧すると、平成元年（1989年）から平成2年（1990年）にかけては、それ以前から、都市再開発において注目されていたウォーターフロント（水際開発）の神戸市版である「神戸ハーバーランド」計画や、当時、全国各地で相次いで企画・建設された大型レジャー施設のいわば神戸市版であり、神戸商工会議所が昭和63年（1988年）2月から取り組んでいた「神戸レジャーワールド」計画についての言及が多い。

　バブルが崩壊して、平成3年（1991年）1月になると、平成5年（1993年）に「街全体をパビリオンに見立てたアーバンリゾートフェアを開催したい」との笹山市長の発言、2月には「その準備などを進めるためのプロジェクトチー

ムとしてアーバンリゾート都市・神戸推進本部」の設置に関する記事が登場し、神戸市の「アーバンリゾート都市」構想は、「アーバンリゾートフェア神戸'93」（以下、「フェア」）を焦点にして、にわかに活発な展開を見せはじめる。

　平成4年から5年（1992年～1993年）になると、新聞記事は「フェア」一色になる。「フェア」は、平成5年（1993年）4月から9月にかけて開催されたが、新聞記事が伝えるその概要は次のとおりである。

　「市内全域を舞台に、市民、企業、行政が参加。長田区駒ケ林のけんか祭りの復活など期間中のイベント数は約260。市は各地域で知恵を絞った"ごった煮コンセプト"の市民参加型フェアで、神戸の街づくりを考えたいとしている。総事業費は約80億円。」（『日経流通新聞』1992年11月17日）

　「フェア」閉幕から約1年後、平成6年（1994年）10月14日に兵庫県が取りまとめた1993年度の観光客動態調査によれば、神戸市への観光客数は、前年度比14.4％増の2,750万人であったが、これは「フェア」が集客に寄与したためと分析している（『日本経済新聞』1994年10月15日参照）。

　これに対して、一時は「アーバンリゾート都市・神戸」の中核になるとさえいわれた大型レジャー施設「神戸レジャーワールド」計画については、収支見通しの悪さを理由に、神戸市の取組みにおける消極的な姿勢が表明されるようになった（『日本経済新聞』1993年11月27日号参照）。

　このように笹山市長の下で推進されていた「アーバンリゾート都市」構想の主な流れは、一般的、文脈的な背景としてはともかく、「北野工房のまち」に直接的に結びつく流れであったとは見なし難い。新聞記事のレビューとインタビュー調査の結果に基づけば、「北野工房のまち」創業に至る流れに直接的に関連した要素は、北野小学校跡地利用について優先的な取組みをもたらした既述の3つの要素以外では、次の2つであったと思われる。

　第1の要素は、「神戸マイスター」制度の導入である。同制度は、「ドイツのマイスター制度にならって市が新設した表彰制度で、市内の卓越した技能・技術者数十人を毎年選び、10年間にわたって年10万円の自己研さん金を支給する。造園や菓子づくり、洋服仕立てなど約80の職種が対象。それぞれの道で個性を存分に発揮してもらうとともに、後進育成・指導など活躍の場を設ける。」（『日

本経済新聞』1993年4月1日）という意図で設けられた(注6)。

　第2の要素は、『アーバン リゾート都市』という著書である。平成4年（1992年）、電通出身の都市マーケティング・プランナー、井上優氏によって執筆・出版された同上書は、神戸市産業振興局商工課が提出した企画案を創り上げる際の基本的なパースペクティブやデザイン・アーキテクチャを提供したと思われる(注7)。同上書に盛り込まれた「アーバンリゾート」「工房」「マイスター」などの用語と基本的なロジックは、後に示すように、「懇話会」でまとめあげられた「北野小学校跡地暫定活用（案）」の中に色濃く反映されている。

　神戸市産業振興局における検討段階では、主として「大震災」による神戸市財政の逼迫から、市内の各店舗の協力を得ながら「工房のまちづくり」を推進するという、分散型でローコストの企画案を考えていた。これは『アーバンリゾート都市』で描き出される都市デザインに近い。しかし、北野小学校の跡地利用に関する市長からの指示を受けて、拠点型でローコストの「工房のまちづくり」に企画変更することになったのである。

## 4．「懇話会」の開催(注8)

　既述のような関係各団体の取組みは、やがて神戸市の知るところとなり、平成9年（1997年）3月24日に準備会が開催された。準備会への参加団体は、「北野小学校の跡地を考える会」と「北野・山本地区をまもり、そだてる会」（以下、「北野会」）、「トアロード地区まちづくり協議会」（以下、「協議会」）、「財団法人・神戸ファッション協会」（以下、「協会」）であった。準備会においては、懇話会の名称を「北野小学校暫定活用検討懇話会」にすることと、「懇話会は、あくまでも暫定活用について議論をする場であり、恒久利用についての議論の場ではない。」ということで合意が得られた。これらの合意に基づいて、同年4月15日に「懇話会」が設置され、同年6月までに3回開催された。

　4月15日開催の第1回「懇話会」には、準備会に参加した各団体に加えて、学識経験者（座長：吉田順一神戸大学経営学部教授。以下、「座長」。）、神戸商工会議所、そして神戸市が正式参加した。神戸市からは、産業振興局次長と中央区市民部長が議論に参加するとともに、産業振興局商工課及び観光交流課、

さらに中央区市民部まちづくり推進課が事務局を担当した。また都市計画局、住宅局、財団法人・神戸国際観光協会から各1名ずつのオブザーバーが参加した。

第1回「懇話会」では、神戸市から、「東側校舎を最小限の補修で活用し、概ね5年間の暫定利用とする。」という基本方針が表明された。また、「協会」が独自に取り組んできた「工房のまちづくり」について、「協議会」と神戸商工会議所から基本的に賛同の意見が表明された。「北野会」(正確には、「北野小学校の跡地を考える会」)からは、「観光バス駐車場は暫定として賛成」の意見表明があった。

これらを受けて、「座長」は、次の3点に意見を集約した。すなわち、①基本的なコンセプトとして、建物自体の文化的な価値を活かす。②地元の広場(スペース)として使用方法を整理する。③レベルの高い工房型のプロジェクトを考え、おみやげ物屋的な工房にならないようにしないといけない(3階の講堂の利用方法が課題)。さらに「座長」は、次回の「懇話会」に各団体が具体的な計画案を持ち寄ること、駐車場を含めた提案を事務局で用意すること、を伝えた。

第2回「懇話会」は5月27日に開催された。「座長」から「北野小学校暫定活用に際しては、グラウンドにかかわった部分と東校舎にかかわった部分を分けて考える必要がある」との発言があり、「本日は東校舎の利用方法が議論の中心となると考える」という議事進行の方針が伝えられた。その上で、「座長」は、工房の概念の整理が必要だとして、「文化資本としての工房」という主張を展開した。すなわち、「文化資本とは、「新しい文化を創造する資源」である。情報複製のもとになるマスターピース(原盤)が文化であり、この工房を文化資本とするためには、極めて質的レベルが高く全国の最先端に位置する高規格のものでなければならない。」(『報告書』1997年13頁)とするものであった。これに対して、「協会」からは、「オーセンティックで専門性のあるもので、観光客の受け皿にしてはいけない」「初めから儲けるような形にはしないつもりだ。」との意志表明がなされた。

関係各団体から校舎・校庭の利用について様々な要望や希望が表明されたが、この日の「懇話会」における議論の焦点は、工房集積全体の管理・運営主体についてであった。神戸市は、「概ね5年間の暫定利用であるということか

ら、土地・建物の管理・運営については神戸市の外郭団体を考えている」との意見表明があり、「北野会」からは、「5年間の暫定利用の遵守」と「神戸市及び第3セクターの管理」という意見表明がなされた。これに対して、「協議会」からは、「トアロードまちづくり会社の管理・運営面での参加希望」と「管理・運営の民間移管」の意見表明があった。これらを受けて、「座長」は、次の2点に意見を集約した。すなわち、①総論としては、観光バス駐車場と工房の間に、何らかの線引きをしないと工房の文化レベルにかかわってくる。②管理・運営主体については、神戸市から市の外郭団体が行う旨の発言があった。さらに「座長」は、次回の「懇話会」では「顧客動線、運営や内容（工房）を見える形にして議論したい」と伝えた。

　第3回「懇話会」は6月20日に開催された。神戸市から「工房の入居に際しては、コンペや公募などを考えている。」との発言があり、これに対して、「協会」から賛意が表明された。「北野会」からは、入居条件と入居者の決定については神戸市に一任する意見表明がなされた。また、入居者の質が次第に悪化しないようにとの希望が表明された。これらを受けて、「座長」は、次の7点に意見を集約した。すなわち、「①グラウンドは観光バスの駐車場として活用する。②プール上部を活かした地域コミュニティのスペース確保。③多目的ホールは、地域のコミュニティホールとして活用する。④ギャラリーは、地元の北野・トアロード地域全体の歴史・資料コーナーなどに活用するための部屋として位置づける。⑤プール上部を活かした地域コミュニティのスペース（市民広場）や、東校舎の多目的ホール、ギャラリーなどの利用については、今後、神戸市が地元の方々と協議していく。⑥工房は、レベルの高いテナントを入居させていかなければならない。そのためのハードル（条件）は高くするべきである。地元の利用というよりは、クオリティで入居者をセレクトするスペースである。レベルの高い工房とすれば、客筋の良いお客さんを呼び込むことができ、長い目で見て地元の利益となり、震災復興にもつながる。⑦観光バス利用客と本来の工房の利用客は、マーケティング的に顧客のカテゴリーが異なるため、戦略的な動線区分が必要と思われる。」（『北野小学校暫定活用検討懇話会報告書』15－16頁）とした。

## 5.「北野小学校暫定活用案」のコンセプトと創業[注9]

　平成9年（1997年）8月に神戸市産業振興局から発行された『報告書』に示される「北野小学校暫定活用案」（以下、「活用案」）の構成は図表4のようになる。

　図表4、及び上述の「懇話会」における最終的な取りまとめ（とりわけ、⑦）から、「活用案」は、北野小学校跡地を、空間的にも、機能的にも2つの部分にはっきりと区分しようとしていることがわかる。すなわち、この区分は、工房の利用客と観光バス利用客とが混在しないようにし、「工房のまちづくり」という事業の理念、あるいはアイデンティティを永く維持したいとする事業体の思い、あるいは意志の表明であるといえよう。すなわち、この「活用案」は、関係団体の要望を「足して2で割る」式の妥協の産物ではなく、極めて理念先導型、コンセプト先導型の事業企画案であったといえよう[注10]。

　以下、「活用案」に盛り込まれたコンセプト「神戸ブランドに出逢う体験型工房」について、その主要部分を、いささか長きにわたるが、引用する。

　「新しい都市型産業における"働く場"は、住む住所に近接し、高い技術を持つ人が"高付加価値"をもった商品を、"公害を出さない"環境で、生み出

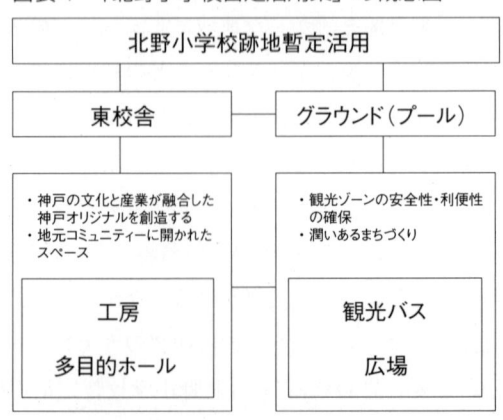

図表4　「北野小学校暫定活用案」の概念図

```
           北野小学校跡地暫定活用
           ／              ＼
        東校舎          グラウンド（プール）
          │                    │
・神戸の文化と産業が融合した    ・観光ゾーンの安全性・利便性
　神戸オリジナルを創造する　　　　の確保
・地元コミュニティーに開かれた　・潤いあるまちづくり
　スペース
          │                    │
        工房                 観光バス
     多目的ホール              広場
```

（出典）『北野小学校暫定活用検討懇話会報告書』18頁

していく"小さな仕事場"である。その視点から、都市型産業における"小さな仕事場"である「工房」を新しい価値やスタイルを創造する実験的な空間として位置づける。(改行)この「工房」では、神戸の歴史や文化をベースに発展してきた旧居留地やトアロードなどを発祥地とする神戸の生活文化産業の創造者たちや、新たな神戸ブランドの創造者たちが、ここだけのオリジナルなブランド(商品・サービス)を、創って見せ(魅せ)ながら提供していく。(改行)来館者は、各種ブランドの製造工程にふれたり、その制作をワークショップなどで体験することもできる。また、一般市民や地元住民を中心にした来館者自身が、逆に創造者となりうる参加型のイベントも展開していく。(改行)創造者と来館者の多彩なコミュニケーションにより、新たな商品やサービスなどを含めた生活様式の提案・創造につながっていく仕掛けづくり、空間づくりが必要である。」(『北野小学校暫定活用検討懇話会報告書』20頁)

　工房の入居条件について、「活用案」は次の3点を挙げている。すなわち、①神戸の生活文化産業の振興につながる、神戸の文化性を活かした広域で評価されるオリジナル・クリエーション(商品・サービス)を創造でき、将来とも神戸を拠点に活動する意欲を持っていること。②工房の創造者に、高い技能をもった人を配することができ、その技能を活かした製造方法であること。また、工房での創造過程は、原則としてオープンにし、それが可能なレイアウトや設備を設けること。③工房で創造したものを、販売若しくは展示などによりその場で提供し、他の場所で製造したものを販売しないこと。
　平成10年(1998年)7月11日、5年間の暫定活用で「北野工房のまち」は創業した。1つの教室を2つに区切った全部で24ブースの区画に21の「工房」が開業した。それを含めて改装に要した費用は約4億円であった。「工房」の業種内訳は、洋菓子5、パン2、和菓子2、靴2、などであった。当初の入居テナントは、神戸市、財団法人・神戸市都市整備公社、財団法人・神戸ファッション協会の3者によって募集・選考が行われた。
　来館者数は同年11月末までに35万人に達した。これは初年度1年間の予想来館者数を5ヶ月で達成したことを意味し、順調な事業の滑り出しであったこと

を示唆している（『日本経済新聞』1998年12月2日号　地方経済面）。この事態を受けて神戸市は、初年度の予想来館者数は約65万人と上方修正したが、実際値はそれをも上回り、約75万人であった（『日本経済新聞』1999年7月8日号　地方経済面）。開業以来、100万人を突破したのは、1999年10月26日であった（『日本経済新聞』1999年11月29日号　夕刊）。

　好調な来館者数の推移に基づき、平成15年（2003年）8月2日、「北野工房のまち」は暫定活用の段階から本設化開業に移行した。本設化開業に当たって、入居テナントが再募集されたが、5つのブースで入居者に入れ替わりがあった。本設化開業後も来館者数は順調に推移し、平成17年（2005年）11月15日には累計600万人、平成18年（2006年）12月23日には同じく700万人、平成19年度には800万人を超えている。

## 第4節　考察：組織間ネットワークにおける「編集」としての事業創造

　すべては「喪失」から始まった。「北野工房のまち」の立上げに集った関係者たちに共通する「喪失」は、直接的にはもちろん、「大震災」によるそれではあったが、各関係者たちにとっては、それ以前から既に、それぞれの「喪失」が始まっていた。洋菓子業界における大量生産・大量販売方式の行き詰まり、地元商店街における魅力と集客力の相対的な低下、地域住民にとっての母校の閉校と取壊しの可能性。バブルの崩壊に伴う不景気の到来と資金調達の困難さがこれに輪をかけた。「大震災」は最後のとどめとでもいうべき出来事であった。

　「喪失」を取り戻す取組みが各方面で始まった。「大震災」からの復旧は、市民がかつての日常生活を出来るだけ早く取り戻し、可能な限り過去を復元しようとする取組みであったといえよう。「ライフ・ライン」の復旧のために、多くの資金とマンパワーが投入された。若者が中心となって、各種のボランティア活動が一斉に立ち上がり、被災者の救護や介護や激励に精力的な活動を展開していった。

　「北野工房のまち」の立上げに集った関係者たちは、復元・復旧よりも、復

興を志向した。過去の延長線上ではなく、過去と一線を画し、これを乗り超える、不連続的で革新的な取組みを選び取った。過去の状態の単純な復元・復旧では、喪失したものを取り戻すことは出来ない、という共通の思いがあったからかもしれない。加えて、関係各団体がそれぞれの「喪失」を取り戻すために、それぞれが個別に取り組むには、資金調達や物的資源の確保が困難な状況でもあった。関係各団体間の協働によって、復興に取り組まざるをえない現実的な必要性があったからかもしれない。

しかしそれにしても、関係者たちが、お互いの考え方や行動の調整に際して、煩雑さや複雑さが予想されるネットワーク型の協働体制と、革新的であり、それだけにリスキーな事業創造による復興への取組みをあえて選び取ったのはなぜかという疑問は残る。

また、恐らく当時、こういった困難が予想されたであろうにもかかわらず、「北野工房のまち」という事業創造はなぜ成功したのだろうか。さらに、「北野工房のまち」は、今後も成功し続けることが出来るのだろうか。

これらの設問に対しては、多様な答案が可能であろう。関係者たちの「喪失」のレベルや、彼らの神戸に対する愛着がそれだけ深かったから、というのもその一つであろう。これに加えて、彼らの「民度」や「知性」が高かったから、あるいは、彼らが「優秀な能力」を持っていたから、という答案もありうる。

これらの答案の難点は、それらの諸要因への言及がたとえ真実を指し示していようとも、一般的な広がりに欠けることである。すなわち、今後各方面で組織間ネットワークの形成と事業創造による地域経済の活性化を試みようとしている人たちにとって、これらの答案は、あまりにも、「大震災」後の神戸という特定状況に制約されすぎていて、応用・実践可能な範囲が狭く限定されるということである。換言すれば、理論的・コンテクスト横断的な情報ではないということである。もちろん、このような情報の提供には困難が予想されるが、試みる価値はある。以下はその一つの試み、しかもそのラフ・スケッチにすぎない。

「北野工房のまち」の事例は、閉校と被災によって技術的な機能と社会的な意味を失った物的資源としての元小学校の校舎・グラウンドに、新たな機能と意味を再定義し、再付与していくプロセスであった、と筆者は理解している。

この点で、例えば、ウォーターフロント（水際開発）における倉庫・周辺跡地の再利用と基本的には同じことである。

「北野工房のまち」の事例の特徴は、このプロセスを外部の都市再開発デザイナーやプランナーに任せなかったことである。すなわち、当事者である関係各団体が自発的（ボランタリー）に組織間ネットワークを形成して、この機能の再定義と意味の再付与のプロセスに直接関与したことである。

ここで考察を先に進めるために、彼らが関与したこのプロセスにどのような概念名称をつけるかを決めておく方が、「思考の経済」にとって有効であろう。しかし、研究の現段階ではこの決定は難しく、悩ましい問題である[注11]。ここでは試みに、松岡正剛の「編集工学」のパラダイムと、「相互編集」の概念を当てはめてみる[注12]。

金子その他（1998）によれば、「編集」とは、「情報に何らかのかたちで働きかけること」（20頁）を意味する。この場合、古代の語り部、中世の図書館、近代の新聞などのような、一切の情報のメディア化を含んでいる。また、この場合、「情報」とは、「人間のいっさいのコミュニケーション活動の根本的な因子」（20頁）と、極めて広義に定義されている。

「編集」の概念が、「北野工房のまち」の事例と適合性があると判断する一つの理由は、それが金子その他の主張する「ボランタリー経済」「ボランタリー・エコノミー」と深く関連しているからである。すなわち、「〈ボランタリー・エコノミー〉の魂は編集性にある。自発性を起動するための〈自己編集性〉と、自他の関係を促進するための〈相互編集性〉である。この二つの編集性が、かつての歴史の知や政治の知や市場の知を組み替え、新たなコモンズとしての〈共同知〉をつくり、また、その共同知を編集することが新たな経済文化を発生させるというシナリオを描いてきたのである。」（金子その他　1998、326－327頁）と述べている。

ここから、「北野工房のまち」の事業は、関係各団体のボランタリーな自己編集・相互編集によって創造された共同知であったと理解できる。その共同知は、累計800万人を超える来館者によって受け入れられたといえよう。「北野工房のまち」の成功は、本論文では言及できないけれども、彼らが採用した編集

の方法と実践に帰着すると考えられる。

　開業以来、順調に推移してきた「北野工房のまち」も、創業以来10年を経ていくつかの問題を抱えている。最大の問題は、来館者数の順調な伸びにもかかわらず、各工房の売上高が低下してきていることである。工房で製造工程・制作工程を来館者に見せている熟練職人の人件費が高いこともあって、工房には常に本社からの売上圧力が働いている。「北野工房のまち」の各ブースは、事業コンセプトを実現するために、その半分のスペースを工房が占め、残りの半分を販売スペースに当てている。本社からの売上圧力は、「北野工房のまち」の管理・運営に携わる神戸市に対して、販売スペースの拡張と熟練職人の引き上げなどを要求する形となって顕在化してきており、対策に苦慮している。それは事業コンセプトの風化、事業アイデンティティの危機であると受け止められている。創業10年を経て、「北野工房のまち」の共同知は、もっと大きなコンテクストの中で再編集されるべき時期が来ているということなのかもしれない。


付記
　本研究は、科学研究費補助金（基盤研究Ｃ課題研究番号20530376）の補助を受けて行われた。

（注１）その後、北野小学校は、隣接校区の神戸市立神戸諏訪山小学校（旧神戸市立神戸小学校と旧神戸市立諏訪山小学校の統合校）と統合され、「大震災」の翌々年、平成９年（1997年）に神戸市立こうべ小学校として再開校され、現在に至っている。
（注２）以下の記述は、新聞記事のほかに、広瀬（2000）などを参照した。尚、各団体の役職者の氏名・肩書きはいずれも記事掲載当時のままである。
（注３）以下の記述は、新聞記事のほかに、主として、神戸市役所を対して実施したインタビュー調査に基づいている。
（注４）神戸市役所に対するインタビュー調査において、「「アーバンリゾート都市づくり」というのは、簡単に言うと、住んで住み心地が良く、訪れた人が何度も訪れたくなるような都市づくり、ということなのでしょうが、奥が深くてなかなか理解できず、当時、市の職員も「何やろう？」と首をひねっていました」との発言があった。
（注５）本論文執筆の時点で、関西大学総合図書館に入っている「日経テレコン21」を使って、「アーバンリゾート」と「神戸市」を検索項目にして、日経系４紙の全記事を全期間にわたって多重検索してみると、200余りの記事がヒットした。最も古い記事は、『日本経

済新聞』1989年6月10日号であり、当時の神戸市長、宮崎辰雄氏の発言を引用した中に「アーバンリゾート都市づくり」という言葉が出てくる。逆に、最も新しい記事は、『日本経済新聞』2002年5月27日号の「神戸医療産業都市特集」であり、神戸市企画調整局の発言として、「アーバンリゾート都市」は「神戸経済を下から支えるほどの力はなかった」と総括されている。
（注6）実際に神戸マイスターとして表彰された人数は、第1回目の平成5年（1994年）度の20名、第2回目の平成6年（1995年）度の13名を除けば、毎年度1桁の2～7名程度で推移しており、数十人規模の表彰という当初の意図からは遠く隔たっている。(「神戸マイスター」ホームページ参照)
（注7）神戸市役所に対するインタビュー調査に基づく筆者の推測である。
（注8）以下の記述は、主として、『北野小学校暫定活用検討懇話会報告書』に基づいている。
（注9）以下の記述は、主として、『北野小学校暫定活用検討懇話会報告書』に基づいている。
（注10）神戸市役所に対するインタビュー調査において、「活用案」を構成する過程で「何度となく本音でぶつかりあった」との発言があった。
（注11）例えば、レヴィ＝ストロース（Claude Levi-Strauss）が『野生の思考』で造語した「ブリコラージュ（bricolage）」あるいは「器用仕事」なども魅力的な概念名称である。
（注12）「編集工学」「相互編集」については、松岡（2001）、金子その他（1998）などを参照。

【インタビュー】
　2008年11月13日、神戸市産業振興局工業課にてインタビューを実施した。インタビューにご協力いただいた方々は下記の通りである。記して謝意に代えたい。尚、本論文中でありうる誤りは、すべて筆者の責任である。
・岡田茂樹：神戸市産業振興局工業課主査
・田辺伸公：神戸市保健福祉局総務部保護課医療係長
　　（敬称略、氏名五十音順。肩書きはインタビュー当時。）

【参考文献】
『アーバン リゾート都市』井上優、ブックローン出版、1992年
『ボランタリー経済の誕生』金子郁容・松岡正剛・下河辺淳、実業之日本社、1998年
『中心市街地活性化ハンドブック～ひとりから始まる中心市街地・商店街づくり～ヒント編（別冊事例集）』経済産業省商務流通グループ中心市街地活性化室・中小企業庁経営支援部商業課、2007年3月
『北野小学校暫定活用検討懇話会報告書』神戸市産業振興局・神戸市中央区、1997年8月
『地域ブランドと産業振興』関満博・及川孝信編、新評論、2006年
『「食」の地域ブランド戦略』関満博・遠山浩編、新評論、2007年
『トアロード地区のまちづくり活動の概要』広瀬今日子『きんもくせい50＋17号』、2000年8月
『知の編集工学』松岡正剛、朝日文庫、2001年
『洋菓子の経営学～「神戸スウィーツ」に学ぶ地場産業育成の戦略』森元伸枝、プレジデント社、2009年

# 第3章

## 行政領域の縮小とコミュニティの再組織化
―協働のパートナーとしての地域コミュニティ―

橋本　行史
(京都女子大学現代社会学部教授)

## 第1節　はじめに

　行政が地域において担う公共的役割とは何か。行政が果たすべき役割はどこまでなのか。これらの問題は、地域が存在する場所や置かれた時代と密接なかかわりを持っており明確な線引きは難しい。

　グローバル化による国際競争の激化、高齢化と人口減少、労働慣行の見直し、さらには、サブプライムローンの焦げ付きに端を発する世界的な金融・経済不況、こうした社会情勢の変化の下、行政に対する期待は高まるが、足元の財政状況は厳しさを増しており、行政の一層の経費の削減とサービスの見直しは避けられない流れになっている。縮小不可避の行政領域と既存の行政サービスの維持を求める市民の間にあって、問題解決の方法がない訳ではない。公共が担う行政サービスの縮小分を地域コミュニティとの協働[注1]によって代替する方法である。

　このような市民参加を巡る新しい動きは、政治への参加から始まって社会公益活動に至るまで広がりをみせており、協働、パートナーシップ、あるいは、ローカルガバナンスと呼ばれて全国の自治体に共通する重点施策になりつつある。特に行政の限界とボランティアの活躍を証明した阪神・淡路大震災以後、各地で協働社会の実現を目指して様々な取組みが進められている。しかし、協働という言葉こそ示されているものの、具体的なビジョンや仕組みは明らかにされていない。市民の暮らしを守る役割を負う行政そして租税負担を負う市民は、行政の役割をどこまでと線引きし、どのように協働を図るのか。

　自治体共通の政策テーマとして協働が採り上げられるようになり、幾つかの協働の成功事例が紹介されている。しかし、それらの成功事例は国や地方の単

発のモデル事業や財政支援に依拠する活動であったり、限られた人々の善意の献身的活動だったりするもので、成功事例として一般化することは難しく、活動の持続可能性にも疑問符がつくものが多い。

　国や地方の協働推進政策に共通する最大の弱点は、十分な検証なく政策展開がなされていることにある。もっとも、検証不足には原因がある。行政サービスの縮小に強い反対があるため新規政策に協働を採り入れても、既存の行政の枠組みの中でいわば行政下請的に導入されるだけで、検証事例として適さないからである。

　そんな中、財政破綻に追い込まれた北海道夕張市では、厳しい財政再建計画の下、行政の活動領域の大幅縮小が余儀なくされている。行政サービスの縮小を受け入れざるを得ない地元では、どのような形で行政との協働を実現し、市民生活を守ろうとしているのか。財政破綻後の夕張市で行われている地域再生に向けてのコミュニティの再組織化（形成・強化。以下、再組織化）の取組みは、これからの協働政策を考える上で貴重な検証事例になるであろう。

　本稿ではこうした視点に立って、コミュニティ化とソーシャル・キャピタル、コミュニティの変化と政策の変遷、自治体のコミュニティ政策の現状を考察した上で、財政破綻後の夕張市におけるコミュニティ再組織化を検証して、行政の協働のパートナーとしての地域コミュニティの再組織化をどう進めるべきかを考えたい(注2)。

## 第2節　コミュニティ化とソーシャル・キャピタル

　コミュニティ化を成功させる要因は何か。この問題に関連して、近年、市民の政治への参加、社会公益活動への参加を考える上で、ソーシャル・キャピタル論が注目されている。ソーシャル・キャピタルの概念は、アメリカの政治学者ロバート.D.パットナムが著したイタリアを対象にした*Making Democracy Work*（邦題『哲学する民主主義』）と、アメリカを対象にした*Bowling Alone*（邦題『孤独なボーリング』）の2つの著作によって、1990年代後半から政治学や社会学をはじめとする多くの研究者からの関心を集めるようになった。

　パットナムは、ソーシャル・キャピタルの構成要素として、①人的ネットワー

ク（垂直的ネットワークよりも水平的ネットワーク、強いボンディング型よりもやや弱い橋渡し機能を持つブリッジ型が有効）、②信頼（身近な人々への信頼とより広い世間や見知らぬ他者への信頼）、③互酬性規範（互酬性に基づく集団や社会への参加意識と参加行動の規範）の3つをあげる。そして、ソーシャル・キャピタルが豊かになれば、集団や個人の水平的で自発的な結合が強化され、民主主義の健全化、民主政治の基盤づくりになるとしている[注3]。

　ソーシャル・キャピタルは、民主政治だけでなく社会活動にも深く関係している。民主主義から導き出される市民参加は、政治への参加と社会公益活動への参加の二つの面を持っているが、自分の住む町を良くしたいという意思や行動は、どこからどこまでが政治活動で、どこからどこまでが社会活動であると厳密に区分することができないからだ。

　今日、世界でそして日本でも、これまで国や地方に独占されてきた公共を市民・NPO・企業などの多様な主体で支える「新しい公共」[注4]の実現が共通認識になろうとしている。特に財政難に苦しむ日本の自治体にあっては、市民の暮らしを守るための手段として、行政と地域コミュニティの協働の実現に大きな期待が寄せられている。そのため、協働のパートナーとなるコミュニティづくりを支える理論が求められるとともに、政治への参加のみならず社会公益活動への市民参加の推進にソーシャル・キャピタルがどこまでどのように関係するかが注目されている。

## 第3節　コミュニティの変化と政策の変遷

　日本のコミュニティの変化と政策の変遷を見てみよう。日本では、明治以降の近代化の過程で旧来の地域コミュニティの弱体化が進行した。特に昭和の高度経済成長期の人口の都市集中、農村での若者の都市流出と兼業の普及によって、都市では核家族化による地域からの孤立、農村では生活の変化による地域内での人的繋がりの希薄化が進み、都市部と農村の双方で地域コミュニティの衰退が急速に進んでいった[注5]。

　そのため、1970年代、国や地方で地域コミュニティの再生政策が押し進められた。しかし、それらの政策は、主要施策の一つであるコミュニティセンター

の整備が旧来のハコモノづくりの視点で捉えられたこと、コミュニティ再生運動が旧来の集落単位の生活共同体の復活として敬遠されたこと、さらには、補助金がらみの上からのコミュニティ政策であったために、市民による主体的な参加が求められる本来の地域コミュニティの再生につながらなかった(注6)。

　1980年代から1990年代は、包括的なコミュニティ問題よりも個別の問題が政策課題にされることが多かった。まちづくりに関しては、1980年の都市計画法の改正によって地区計画制度が導入された。また、1995年の阪神・淡路大震災をきっかけにボランティアやNPO活動も活発化した。

　2000年代、個別の政策課題と包括的なコミュニティ問題の双方の解決が求められるようになり、地域コミュニティの重要性が再度意識されはじめる。グローバルな競争の激化による低成長・低所得・雇用難、少子高齢化と人口減少、成果主義の導入、都市環境や生活形態の変化による近隣関係の希薄化、さらには、地方の疲弊と地域間格差の拡大、公共の足の削減や地域医療の衰退、独居老人のケアや孤独死、若い母親の子育て不安、児童の引き籠もり、登下校時の生命身体の危険、そして、最近になって出てきた社会の先行不安に至るまで、個人や世帯単位では手に負えない問題が山積する一方で、従来の所得再配分型の行政施策ではこうした多様な行政ニーズを解決できない上、国と地方の深刻な財政難が行政の限界を一層露わにしたからだ。

　そこで、相互の人的コミュニケーションを基礎にして形成される共同体としてのコミュニティ、特に、生活や就労を目的に一定の場所的空間に集まる人々によって形成される地域コミュニティが注目されている。対象となるエリアは行政区域であることも、より小さな生活圏であることもあるが、この地域コミュニティが持つ市民生活のセーフティネット機能が、行政が手に負えない地域の多様な問題解決の手段として期待されている。

　生活水準の向上とともに社会の成熟ともいうべき市民の側の変化も見られる。多様なライフスタイルや価値観を持った人々による子育て支援や高齢者の見守り、環境保全や文化活動、まちづくりなど、市民の日常生活にかかわる様々な分野で自主的な活動が広がっている。全国のボランティアが活躍した阪神・淡路大震災をきっかけに非営利組織（NPO）の制度化も行われた。民間企業

においても、社会を構成する一員としての社会貢献活動（CSR）が根付きはじめている。

　また、市民意識の変化とともに参加のレベルも上がりつつある。政治面では、政策執行過程への参加から政策形成過程へと参加範囲も広がり、パブリックコメントやパブリックインボルブメントの導入、市民の意見を直接行政に伝える市民会議の設置も進んでいる。さらには、政策提案にとどまらず予算折衝などの予算策定過程にまで市民を参加させる自治体も生まれている[注7]。社会活動の面にあっても、市民・NPO・企業の自発的活動が急速に拡大している。

## 第4節　コミュニティ政策の現状
### 1．自助・共助・公助とコミュニティ

　市民生活を守る仕組みは自助・共助・公助の順に説明されるが、福祉国家思想の下で行政国家化が進み、行政が現実問題として大きな役割を果たすようになると、必然的に自助や共助よりも公助のウェイトが高まる。しかし、行政ニーズの多様化や財政難によって徐々に行政の限界が明らかにされると、公助の代替としての共助、あるいは、行政と地域コミュニティの協働の必要性が高まり、それらの基礎となる地域コミュニティの再組織化を重要な政策課題として浮かび上がらせている。全国の自治体でも、こぞって総合計画に協働の概念を採り入れ、「協働のまちづくり」や「参画と協働のまちづくり」を政策目標として掲げるようになっている。

### 2．コミュニティの種類
(1)　地縁コミュニティ（地域住民の共助が目的、慣習的に形成）

　地縁コミュニティは、地域住民の共助を主目的に一定の居住地域を単位として慣習的に形成された共同体を指している。自治会や町内会、婦人会、老人会、子供会などが、伝統的な地縁コミュニティであるが、役員の高齢化や人口減少、生活環境の変化等によって、その活動の形骸化、衰退が進んでいる。地縁コミュニティの代表格である自治会を例にしても、国や地方が公民館や集会所等の整備や運営に補助金を出して自治会活動を支えてきたものの、自治会加入のメ

リットが若い世代に受け入れられなかったり、年間5,000～6,000円の自治会費の支払いが負担になったりして、加入率の低下が全国的な傾向となっている(注8)。

(2) 新地縁コミュニティ（特定の政策目的を持って形成）

　行政が特定の政策目的を持ってコミュニティの形成を主導するケースが増えている。ここではこうした共同体を新地縁コミュニティと呼んでおこう。昔からの地縁コミュニティでもなく、共通の趣味や社会貢献の意識を持つ人々が集まって自発的活動を行うテーマコミュニティとも異なり、防災福祉コミュニティ(注9)や再開発を目的とする街づくり協議会(注10)など、行政とのかかわりの中から特定の政策目的を持って形成される新しいコミュニティである。同じく、行政との密接なかかわりの中から形成される企業主導のコミュニティもここに加えることができよう。

(3) テーマコミュニティ（地域にとらわれず趣味や社会貢献を目的に形成）

　テーマコミュニティとは、行政区や学校区などの地域に縛られず、趣味のサークルや社会貢献等の特定のテーマに思いを共有する人達が集まる共同体を指している。意欲のあるメンバーが参加するとともに、運営メンバーの固定も可能であることから団体のマネジメント能力にも長けており、近年、各地で活動が活発化し、団体数も増加する傾向にある(注11)。

## 3．標準的なモデル

　自治体では、どのようなコミュニティ政策が採られているか。もちろん、都市と地方、大都市と中小都市、あるいは、政策先進都市とそうでないところの違いによって自治体のコミュニティ政策は異なる。ここでは大都市近郊に位置し人口35万人の大阪府吹田市を標準的なモデルとして採り上げ、自治体のコミュニティ政策の概要を見てみよう(注12)。

　社会公益活動については、平成14年4月1日に「市民公益活動の促進に関する条例」を施行、平成17年4月1日に「市民公益活動促進補助金制度」を実施、

平成19年3月に「市民公益活動の促進に関する基本方針」を策定して、各種の市民公益活動への財政支援、普及講座の開設等を行うなどの制度整備を行っている。平成19年2月現在、173団体から社会貢献活動を行う市民公益活動団体として届出がなされ、その活動は活発化している。

　地縁コミュニティについては、平成17年度に活動の基本となる指針を作成、平成18年度に「協働のまちづくり班」を配置、さらに、市内を6万人程度の6ブロックに分けて、ブロック担当者6名を配置し、全市で協働のまちづくり担当者110名を委嘱している。しかしながら、平成元年度と平成19年度を比較すると、自治会加入世帯数は、96,841世帯から92,153世帯へ4,688世帯減少、自治会加入率は78.7％から60.6％へ18.1％減少している。吹田市では、こうした事態を踏まえて、地縁コミュニティの中にテーマコミュニティを取り込む狙いで、市内559の単一自治会と概ね小学校区を基礎とする34の連合自治会による自治会主導型からNPOやボランティア団体等も加入する協議会型の活動への移行を目指すとともに、1万人程度の概ね小学校区を単位とする「まちづくり協議会」の結成を目指している。

　モデルとした吹田市の事例が明らかにしているように、自治体のコミュニティ政策の現状はまだ、制度づくり・条件整備の段階にある。今後、行政はコミュニティにどこまでの役割を期待しどこまでの仕事を任せるのか、あるいは、コミュニティは行政にどこまでの支援を望みどこまでを自分達で処理するのかなど、協働の実現のための具体的な方法、内容を詰めていく必要がある。

## 第5節　夕張市にみるコミュニティの再組織化
### 1．財政再建プロセス下の夕張市

　平成19年月3末、353億円の巨額の負債を抱えて財政破綻を引き起こした夕張市は、18年間にわたる再建への道を歩みだしている。破綻後の市の人口の減少は止まらず、この2年間で1,500人以上が流出し、人口も12,000人を切っている。

　市役所の職員数は半減、平成19年度から部が廃止、さらに、平成22年度までに市長部局を17課から7課程度に削減することになっている。地域再生推進室

を例にすれば、既に、再建団体前の数課が1つにまとめられ、商工・観光・まちづくりを1課で担当している。

地域内の格差も拡大している。縦に細長い夕張市は、北は炭鉱から観光へと行政が力を入れてきた地域、南は三世帯同居のメロン栽培中心の農村地域、中央は商工と住居中心の地域と大きく3つの地域から成立するが、財政破綻の影響が大きかったのは、行政依存度が高かった北部と市営住宅が多い中央部である。高齢者の多い中央部は生活保護率も高い。ただ、世代別にみると、公的年金や医療等の社会保障制度で守られる高齢者よりも、就労先を失う若年世代が受ける影響が大きく、職を求めての市外転出が続いている。

しかし、国依存・行政依存・公共事業依存という3つの依存体質が生んだ財政破綻という手痛い教訓に学んだ夕張だからこそ、行政だけでなく、市民・NPO・企業が協働して地域を支える「新しい公共」のモデルが生み出せるという期待もある。

## 2．行政領域の縮小とコミュニティの再組織化

経済と雇用、市民生活や福祉に至るまで、行政の役割が大きかっただけに、財政破綻による行政サービスの縮小が地域に与える影響は大きい。そこで、これまで余り顧みられることのなかった地域コミュニティを再組織化して、行政機能を代替させようという動きが始まっている。もっとも、行政機能を代替しようとしても、個人や家族レベルでは力の限界があり、どうしても一定規模の組織的対応が必要になる。グローバル企業や事業者が本拠地や主な事業所を置く地域を除けば、そうした機能は、地域コミュニティしか果たせないのも事実である。

地域コミュニティはどのような形で再組織化されようとしているのか。図表1は、その動きを分析するために、コミュニティを、地縁コミュニティ、新地縁コミュニティ、テーマコミュニティの3つに目的別分類をするとともに、それらを、活動のイニシアティブの違いによって、行政主導、市民主導、企業主導の3つに分類して、マトリックス表に整理したものである。目的別分類ではテーマコミュニティの団体数が際立つとともに、活動のイニシアティブ別分類

では市民主導や企業主導のコミュニティ団体が多く、それらの団体の活動の活発さを裏付ける結果となっている[注13]。

図表1　地域再生に向けたコミュニティ再組織化

| 目的＼イニシアティブ | 行政主導 | 市民主導 | 企業主導 |
|---|---|---|---|
| 地縁コミュニティ（共助が目的、慣習的に形成） | ― | ・ふれあいサロン<br>・末広市民交番や各地の生活館の管理<br>・町内会による連絡員制度 | ― |
| 新地縁コミュニティ（特定の政策目的のために形成） | ・ゆうばり再生市民会議 | ― | ・夕張リゾート㈱<br>・㈲夕張希望の杜 |
| テーマコミュニティ（趣味や社会貢献を目的に形成） | ・観光連絡会議<br>・ゆうばり観光協会（北の零年希望の杜の指定管理、観光ガイド等）<br>・しあわせの桜ともみじ夕張プロジェクト<br>・幸福の黄色いハンカチ基金（指定寄付） | ・市民団体や愛好者連盟による市民会館、市営球場、紅葉山パークゴルフ場の管理<br>・ゆうばりファンタ（ゆうばり国際ファンタスティック映画祭、フィルムコミッション関係）<br>・オールシーズン in 夕張、かぜちゃる、ひなたBOOKOなど<br>・除雪ボランティアや環境美化活動など | ・㈱ネクスト夕張<br>・桜の5年間2万本植樹計画（ニトリ） |

出所：夕張市「地域再生に向けた取り組みについて」、関係者へのインタビューを元に作成

43

## 3．コミュニティ再組織化のプロセス

(1) 地域住民の共助を目的に自然発生的に形成・強化－地縁コミュニティ

　財政破綻前の夕張は、炭鉱都市特有の生活丸抱えの歴史と古くは炭鉱会社、新しくは行政にモノ言えば何とかしてくれるという文化があり、市全体・地区の双方で、地縁コミュニティの活動は盛んでなかった。炭鉱ごとに村が誕生した経緯から、隋北の本町地区と隋南の清水沢地区は住民の考え方や行政への姿勢が違うとされ、メロン農家が広がる滝の上地区は現在でも小学校の運動会にも地区の中学生や高校生が参加するなど昔から行政に頼らず町づくりをしてきた経緯を持つなど、市全体としての一体感を生みにくい環境にあった。また、市内に不動産屋がないことでわかるように、炭鉱住宅から派生した市営住宅が個人所有の住居の代わりをして退職後は札幌等へ移り住む人々が多いため、それぞれの居住地区への愛着も薄れがちであった。

　そうした中、財政破綻による行政サービスの縮小によって、地縁コミュニティを巡る状況にも変化が現れている。お年寄りを対象としたふれあいサロンの開催や、末広市民交番や各地の生活館の管理など、地区単位の活動が活発化しはじめた。また、市が地区ごとに置いてきた連絡所の廃止によって、住民票の交付等の行政サービスや市への苦情処理の窓口を失うと、町内会が独自に当番や世話役を決めて行政への手続きを代行する動きも生まれている。市の関係者は、地縁コミュニティ再組織化の事情を次のように語っている[注14]。

　「自分達のルールを少し破ってでも相手に合わす、そうして生まれる長期的な助け合いへの期待が新たなコミュニティ形成のきっかけになっている。個人レベルでも同じことがいえる。これまでコミュニティを無視していた人が、孤立が損だと判断してコミュニティに加わってくる。コミュニティの方でも、(行政が面倒を見ることができないならば)仲間に入ってもらわないと困るとして、これまで無視して遠ざけていた人へも敷居を低くしてコミュニティへ参加を呼びかけている。」

(2) 行政の企画に市民や企業が賛同して形成－新地縁コミュニティ

　ゆうばり再生市民会議は、藤倉現市長になって市の地域再生課まちづくり再

生係が骨格を作ったもので、平成19年6月22日にスタート（清水沢市民研修センター・120人参加）、現在、夕張再生に向けた市民活動の中心的役割を果たしている。構成員は、公務員・民生委員・ボランティア団体メンバー・サラリーマンが主であり、公募で選ばれた運営委員による自主運営に委ねられている。会議の当初の目的は、地域の高齢者の孤独死防止にあったが、現在は、福祉部会・環境防犯部会・文化観光部会の3部会構成となり、各部会でまちづくり活動を実践するほか、広報誌「ほっとゆうばり」を発行している。参加する市民は、今後の再生会議の役割を次のように語っている[注15]。

「再生会議に期待される機能が、ボランティア、行政のチェック、政策提案の3つとすると、今はボランティアの段階にある。再生市民会議も2年目に向けて、子供に関する子供部会、行政に参加するまちづくり部会を作ろうと考えている。ボランティアも必要だが、まちづくりはもっと大事である。市は再生会議に口を挟まず、市民が地域再生に協力する場を提供してくれているが、それだけでは限界がある。再生会議としても、もっと市政運営に関わる必要がある。」

地域振興や市民の暮らしに中心的役割を果たしてきた行政が、財政破綻によって活動が制約されるようになると、企業が地域に果たす役割も大きくならざるを得ない。夕張では、市立病院廃止の代わりに設置された夕張市立診療センターの指定管理者となった㈲夕張希望の杜（村上智彦医師）と市の観光施設の指定管理者となった㈱夕張リゾート（親会社：加森観光）がその役割を果たしている。後者を例に企業主導型の新地縁コミュニティを見てみよう。

市の公募に応える形で、北海道を中心にホテルやリゾート施設の再生を手がける加森観光㈱の子会社である夕張リゾート㈱が、平成19年4月から指定管理者となって、13の観光施設を受託運営している。夕張リゾート㈱は、旧石炭の歴史村内の炭鉱関連施設と映画のロケ舞台となった炭鉱住宅等やホテルの中間地点に位置する夕張市立美術館を観光客の回遊性確保の点から管理施設に残すとともに、全施設共通入場券の導入、観光施設を回る「ぐるっとバス」の運行、さらに、最近では、他の道内の他の著名な観光地とセットで夕張への観光客誘致を企画するなど、民間企業ならではの視点から観光客の呼び込みに努めてい

る。そして、旧石炭の歴史村に隣接する遊園地閉鎖にもかかわらず、経費節減によって各施設の収支を改善し、パート・アルバイト・季節雇用者・正社員含めて220名を雇用、600万円の黒字決算(平成19年度)を確保している。しかし、西田吏利(にしだつかとし)社長は、企業の公的役割を語る一方で企業が地元と協調することの難しさを次のように語る[注16]。

「企業にとっては、日常の業務を行うことが公的役割となる。㈱夕張リゾートの進出で地域が再生し、安定した雇用を作り出せれば良い。ただ、ホテルの売店に並べる名産品の開発を地元業者に呼びかけるが反応は弱い。(中略) 文化、スピード、金銭感覚が違うので、官民の連携も難しい。同じように施設を管理していてもお客さんは来ず、整理していかないと力が分散する[注17]。」

一方、地元には「㈱夕張リゾートは将来的に夕張から立ち去ってしまうのではないか。収益が見込めるものしかしないのではないか」と外部者である加森観光への警戒心、不安の声がある[注18]。夕張市や市民が寄せる期待は大きいが、企業側の思いとなかなか合致しにくい。外部から進出した企業が地域の完全な仲間入りすることの難しさは、テーマコミュニティに分類している家具販売大手のニトリの「桜の5年間2万本植樹計画」にも妥当する。ニトリが夕張再生を目的に夕張の谷を桜で埋めようとする計画であるが、市民の関心は必ずしも高くなく[注19]、市あげての植樹計画となるように関係者の努力が続けられている。

(3) 地域住民の思いと内外のネットワークから形成－テーマコミュニティ

趣味や社会貢献を目的とした人々が集まるテーマコミュニティは全国的にみても活動が活発化しているが、夕張もその例外ではない。廃止される市民会館の再開に複数のテーマコミュニティがかかわった事例を見てみよう。

夕張市内の映画愛好家サークルである「夕張キネマクラブ」や映画祭の自主開催を目的に結成されたNPO法人「ゆうばりファンタ」が中心となって、廃止が決定された太鼓・書道・民謡など高齢者の各種の習い事の発表の場でもあった市民会館の再開を目的に「市民会館を再生する会」が結成された。運動の途上、屋根の補修費等2,000万円が捻出できず一時は再建を諦めたものの、

市外の企業[注20]から無償修理（500万円程度）の申し出があり、平成19年11月、再開に漕ぎつけた。現在、夕張市内の文化団体・芸能団体を含めた「旧夕張市民会館運営委員会」が事業計画・資金計画を策定、法人格を持つ「ゆうばりファンタ」が借受人になって管理業務、受付業務を担当している。建物は市からの無償借受であるが、年間の維持管理費800万円（初年度は2,000万円。不足分は寄付金1,200万円強を充当）を使用料で賄わなければならない。

　市民会館の再開に大きな働きをした「夕張キネマクラブ」は、平成16年5月27日、映画の町夕張に市内唯一残された市民会館内の映画館の閉鎖が決まったときに、映写施設を残して大きな画面で映画を見たいと映画好き33人で結成された。現在、会員201人（うち市外30人）。1回につき1人1,000円、300人で30万円の会費を集めて、年3～4回の自主上映会を行っている。同じく市民会館の再開に貢献した「ゆうばりファンタ」は、廃止された「ゆうばり国際ファンタスティック映画祭」を有志で自主開催するために結成された。会員は10人で、映画祭の開催と、先の市民会館の運営の2つの事業を行っている（双方の事業は別勘定にされている）。映画祭の開催費用5,000万円のうち、入場料は200万円から300万円にすぎず、2,000万円弱を文部科学省等からの補助金、残り2,700万円を協賛金で集めている。

　「ゆうばりファンタ」の活動は、イベント会社「㈱ネクスト夕張」の活動にも深いかかわりを持つ。「㈱ネクスト夕張」は、他の地域では第三セクターで運営される観光協会のような機能を果たしており、企業と行政の結びつけ役をしている。発端は、市の外郭団体MCP（夕張マウンテンシティ実施機構）に10年在籍した荒館康治氏が、財政破綻後も市に残り、内外から持ち込まれるイベントの世話役をするうちに、周りから会社組織にすることを薦められ、市内で建設業を行う澤田直矢氏を社長に、荒館康治氏、さらに旧MCPから1名が加わって3人で立ち上げたものである。「㈱ネクスト夕張」が生み出す余剰で、映画祭と市民会館の維持管理に要する資金と労力を創り出しており、「㈱ネクスト夕張」は、収益を第一目的とするのではなく企業の善意のボランティアや社会貢献活動でもない新しい資本主義ともいうべき小さな社会的企業となっている。㈱ネクスト夕張のメンバーは次のように設立経緯を語っている[注21]。

「自分達が好きなことをやってきただけで格別の苦労はない。㈱ネクスト夕張も半分はボランティアで、収益がトントンの仕事も受け持っている。企業としての自分達を見る市民や行政の眼も以前と同じであまり大きな意識差はない。ただ、ゆうばりファンタや㈱ネクスト夕張が、文化や観光を通じた地域活性化に取り組めるのも、行政によき理解者がいて支援してくれるからである。そうでないと成り立たない。」

その他のボランティアやNPO活動も活発化している。例えば財政破綻で廃止された図書館の代わりに、保健センターに図書コーナーを設け、図書館機能の事実上の復活に成功した例がある。中心的役割を果たしたボランティア団体の市民はその経緯を次のように語る[注22]。

「財政破綻で図書館がなくなったが、再開運動の引受人を探す市外の人の熱意、北海道の有志、ネットワークのあった一部の絵本作家の働きかけによって、運動の母体となる子供文化の会が生まれた。しかし、これらの人々にはお金も仕事も求められない。そのため、人件費・光熱費などの資金は新聞社に援助してもらい、図書コーナーはボランティアサークルであるかぜちゃる、ひなたBOOKOが担当するということで、図書コーナーが出来上がった。」

その他に、ボランティアサークル「主婦の知恵袋」によるゴミの削減・分別運動や「ママさんダンプ」による除雪ボランティア活動も行われている。さらに、行政との連携のなかで、「観光連絡会議」、「ゆうばり観光協会」、「しあわせの桜ともみじプロジェクト」、「幸福の黄色いハンカチ基金（指定寄付）」などの活動も進められている。

なお、ここでも、先に示した「㈲夕張の社」「夕張リゾート㈱」と同様に、コミュニティの再組織化にあたって、内部者だけでなく内部者と外部者の連携が重要な役割を果たした団体が多いことが注目される。

## 第6節　発見事実

行政の側から、地域再生に果たす地域コミュニティの重要性が強調されてきたが、実のところどのようにコミュニティを再組織化し、どのような機能を果たすのか曖昧なまま語られる傾向があった。財政破綻後の夕張の地域再生に向

けた動きの検証によって、幾つかのわからなかったものが見えている。

　第一は、地域コミュニティの新しい構成と再組織化のプロセスである。戦後の福祉国家思想の下、行政の役割が拡大し行政による地域の過保護が一つの原因となって地域コミュニティが育たなかった。夕張でも、これまで観光をキーに炭鉱閉山後の地域振興を図る行政の力が余りにも強大すぎて、地域コミュニティの存在を考える必要もなかった。しかし、財政破綻による行政領域の縮小によって、従来からの地縁コミュニティの強化に加えて、市民や企業が主体的に参加する新地縁コミュニティやテーマコミュニティが新しく形成・強化され、これまで行政が担ってきたサービスを代替し、地域住民の生活を支えていることが確認された。

　第二は、地域における行政と企業の協働の難しさである。企業主導コミュニティ活動の必要性が高まるとともに、行政や市民の側からの企業の公共的役割への過大期待によって、企業との間に摩擦が生じやすいことが明らかにされた。企業は収益をあげることを前提とした存在であるがゆえに、企業の効率性の追求と行政や市民が望む公共性とのマッチングが今後の課題となっている。

　第三は、パットナムがソーシャル・キャピタルの構成要素としてあげていた3要素がコミュニティの再組織化にあっても重要な役割を果たすことである。地域住民間、行政内部者と地域リーダー、外部の人間と地域住民の人的ネットワークが、コミュニティの再組織化に大きな役割を果たすことが確認された。また、これまでに培った信頼関係がコミュニティの再組織化を生み出す原動力となるなど、関係者間の信頼の重要性が明らかになった。さらに、コミュニティとコミュニティを構成するメンバーとの間の明示的・黙示的な互酬性規範の存在がコミュニティの再組織化に大きな影響を与えることがわかった[注23]。もっとも、地域コミュニティにおける互酬関係は、子供や孫の時代をも範囲に入れた長期的な関係を指している。

## 第7節　おわりに

　財政破綻後の夕張における地域再生に向けたコミュニティ再組織化の検証によって、地域コミュニティの新しい構成と再組織化のプロセス、行政と企業の

協働の難しさ、そして、パットナムがソーシャル・キャピタルの構成要素としてあげた3要素、すなわち、人的ネットワーク、信頼、そして、互酬性規範の有用性が明らかにされた。残された問題は、こうした発見事実をどのように活かして、協働のパートナーになるコミュニティの再組織化に結びつけるかにある。

それぞれが今後克服されるべき課題であるが、その前提となる問題を最後に指摘しておきたい。本稿の冒頭において指摘したように、国や地方のコミュニティ政策が目に見える成果を挙げない最大の原因は、行政が既存の行政サービスの枠組みをそのまま残しておいて、行政下請け的に協働の推進やコミュニティの再組織化を呼びかけるという自己矛盾を内包しているからである。夕張でのコミュニティ再組織化事例が示すように、行政が地域の暮らしに全面的にかかわり、責任を負うという現行の行政サービスのあり方を前提にして、地域コミュニティをパートナーにした協働社会の実現は難しい。

しかし、「自助・共助のニーズのないところにコミュニティ生まれず」となれば、行政が公助から手を引き、自助・共助のニーズを作り出すことが公共政策となってしまって、行政は自己否定のジレンマに陥ってしまう。また、地域の過疎・衰退という厳然とした事実を目の前にして、行政が既存の行政サービスから手を引き、傍観者として振舞うこともできない。財政破綻や治安の悪化による凶悪事件の発生など、地域に大きな問題が起こってからでは遅すぎる。その前に、行政と地域の双方が意識を変えて、協働して地域を支える新しい仕組みを作っていかなければならない。

(注1) 協働の用語以外にも、官民協働、公民協働、あるいは、産官学連携、民公産学連携などの用語も使用されている。本稿では、協働の用語を使用する。
(注2) 本論文とほぼ同旨。橋本行史「行政の役割と協働のパートナーとしてのコミュニティ」京都女子大学現代社会研究科論集第3号（所収）。
(注3) 森岡清志「『地域の社会学』刊行後に思うこと」書斎の窓 p51－56参照。
(注4) ハーバーマス『公共性の構造転換』未來社参照。
(注5) 日本のコミュニティ政策の系譜については、日本都市センター自主研究（平成12年度）報告書『近隣自治とコミュニティ～自治体のコミュニティ政策と「自治的コミュニティ」の展望』を参照。(http://www.toshi.or.jp/publish/pdf/community2001.pdf)

(注６) 日本のコミュニティ政策は、1969年、国民生活審議会調査部コミュニティ問題小委員会報告「コミュニティ－生活の場における人間性の回復」で新コミュニティ形成の必要性が提唱されたことがはじまりとされる。1971年、自治省（現総務省）は「コミュニティ（近隣社会）」に関する対策要綱」を示し、概ね小学校の通学区程度の規模を基準としたモデル・コミュニティ整備計画の策定などを内容とする施策を展開した。全国で83地区がモデル・コミュニティに指定され、各地区にコミュニティセンターが整備されて様々な住民組織から構成される協議会にコミュニティセンターの管理が委託され、地域活動の拠点とされた。

(注７) 鳥取県智頭町に実施例がある（朝日新聞2008年12月16日）。

(注８) 自治会・町内会の加入率低下は、既に複数の自治体の調査結果から明らかにされているが、平成19年度版国民生活白書では1970年（昭和45）と2003年（平成15年）の調査結果の比較から、自治会・町内会の加入率に大きな変化はないが、活動に参加する頻度が低下したと異なる分析をしている。
(http://www5.cao.go.jp/seikatsu/whitepaper/h19/01_honpen/index.html)

(注９) 阪神大震災時に住民相互のつながりの強い地域では住民の居住状況が共有されていたために、救助活動が円滑に進むとともに地域の復興も早かった。この事実をベースにして、市の呼びかけで、自治会や婦人会が中心となって避難訓練や防災マップを作成する「防災福祉コミュニティ」の結成が進められた。市はスコップや布バケツなど災害時の使用道具を交付する。2008年11月30日現在、市内約170箇所の全小学校単位で結成される「防災福祉コミュニティ」網が完成した（朝日新聞2008年12月１日）。

(注10) 都市計画で使用される「街づくり協議会」の用語は、区画整理や再開発などの方法で街づくりを行う場合に、行政の働きかけと住民の賛成で、街づくりの学習・意見交換を行い、地域の意思統一を図る目的で結成される組織の名称として使用されることが一般的である。

(注11) 自治会・町内会といった地縁型団体に代表されるいわゆるエリア型コミュニティの停滞と、市民活動団体を中心にして、必ずしも地理的な境界にとらわれず、特定のテーマの下に有志が集まって形成されるいわゆるテーマ型コミュニティの可能性については、国民生活審議会総合企画部会報告「コミュニティ再興と市民活動の展開」（平成17年７月）参照。(http://www5.cao.go.jp/seikatsu/shingikai/kikaku/report19.pdf)

(注12) 吹田市市民文化部市民協働推進室での調査（平成20年10月）及び提供された資料に基づく。(http://www.city.suita.osaka.jp/home/soshiki/div-shiminbunka/kyodohureai.html)

(注13) 夕張市作成の資料と関係者へのインタビューを基に、地域再生に向けて財政破綻後の夕張において再組織化（結成・強化）された多様なコミュニティを調査した結果による。

(注14) 永澤直喜氏〔夕張市地域再生チーム担当（調査時）〕（インタビュー日時：平成20年９月11日９時30分～10時30分、場所：夕張市役所）

(注15) 松宮文恵氏〔松宮建設㈱社長婦人、夕張キネマクラブ事務局渉外担当、夕張再生会議環境防犯部会長〕（インタビュー日時：平成20年９月13日14時00分～15時00分、場所：松宮文恵氏宅）

(注16) 西田吏利氏〔加森観光㈱から派遣、夕張リゾート㈱代表取締役〕（インタビュー日時：平成20年９月12日16時30分～18時00分、場所：ホテルマウントレースイ）

(注17) 老朽化していた受託施設の補修費の負担を巡って、㈱夕張リゾートと夕張市の調整

が続いていたが、調査後暫くして、3施設の受託返上が発表された。
(注18) 注14に同じ。
(注19) 荒舘康治氏へのインタビューから得られたコメント（注21参照）。
(注20) 全国コンパクト工業会北海道ブロック及び北海道テクニカルシステムエンジニア株式会社（千歳）
(注21) 荒舘康治氏〔㈱ネクスト夕張シニアディレクター、ゆうばり国際ファンタスティック映画祭世話役〕（インタビュー日時：平成20年15時30分～17時00分、場所：夕張市民会館）
(注22) 園　泰子氏〔夕張こども文化の会「かぜちゃる」代表、「オールシーズンin夕張」代表、「ひなたBOOKO」世話役、夕張再生会議観光部会長〕（インタビュー日時：平成20年9月11日13時～15時、場所：本町「リュック」）
(注23) 第二次世界大戦でフィリピン南部のホロ島（ミンダナオ島の南、東西60キロ南北20の小島。近くの海域は現在でも海賊が横行する地域。）で、日本兵6,000余名が米兵との戦闘・マラリアによる病死・モロ族による殺害によって玉砕、生存者わずか80名という第二世界大戦でも名だたる過酷な戦線に従事した藤岡明義氏の「敗残の記－玉砕地ホロ島の記録」は、互恵関係こそがコミュニティ成立の基本であるというコミュニティの本質を見事に明らかにしている。内容は、各隊の炊事当番が、戦線が過酷になるにつれて互恵関係が崩れ、統制のとれた分隊炊事から、任意の数人の共同世帯による世帯炊事、そして、各人の個人世帯による炊事に移行する様が描かれている（藤原明義『敗残の記』p94－95、中央公論社、1979年）。

【参考文献】

東一洋（2004）「なぜ今ソーシャル・キャピタルなのか1～5」（2004年1月21日、2004年1月27日、2004年2月10日、2004年2月24日、2004年3月2日）（日本総研HP http://japan.internet.com）

国民生活審議会総合企画部会（2005）『コミュニティ再興と市民活動の展開』（http://www5.cao.go.jp/seikatsu/shingikai/kikaku/report19.pdf）

吹田市市民文化部市民協働推進室HP（http://www.city.suita.osaka.jp/home/soshiki/div-shiminbunka/kyodohureai.html）

内閣府国民生活局（2003）『ソーシャル・キャピタル：豊かな人間関係と市民活動の好循環を求めて』

内閣府経済社会総合研究所（2005）『コミュニティ機能再生とソーシャル・キャピタルに関する研究報告書』

内閣府国民生活局（2007）『平成19年度版国民生活白書』（http://www5.cao.go.jp/seikatsu/whitepaper/h19/01_honpen/index.html）

日本都市センター（2000）『近隣自治とコミュニティ～自治体のコミュニティ政策と「自治的コミュニティ」の展望』（http://www.toshi.or.jp/publish/pdf/community2001.pdf）

Habermas, J. (1990) *Stukturwandeldel Öffentlichkeit : Untersuchungen zu einer Kategorie der burgerlichen Gesellshaft*, Suhrkamp Verlag.（細谷貞雄・山田正行訳（1994）『公共性の構造転換－市民社会のカテゴリーについての探究』未來社）

Putam, R. D. (with Robert Leonardi and Raffaella Y. Nanetti) (1993) *Making Democracy*

Work：*Civic Traditions in Modern Italy*, Princeton, NJ：Princeton University Press.
　　（河田潤一訳（2001）『哲学する民主主義―伝統と改革の市民的構造』NTT出版）
Putnam, R. D.（2000）*Bowling alone：The collapse and revival of American community*,New
　　York：Simon & Schuster.（柴内康文訳（2006）『孤独なボウリング：米国コミュニティ
　　の崩壊と再生』柏書房）
橋本行史（2009）「行政の役割と協働のパートナーとしてのコミュニティ」『京都女子大学現
　　代社会研究科論集』第3号、pp.53－63
橋本行史（2007）『自治体破綻・夕張ショックの本質』（改訂版）公人の友社
橋本行史（2007）「破綻回避のための黄金の橋」『判例地方自治』ぎょうせい、2007年6月
　　号、pp.9
橋本行史（2007）「財政民主主義に向けた情報共有」『地方自治職員研修』公職研、2007年11
　　月号、pp.32－34
橋本行史（2007）「行政と住民の協働のあり方」『関西実践経営』第34号、pp.83－93
橋本行史（2006）「私論公論：自治体財政の危機と対策」京都新聞2006年8月25日
橋本行史・中西由貴・土屋あや子（2008）「夕張市財政破綻後の市民活動に関するインタ
　　ビュー調査」『関西実践経営』第34号、pp.83－93
花田達朗（1996）『公共圏という名の社会空間―公共圏、メディア、市民社会』木鐸社
森岡清志編（2008）『地域の社会学』有斐閣
森岡清志（2008）「『地域の社会学』刊行後に思うこと」『書斎の窓』有斐閣、2008年9月号、
　　pp.51－56

# 第4章

# 電子ネットワーク社会における地方自治と個人情報保護・情報公開制度の形成

松行　康夫
(東洋大学名誉教授)

## 第1節　電子ネットワーク社会の形成と個人情報保護の認識
### 1．電子ネットワーク社会の形成

　米国商務省報告書によれば、パケット交換技術の進歩とともに、企業・政府・家庭など広範囲に存在するパソコンが、インターネットという高速情報通信インフラによって結合され、グローバルな電子ネットワーク (digital network) が出現した[注1]。このような情報通信技術 (ICT) のグローバルな革新によって、現代社会は、電子ネットワーク社会 (digital network community) の基盤なしには機能しなくなった、といっても過言ではない。

　現代社会における情報通信技術の革新は、情報通信環境に劇的な変化を与えた。電子ネットワーク社会を出現させた電子革命の世界同時進行化現象は、主として、①インターネットの普及、②企業間電子取引、③財・サービス（有形財・無形財）のデジタル配送、④有形財の小売（インターネット通販）という、4事象に象徴化されている。

　このような管理革新によって、わが国においても、産業構造、社会経済制度、生活環境、さらには地域文化に至る社会構造全体にわたって、根底からの変革がもたらされている。このような電子ネットワーク社会基盤の中に、政治・経済・社会・文化などのモデルを再構築させた電子ネットワーク社会を他国に先駆けて構築した国・企業などが、事実上の標準としてのデファクト・スタンダードを獲得できる[注2]。

　第二次大戦後、わが国においても、情報化の潮流が見られるようになった。当時、社会経済組織における事務用汎用コンピュータ (mainframe) を中心とした、コンピュータの導入により情報化が加速度的に進展した社会を、情報化

社会と呼称した。その後、インターネットの普及による情報通信技術の革新によって、情報はコンピュータの単体で処理されるだけではなく、情報通信網を経由して相互に伝送されるようになった。そのような情報通信基盤の上に成立する社会は、高度情報通信社会と呼ばれるようになった。さらに、高度情報通信技術の発達により、企業・政府・家庭などがグローバルなネットワークとして接続・結合された社会は、名実ともに高度情報通信ネットワーク社会と呼ぶにふさわしい。

　このような現代社会は、高度情報通信技術の革新によって、本質的に情報概念が、極めて重視される社会となった。18世紀後半、英国における蒸気機関の発明に始まる産業革命は、その後、フランス、ドイツ、アメリカ、ロシア、日本などに進展し、工場における生産効率を向上させた。現代の高度情報通信ネットワーク社会においては、企業・政府・家庭などにおける情報の生産効率が問われ、新しい産業革命が出現している。

## ２．個人情報に対する認識

　現在、上述の高度情報通信ネットワーク社会においては、極めて多種多様な情報が流通している。そのため、ハードコピーとしての文書による情報流通が中心であった時代に比べて、ソフトコピーとしての情報が大量に流通することになった。特に、それらの多量な情報は、データベースとして組織的に記憶され、アクセスされることになり、必要に応じて、いつでも、どこでもハードコピーに変換することが可能になった。

　このような社会状況下にあって、広範に流通する情報の中でも、個人情報の存在が、極めて重視されるようになった。それは、個人情報が情報の中でも他人との識別をし、そのことで個人の存在を示す記号、徴表となるからである。したがって、個人情報は一般的な情報の中にあっても中心的な存在であり、その取扱い、評価によっては、個人の人格的利益に大きなかかわりを持つからである[注3]。

## 3．欧米における電子ネットワーク社会の形成

　高度情報通信ネットワーク社会においては、このような個人情報に対する認識の変化によって、次のような発展段階がある。1960年以降、OECD（経済協力開発機構）に加盟する先進国においては、第1段階の展開として、コンピュータを利用した情報処理では、大量情報の処理が日常化した。それは、とりもなおさず、本人の意思とは関係なく、無数の個人情報の収集、記憶、出力による利用を可能にした。それはやがて、コンピュータのソフトウエア工学技術を利用すれば、多量の個人情報をデータ構造化してデータベースを構築することを、技術的に可能にした。そうした技術革新は、いうなれば、データバンク社会の到来を意味する。そこでは、新しいプライバシー問題が生起し、そうした脅威への対処として、社会的な情報空間における個人情報保護の法的問題[注4]に対する解決が求められた。

　OECDに加盟する先進国においては、データバンク社会における個人情報保護の在り方を巡って様々な検討がなされた。そうした趨勢を受けて、1980年、先進国クラブとしてのOECDは、「プライバシー保護と個人データの流通についてのガイドラインに関する理事会報告」（「OECDプライバシー・ガイドライン」）[注5]を公表した。この勧告の前文には、「個人データの自動処理及び国際流通は、国家間の関係に新たな形態を作り上げるとともに、相互に矛盾しない規則及び運用の開発を要請する」という文言が書かれている。「個人データの自動処理」という表現は、先進国にデータバンク社会が到来したことを受けて記述されている。

　1990年以降、先進国などを中心に第2段階の展開として、インターネット利用の本格化の趨勢があげられる。米国では、クリントン政権におけるゴア副大統領を中心にすべての政府機関の長官が決定に参加し、バーチャル・ガバメント（virtual government）を構築する計画を進捗させた。そこには、トーマス・ジェファーソンによる「情報は、民主主義の通貨である（Information is a currency of democracy）」という思想が明確に存在する[注6]。この計画は、ゴア副大統領が提唱する国家情報基盤構想（「NII構想」）を契機として、ネットワークのネットワークとしてのインターネットが急激に社会全体に普及する契機と

なった。1995年には、インターネットの完全な商用化が始まった。それ以降、社会に流通する情報は、電子情報としてネットワークを介して流通する電子ネットワーク社会が形成された。

1994年5月、欧州における情報社会構築計画として、欧州協議会（European Council）に提出された『バンゲマン報告書』（*Bangemann Report*）[注7]における提言としてまとめられている。その報告書によれば、「最初に情報社会を実現した国」は、「追従する国が、それに従うことを必要とする」ルールを設定でき、それによる国益を獲得することができるとしている。また、同書は、問題解決を場当たり的にしかできない諸国家は、向こう10年以内に資源・雇用などの点からも、大きな壊滅的な打撃を被ると警告した。結論として、欧州連合（EU）は、国家の境界を越えて一体的な情報社会計画を構築することが得策であるとした。

### 4．わが国における電子ネットワーク社会の形成

OECDに加盟するわが国は、このような欧米の先進国の取組みに対して、インターネットを中心にした公共政策の展開には、相当な遅れがあった。しかし、1994年8月、わが国政府では、高度情報通信社会推進本部の設置を契機として、インターネット関連の公共政策が本格的に推進されることとなった。1995年2月には、「高度情報通信社会に向けた基本方針」の策定、1998年11月には、「高度情報通信社会推進に向けた基本方針」の策定、それに従う「アクション・プラン」の策定がなされた。2000年7月には、情報通信技術を中心とした、総合的な政府施策を推進するために、内閣に情報通信技術戦略本部が設置されることになった。2000年9月、第150回臨時国会において森首相は、日本型IT社会の実現を目指す、「e-Japan構想」を提唱した。

それを受けて、2000年11月には「高度情報通信ネットワーク社会形成基本法」（「IT基本法」）が成立し、翌年1月に施行された。この「IT基本法」第2条には「この法律において、『高度情報通信ネットワーク社会』とは、インターネットその他の高度情報通信ネットワークを通じて自由かつ安全に多様な情報又は知識を世界的規模で入手し、共有し、又は発信することにより、あらゆる分野

における創造的かつ活力ある発展が可能となる社会をいう」と規定された。この条文からわかるように、わが国の法律に「インターネット」という表現が初めて登場した。

## 第2節　わが国の個人情報保護制度の展開
### 1．わが国の個人情報保護制度の形成

　わが国の場合、個人情報保護制度は、従来、「行政機関個人情報保護法」の制定に見られるように、公共部門のうち国の行政機関だけを対象にした保護規制が行われていたにすぎない。民間部門における個人情報保護については、法規制の対象外とされた。そのため、民間部門では個別的なガイドラインなどが設けられ、自主規制に基づく適正な措置が求められてきた。しかし、その後、国の行政機関、地方自治体、特殊法人等の公共部門だけではなく、個人情報を扱う事業者等の民間部門も、保護規制の対象にした個人情報保護法が制定された。このことにより、個人情報の適正な取扱いと保護を求める包括的な保護制度が構築された。わが国の個人情報保護制度は、個人情報を取り扱う者すべてを対象にした個人情報保護制度の展開が始まったといえる。

### 2．わが国における行政機関の個人情報保護制度の形成

　わが国における個人情報保護法制への取組みは、1974年、行政管理庁から、「行政機関等における電子計算機利用に伴うプライバシー保護に関する制度の在り方いかん」の諮問を受けて、行政監理委員会が中間報告を行ったことに始まる。この報告において行政運営に係る個人情報の適切な維持管理を推進することが指摘された。

　1980年、「OECD プライバシー・ガイドライン」に基づく8原則が採択されたことを受けて、わが国では、行政機関が取り扱う個人情報の保護について、法制整備に向けた取組みが始まった。行政機関は、個人情報の最大の保有者であるが、電子計算機の行政機関への導入とともに、個人の人格的権利が侵害されるおそれも強まった。そこで、情報処理される個人情報の取扱いに関して、基本的な事項の法制化が行われた。その結果、行政の適正かつ円滑な運営と個

人の権利、利益の保護を図る法制が明文化された。1988年12月には、「行政機関の保有する電子計算機処理に係る個人情報の保護に関する法律」が成立し、1990年10月を待って、全面的な施行の運びとなった。

## 3．個人情報保護に関する法律の制定

上述の行政機関における個人情報保護の法制化の背景には、個人情報の最大の保有者である行政機関に対する規制の必要があった。しかし、情報通信技術の発達によって、政府部門に限らず、だれでも大量の情報を簡単にデータベースに格納、処理することが可能となった。民間事業者においても、顧客の囲い込み、会員管理などの企業経営戦略の展開によって、大規模な個人情報のデータベースを構築することが可能となった。情報通信技術の進展により、そのような大量の個人情報が、電子ネットワークを介してグローカルに流通する状況が出現した。

1994年、このような状況を鑑みて、内閣総理大臣を本部長とする高度情報通信社会推進本部が設置され、高度情報通信社会の構築に向けた様々な取組みが行われた。個人情報の保護に関する問題は、同本部の課題として取り上げられていた。しかし、全国共通で、本人確認ができるシステムを構築する目的から、住民基本台帳法の改正が検討された段階で、政府部門が保有する大量の個人情報（氏名、住所、性別、生年月日の4情報）と住民票コードを結合する問題が大きくクローズアップされた。そうした個人情報の結合は、個人のプライバシーの侵害につながるおそれが存するからである。

1999年、高度情報通信社会推進本部内に設置された個人情報保護検討部会は、「我が国における個人情報保護システムの在り方について（中間報告）」を公表した。この中間報告において、個人情報を取り扱う場合の基本原則として、①個人情報の収集、②個人情報の利用、③個人情報の管理、④本人情報の開示、⑤管理責任及び苦情処理、⑥国民の果たすべき役割と責務、⑦国の果たすべき役割と責務、⑧地方公共団体の果たすべき役割と責務について、基本原則を明示し、官民挙げてそれを遵守することを求めた。2000年10月には、同推進本部個人情報保護法制化専門委員会は、度重なる審議を行い、個人情報保護法基本

法案について慎重に検討し、「個人情報保護法基本法制に関する大綱」を決定した。この大綱の決定によって、公共部門に限らず、民間部門をも含めて、包括的な個人情報保護制度の具体的な内容が明らかになった。これまで、民間の事業者は「行政機関個人情報保護法」の対象外に置かれたため、民間事業者に業務委託をした場合など個人情報の漏洩等が生じた際に、それを直接的に規制する法制がないため問題が残されていた(注10)。

2003年5月には、「個人情報に関する法律」(個人情報保護法) が公布され、2005年4月から全面施行された。この法では、個人情報取扱事業者 (5,000人を超す生存者の個人情報を利用する営利企業、NPO、民間団体、労働組合など) は、利用目的の特定、適正な取得、安全管理、第三者提供の制限などが義務づけられた。また、そうした事項は、当然のことながら、従業員だけではなく外部委託先への監督義務を負うことになった。また、消費者らは個人情報の開示、訂正、利用停止を求めることができ、事業者は苦情には適切かつ迅速に対処することとなった。

## 第3節　わが国の地方自治体における個人情報保護
### 1．個人情報の保護措置としての電算条例

国の個人情報保護に向けた経緯は、上述した法制化の動きの中で述べられた。これに対して、住民の戸籍や住民票に象徴的に示される個人情報を台帳、帳簿などの文書として大量に所有しているのは、地方自治体である(注11)。わが国の場合、このような個人情報を電子計算機で情報処理する行政事務が全国的に普及し始めると、早期に個人情報の保護措置を講ずるための「電算条例」が、各地の地方自治体で制定された。1973年6月には、徳島市が「電子計算機処理に係る個人情報の保護に関する条例」を施行している。この条例は、いうまでもなく、電子計算機の導入に伴い、同市での情報処理における個人情報の適正な管理を目的に制定された。

上述のように、1980年、OECDにおいて、「OECDプライバシー・ガイドライン」に基づく8原則が採択されると、先進国における個人情報保護の制度化は国際的な潮流となった。

## 2．個人情報保護条例の先駆け

政府が個人情報の保護に向けて本格的な取組みをするとともに、地方自治体においても早期に同様の取組みが始まった。その先駆けをとなったのは、福岡県春日市の「個人情報保護条例」として広く知られている(注12)。1980年12月に、同市の住民が市議会に「市政情報公開条例及び個人情報保護条例の制定に関する請願」を提出し、1981年6月に採託されたことにその取組みは始まる。ここでは、個人情報保護条例だけではなく、市政に関する情報公開条例の制定という2つの条例内容に関して請願があり、その後、条例化が行われた。

当時、個人情報保護条例を制定した全国の地方自治体においては、規制内容の項目として、個人情報の収集、記録、利用、提供、維持管理を中心に、自己情報の開示、訂正、削除の申し出などについても規定している。ここでは、公共部門の保有する個人情報を対象にしているが、民間への事業委託が急増していることから、民間部門の保有する個人情報にまで規制している場合も多い。また、個人情報の情報処理に際しては、多くの条例においては、コンピュータ処理される情報に限定している場合がほとんどである。しかし、近年、マニュアル処理される個人情報をも規制対象に加える地方自治体が増加している。

## 第4節　基礎自治体における個人情報保護政策の形成事例
### 1．地方自治体における個人情報保護の制度化の意義

本論で上述したように、現代の電子ネットワーク社会では、大量の個人情報が公的部門、民間部門を問わず、個人情報の主体である本人自身のほとんど知りえない時空間で、広範かつ組織的に集積され、利用されている。そうした社会状況の中で、個人情報の不当な利用や誤用などに伴い、個人のプライバシーの侵害に対するおそれや不安が高まっている。いったん損なわれたプライバシーの侵害は、通常、容易には回復されないだけに、市民から強い関心を喚起している(注13)。

このような状況を配慮して、地方自治体が、住民、市民の安寧と福祉の確保、人権擁護の立場から市民の個人情報保護の基本的なあり方を確立し、制度化をしていくことは必要なことである。市町村など基礎自治体は、その行政経営を

推進していくため、多種多様な個人情報を収集し、保有し、利用しているが、このようなあり方の確立や制度化は、今後の高度情報化の進展を含めて、その意義は大きい。そこで、本節において、現在、大都市地域における個人情報保護の制度化へ向けた取組みを先取り的に実施している地方自治体、東京都小金井市の政策形成事例の骨子について解明する。

## 2．個人情報保護の制度化へ向けた取組み

　小金井市において、個人情報を制度化する必要性に対する認識は、次のような事由に基づいている(注14)。基礎的自治体として、小金井市は、住所、氏名など基本的なものから、取り扱われ方によれば本人の人格的尊厳を損ねる恐れのあるもの、さらに他人に知られたくないものまで、膨大な量の個人に関する情報を収集し、保有し、利用している。

　このような個人情報の多くは法令の定めるところにより、また、本人からの申請、届出等により収集され、その目的に従って利用されている。しかし、収集した部門と他の部門との間で相互に利用されたり、法令等の根拠によらず収集されたり、外部の機関等に提供される個人情報も少なくない。本質的に、こうした個人情報の集積は、市民サービスや行政の効率化のための業務行為である。しかし、市民は、このような市役所内部における業務運営の実態について確かめる方法をほとんど持っていない。

　このような個人情報の管理のあり方は、個人情報が独り歩きする危険性を孕んでいる。それは、情報主体である市民の権利や利益の侵害につながる恐れがないとはいえない。こうした不安を解消し、個人情報の保護のための管理体制を確立する必要がある。そのため、市が個人情報を収集、保有、利用するに当たって、その適正な手続きを市民に対して見えるように明確に示していく必要がある。

　さらに、上述の措置に加えて、小金井市では、プライバシーの権利を日本国憲法上で保障された基本的人権としての新しい人権の一つとして認識している。それとともに、同市は、このプライバシーの権利を「自己情報コントロール権」(注15)としてとらえ、個人情報の主体である本人に対して、自己に関する

情報の開示、訂正等の請求権を保証していく必要も認識している。

　これまで小金井市は、事務の効率化や省力化を図るために、汎用コンピュータの利用による集中一括処理方式を採用して事務処理を実施してきた。同市の処理事務の内容は、以前は、税・給与等の計算業務が中心であった。しかし、近年の事務内容の多様化、複雑化を反映して、各部門の要望に沿った事務処理に柔軟に対応していくために、汎用コンピュータの効率的な活用を図っている。そのため、データの活用を可能にする情報処理高度化の手法として、オンライン処理方式を中心に移行している。また、情報処理の機器としてのパソコン、オフコンなどのデバイスはその操作性に優れ、きめ細かな情報処理に適していることから、汎用コンピュータの利用と調整を取りながらこのような機器を導入し、事務処理をしている。

　こうしたコンピュータによる事務処理は、マニュアル処理と比較して、大量情報の蓄積、加工、結合等の処理が極めて容易にできる特性から、利用のあり方によっては個人情報の保護、ひいてはプライバシーの侵害に大きくかかわる問題を内在している。そこで、このような情報処理業務の推進に際しては、当然のことながら、効率化だけに目を向けるのではなく、個人情報の保護を図る適切な措置を講ずる必要がある。

　上述のように、市の事務処理に際して、個人情報の保護のために必要な措置を具体化し制度化を推進していくことは、急速に進展する電子ネットワーク社会における個人情報保護のあり方を確立するために不可欠である。このことは、小金井市における市政と市民との信頼と協力に基づくパートナーシップの関係を、より強固なものにできる。また、そのことは、基本的人権の擁護を土台とした市民自治の確立と発展に資することになる。

## 3．小金井市個人情報保護条例の特質

　1985年、小金井市は、市長の付属機関として小金井市個人情報保護制度づくり審議会（会長：堀部政男一橋大学教授、現在、中央大学教授）を設置し、制度化に関する調査審議をした。同審議会は個人情報を包括的、総合的に保護していこうとするもので、1987年にはコンピュータ処理の個人情報だけではなく、

マニュアル処理を含むすべての個人情報の取扱いを適正化するとともに、民間部門をも対象とした総合的な個人情報保護条例を制度化するよう同市に対し求めた。小金井市個人情報保護条例は、この答申の考えをできるだけ生かすとともに、先進自治体の条例等を参考にして、総合的な個人情報保護条例として制度化を図った(注16)。この個人情報保護条例の基本原則として、答申が示した５原則を具体化して条文が構成された。この条文に中に具体化された５原則は、

①収集制限の原則：個人情報を収集する場合には、その収集目的を明確にするとともに、収集する情報の内容も、収集目的の達成に必要な範囲内に限定されるべきである。また、個人情報の収集は、本人の同意を原則として可能な限り本人から直接収集するとともに、適法かつ公正な手段によらなければならない。

②利用制限の原則：適正に収集された個人情報であっても、その利用、提供は、原則として収集目的の範囲内に限定されるべきである。

③個人参加の原則：個人情報の記録、ファイル等にはどのようなものがあり、どのように管理されているかを、原則として公開しなければならない。また、個人が自己に関する情報を閲覧する権利や、必要と認められる場合には自己に関する情報の記録の訂正等を請求する権利を保障しなければならない。さらに、個人情報の閲覧・訂正等の請求が拒否された場合における救済措置が講じられなければならない。

④適正管理の原則：収集、蓄積した個人情報は、正確かつ最新なものとして管理するとともに、その紛失、破壊、改ざん、不当な流通等の危険に対して合理的な安全保護措置を講じるべきである。

⑤責任明確化の原則：個人情報保護のための諸措置について責任を負う管理体制の明確化を図る必要がある。

「小金井市個人情報保護条例」には、上述した５原則に従い、各条文が記述されている。なお、不服申し立てに対する救済機関として、情報公開・個人情報保護審議会を設置している(注17)。また、当然のことであるが、適正な制度運営を図るためにも、同上審議会を設置している。このことについて、情報公開・個人情報保護審議会条例を制定している。近年、事務量の増大と行政経費

の削減などのため、事務事業、施設管理など様々な業務を民間事業者に委託する場合などが増加している。特に、個人情報にかかわる事務処理の受託者は、その個人情報の保有等について、市の実施機関と同様の義務を負うものとされた。また、受託者に秘密保持を義務づけ、その違反には処罰を課すこととした。

## 第5節　地方自治体における情報公開制度の形成
### 1．情報公開制度の必要性

　情報公開制度とは、市民のだれもが、市のすべての機関が保有する情報を知りたいと思うときに知ることができる、市民の基本的人権としての「知る権利」を制度的に保障しようとするものである。この制度に対する必要性は、次のような認識に起因している(注18)。

① 　電子ネットワーク社会の到来とともに、社会全体の情報化の進展や行政機能の拡大により、行政機関に大量の情報が集積していることから、これらの情報をできるだけ有効に活用するのが必要なこと。

② 　市民が、自己の権利・利益の保護を図るためには、処分等の基礎となった文書・資料の公開が必要なこと。

③ 　公害、薬害、環境問題、消費者問題などが顕著化し、市民の生命、健康、財産などを守るためには、国や地方自治体、企業などが保有する情報の公開が必要なこと。

④ 　旧くは、ロッキード航空機疑惑事件、その後は、住専処理、官官接待、カラ出張などの不祥事が発生した。これらを契機として、政治や行政の透明性の確保、行政に対する監視などの観点から、行政の情報に対する公開が必要なこと。

　情報公開制度とは、こうした知る権利を実効的に保障するものとして、市民ひとりひとりに、市のすべての機関が保有する情報の公開を求める権利を保障するものである。それとともに、この制度は市のすべての機関に対して情報の公開義務を課す制度でもある。

## 2. 情報公開法と地方自治体の情報公開制度

　法律論的な発想に従えば、国の情報公開法の中で、情報公開法を地方自治体にも適用し、地方自治体の保有する行政情報についても情報公開を定める可能性もあった。これは、地方自治の本旨に反して、違憲とはならないとされる。しかし、情報公開法はこの考えを採用していない(注19)。情報公開法の第41条において、「地方公共団体は、この法律の趣旨にのっとり、その保有する情報の公開に関し必要な施策を策定し、及びこれを実施するように努めなければならない」と定めている。

　情報公開法では、①地方公共団体が、これまで、先駆的に情報公開制度を導入し、すでに実施してきていること、②地方分権の流れの中で、なるべく地方のことは地方に任せておくことが望ましいなどの見地に立って、地方公共団体のことは法律で一律的に定めないとした。現状では、すべての都道府県は、すでに情報公開条例をそれぞれ制定済みである。しかし、市町村においてはまだすべてが制定済みではない。また、すでに制定済みの市町村にあっても、国の情報公開法に照らして、情報公開制度が必ずしも完備されてはいないのが現状である。このことに鑑みて、情報公開法では、地方公共団体に対して本旨に則り、その保有する情報の公開に対し法のレベルまでは実施することを求めている。

　上述のように、国に先駆けて、地方自治体における情報公開の制度化は、各団体の自主的な判断と責任において進展している。1979年5月、神奈川県が本格的に検討に着手して以来、各地方自治体の取組みが開始した。1982年3月、山形県金山町が全国初の条例を制定した。同年10月には、神奈川県が都道府県では最初に条例を制定している。その後、市民の行政に対する公正性の確保や透明性の向上などの要請の高まりを受けている。現状では、ほとんどの地方自治体で条例又は要綱(注20)等の形式により制度化が実現しつつある。

　東京都では、当初、都をはじめ23区及び21市が条例を制定した。その後、次に述べる小金井市を含む4市が条例を制定した。残る2市も、1998年には制定に漕ぎつけた。これにより、東京都の場合は、区部、市部ともに、すべての団体が情報公開制度によってカバーされることとなった。そこで、大都市の近郊

都市である小金井市の事例について、情報公開条例の制定とその特質を中心に検討をする(注21)。

## 3．小金井市における情報公開制度の形成

　1994年9月、小金井市では、17人の職員によって情報公開制度検討委員会が発足した。翌年11月には、同委員会は市長に報告書を提出し、同市の情報公開条例の制定に向けた第一歩が踏み出された。1995年11月、学識経験者と市民から構成される小金井市の情報公開制度づくり懇談会（会長：秋山穣東京都立科学技術大学名誉教授）を発足させ、1997年3月には、市長に懇談会答申を提出した。この答申では情報公開条例の目的として、①市民の市政情報に関する知る権利の保障、②情報公開の総合的な推進、③市民の行政監視と参加の促進、④市民の市政に対する信頼の確保、⑤開かれた市政の実現を挙げた(注22)。このように、懇談会の答申は、より広い情報の公開を市に求めた内容をもつものであった。

　この当時、旧厚生省における薬害エイズに関する情報の公開問題、地方自治体における官官接待問題など、市民の生命、健康、財産の保護にかかわる情報や公金の使途にかかわる情報の公開請求が、全国的に行われた時代であった。新聞をはじめとするマスコミ報道を通じて、公務員の信用は地に落ちたとまで言われ、行政に対する市民の監視の眼には非常に厳しいものがあった。懇談会答申における知る権利の保障、行政への監視という表現には、そうした時代状況を多分に反映している。

　1997年1月、懇談会答申を最大限尊重した情報公開条例案が、第3回市議会定例会に提出された。1998年3月、市議会臨時会で、市長は、懇談会答申を尊重するとともにそれまでの議会審議を勘案して、①市民への説明責任、②公開手数料の無料化等を盛り込んだ条例訂正案を提出した。この条例訂正案は全会派一致で可決成立し、同日公布された(注23)。

## 4．小金井市情報公開条例における基本原則

　小金井市は、基本的人権としての市民の知る権利が、実質的に保障され、情

報公開制度の意義、目的が十分に生かされるために、次の基本的原則、
　①原則公開：市の保有する情報は、原則として公開しなければならない。そのため、適用除外事項として、公開しないことができる情報を定めるに当たっては、知る権利を制限することが正当化されるだけの合理的理由があるものに限らなければならない。原則公開は、情報公開制度の生命である。この原則を欠くと、情報公開制度は、制定の意義を失うことになるので、十分留意する必要がある。
　②プライバシーの保護：市民の知る権利を保障し、公開を原則とする情報公開制度においても、もうひとつの基本的人権であるプライバシーの保護については、最大限の配慮がされなければならない。
　③個人情報保護制度との整合性：1989年10月、本市は、個人情報保護条例を施行し、プライバシーの保護に努めている。しかし、それは、情報公開制度とは相反する側面を有している。したがって、すべての情報を公開するという公開原則に立って情報公開を行えば、プライバシーを侵害する恐れが生じる。それは、個人情報保護条例を形骸化させることになる。プライバシーの侵害は、個人の尊厳にかかわる問題であることから、プライバシーにかかわる情報は非公開を原則とし、両制度の整合性を図りながら慎重に運用する必要がある。
　④市民にとって利用しやすい制度：一人でも、多くの市民が利用してこそ、この制度の意義が生かされることになる。そのためには、市民が知りたい情報を、迅速、的確に得られるよう、市民にとってわかりやすい制度でなくてはならない。この観点から、請求手続き、公開手続きの簡素化、文書管理、文書作成、検索体制の整備、充実が図られなくてはならない。
　⑤公正で迅速な救済制度：情報公開制度は、市民に市政情報に関する知る権利を保障するものである。したがって、この制度を実効性のあるものにするためには、請求を拒否された者が、その処分に不服がある場合に、公正で迅速な救済制度が確立されていなければならない。
に留意して、制度化が実現した。

## 第3節　電子ネットワーク社会における開かれた地方自治行政の実現

　市民の参加と監視のもとに公正で透明な市政を推進し、市民と市政との信頼関係を深め、開かれた地方自治体を実現するためには、市民の行政に対する知る権利を実効的に保障する必要がある。そのためには、情報提供制度及び条例による情報公開制度だけにとどまらず、個人情報保護制度及び条例、会議の公開制度、公人たる長の資産公開制度など、統合的な情報公開の制度設計が求められる。また、開かれた地方自治行政においては、住民監査請求等に対する結果報告を内容にする監査制度、不服申立て・苦情処理の結果報告を内容にするオンブズマン制度、不利益処分に関係あるものに公開する行政手続法の制度などが加えられることになる。

　最後に、電子ネットワーク社会における開かれた地方自治行政の実現をするためには、特に、電磁情報を含めた公文書が、国民が知る権利を有する公共用物として認識される必要がある(注24)。言い換えれば、公文書は公衆の財産であり、その管理は本来、国民の権利、利益に関する事柄である。したがって、国にあっては法律により、地方自治体にあっては条例により規律されるべきである。このことを受けてわが国では、日本計画行政学会などにおいても、公文書の書式、保存方法、保存年限などを統一的に規律するためのプロジェクト研究が始まっている(注25)。行政文書の管理は、もはや行政内部的な事柄ではなく、情報公開を前提としたものである。

---

（注1）　U.S. Department of Commerce　(1998)：　*The Emerging Digital Economy*, "Star-USA". 室田泰弘訳：『ディジタル・エコノミー：米商務省レポート』東洋経済新報社
（注2）　国際社会経済研究所監修、原田泉・山内康秀編著（2005）：『ネット社会の自由と安全保障―サイバーウォーの脅威』NTT出版、001‐062頁
（注3）　藤原宏高編（1997）：『サイバースペースと法規制―ネットワークはどこまで自由か―』、日本経済新聞社、143‐201頁
（注4）　浜田純一（1993）：『情報法』、有斐閣、119‐201頁
（注5）　*Guideline on the Protection of Privacy and Transborder Flows of Personal Data*, O. E.C.D. Doc. C－58　Final, Sept. 23, 1980

(注6) 松行康夫 (2005)：「知識コミュニティとしてのサイバー社会の光と影」、『オフィス・オートメーション』第25巻第3号（第107号）、日本情報経営学会、3－12頁
(注7) 1994年に刊行された、*Europe and the Global Information Society: Recommendations to the European Council* が、通称『バンゲマン報告書』と呼称されている。このことについては、松行康夫 (2002)：「デジタル社会の創出と電子政府の形成」、『オフィス・オートメーション』、第22巻第4号（第96号）、日本情報経営学会、2－8頁においても触れた。
(注8) 岡村久道・新保史生 (2002)：『電子ネットワークと個人情報保護―オンラインプライバシー法入門』、経済産業調査会、176頁
(注9) 地方自治経営学会（会長：磯村英一）では、1985年夏に、同学会内にOA研究会（座長：松行康夫）を設置し、およそ2年間にわたって「自治体におけるOA化可能領域」について調査研究をした。この調査研究では、相模原市、船橋市の両市において、「OA化調査票」を庁内全部の部課に配布して、各部課の主要な台帳、帳簿のすべてについて点検、調査をした。この調査において、日本の標準的な市における帳票、資料、データなどの情報が、全体としてどれだけ存在するのかが初めて明らかになった。地方自治経営学会編 (1988)：『地方自治体におけるOA化可能領域』自治日報社、1－157頁
(注10) 岡村久道・新保史生 (2002)：前掲書、175－250頁
(注11) 地方自治経営学会編 (1988)：前掲書、1－157頁
(注12) 岡村久道・新保史生 (2002)：前掲書、252－255頁
(注13) 岡村久道・新保史生 (2002)：前掲書、49－68頁
(注14) 小金井市総務部総務課 (2003)：『小金井市個人情報保護制度の手引（三訂版）』、小金井市、1頁
(注15) プライバシーの権利（the right to privacy）は、1890年当時、イエロージャーナリズムに対抗すべく、新たな権利として登場した。その後、判例・立法に取り入れられた。1960年に、プロッサー（Prosser）は、アメリカ判例でプライバシーを4類型に分類することを主張した。この分類法が、その後もプライバシー侵害の分類として用いられてきた。わが国における不法行為としてのプライバシー侵害でも、「宴のあと」判決のように、ほぼプライバシー権をその第2類型である私事の公開（publication of one's private affairs）として捉えられている。しかし、プロッサーの4類型も、電子ネットワーク社会においては必ずしも有効ではない。それは、情報主体に情報コントロール権として、積極的な権利を有すべきことが提唱されている。判例でも、例えば、銀行の顧客情報、勤務先の名称、電話番号などの秘匿性・非公知性からかけ離れているものについても法的保護があることが示された。藤原宏高編 (1997)：前掲書、190－201頁
(注16) 小金井市総務部総務課 (2003)：前掲書、3－4頁
(注17) 現在、著者松行は、小金井市情報公開・個人情報保護審議会の会長を務めている。
(注18) 小金井市総務部総務課 (2003)：『小金井市情報公開制度の手引』、1－2頁
(注19) 松井茂記 (2001)：『情報公開法』、有斐閣、420頁
(注20) 地方自治体が、情報公開要綱などの要綱を制定しても、情報公開を制度化したことにはなる。しかし、少なくともこの制度の核心が住民ないし国民に対し行政機関の保有する情報を保障する点にある以上、情報公開条例の制定こそが情報公開法が求めるものである。松井茂記 (2001)：前掲書、420－422頁
(注21) 小金井市総務部総務課 (2003)：前掲書、2－3頁

（注22）　小金井市総務部総務課（2003）：前掲書、2頁
（注23）　小金井市総務部総務課（2003）：前掲書、3頁
（注24）　松井茂記（2001）：前掲書、447 - 448頁
（注25）　福井秀夫（2008）：「ワークショップⅠ　政策・事業評価を前提とした行政文書管理」、『日本計画行政学会第31回全国大会研究報告論文集』、日本計画行政学会、58頁

# 第5章

# 官民連携による地域情報化施策としての地域ポータルサイトの評価

藤田　昌弘
（大手前大学現代社会学部教授）

## 第1節　はじめに

　インターネットを代表とする情報通信基盤の整備と家庭におけるパーソナルコンピュータの普及に伴い、ICT（Information & Communication Technology）の利活用はグローバルな領域から、生活空間であるコミュニティの領域に至るまで社会経済に大きな変革をもたらしている。"地域に関する情報"を誰もが簡単に発信できると共に、地域住民はいながらにして地域情報を容易に取得できる環境が整ってきたのである。いわゆるユビキタス社会を論じる場合、一般的には国や世界といった広域社会を対象にすることが多いが、個別の商店・店舗や地元企業の宣伝、組合や団体等の広報、交通や公共施設に関する情報の提供、地域の歴史や観光情報の発信などに見られるように、地域におけるICTの利活用の面でも注目する必要がある。とりわけ行政情報は生活に深く関連する情報であり、地域情報としては欠かすことはできず、ICTの有効な活用が望まれる。またサイバー空間上でのコミュニケーション機能であるSNS（Social Networking Service）が地域コミュニティ形成の手段として有効であるとされ、政府は地方自治体に対して地域SNSの構築を推奨しているところでもある。
　この様に地域の情報化におけるICTの利活用が期待されているが、地域の情報はそれぞれの発信主体が個々ばらばらに発信しているのが現状であり、仮に地域のことがすべて網羅されているとしても、それらは単に情報群が存在するだけで、それらを一元的にあるいは並列的に眺めるということは難しい状況である。このような状況に鑑み、多くの地方自治体では、ウェブ上での一つの入り口から地域情報を取得できることが住民サービスの向上や地域の活性化に繋がるという認識に立って、地域情報を集約した「地域ポータルサイト」の構

築を模索している。これは地域情報化のワンストップサービスとしての施策と言える。

しかし、行財政改革が求められる地方自治体においては、業務のスリム化と共に、事業の市場化や業務のアウトソーシングを積極的に進めており、新たな施策の導入が困難な状況でもある。この厳しい財政状況の中で地域情報化の新たな事業を展開する手法として、行政情報の提供を情報発信企業に託し、民間情報とセットにして発信する試みが生まれている。行政側は地域活性化と行政コスト削減を目的に、行政情報の発信業務を民間企業に負託し、負託された企業は地域ポータルサイトにより、行政情報と民間情報をセットで発信することで利用者を増やし、より多くの広告収入を得る事業に仕立て、住民に情報利活用の便益を供しようとする試みである。

本稿は"官民連携"による地域ポータルサイトの事例を紹介し、その評価と実施する際の課題について論じるものである。

## 第2節　地方自治体における情報化の取組み
### 1．電子自治体推進の経緯と自治体版 CRM

2000年12月、政府は新たな行政システムの構築を目指し組織改革や制度改革等をうたった「行政改革大綱」において、"電子政府の実現を始め、省庁再編に伴う運営・施策の融合化、行政組織・事務の減量・効率化等を推進する"ため、「Ⅳ　行政事務の電子化等電子政府の実現」の中で"行政の情報化推進"を行政改革の有効な手段と位置づけた[注1]。その直後、世界最先端の IT 国家を目指す「高度通信情報ネットワーク形成基本（IT 基本法）」を制定し、これに基づき「e-Japan 戦略」を策定して、"行政の情報化及び公共分野における情報通信技術の活用の推進"を重要施策の柱に位置づけている[注2]。これが行政部門における情報化の取組みを戦略的かつ具体的な事業として進めていく起点であった。

行政部門における情報化は、行政組織の業務効率化を目的とする"行政情報化"と住民サービスの向上を目的とする"地域情報化"に大別される。はじめに述べたとおり、情報通信基盤の整備とパーソナルコンピュータの家庭への普

及に伴い、多くの自治体で行政内部における情報処理に対して家庭から行政へのアクセス可能な環境を提供する、行政情報化と地域情報化を一体化したIT施策が展開されている。ネットワークの双方向性を活用した電子申請はその代表的な施策であるが、住民に行政情報を提供するためのホームページの充実も、行政情報化と地域情報化の一体化施策に挙げられる。このようにホームページを通じての行政と市民間のやり取りは、住民に利便性を提供する手法である。

平成20年度版地方自治情報管理概要（2008）によれば、2008年4月1日時点で、すべての都道府県及び市区町村においてホームページが開設されており、その内1,579の市区町村（87.2％）がホームページ上から意見・要望を受け付けていると報告している[注3]。地方自治体のホームページからの行政情報提供は、以前は自治体の組織（部課）別の情報掲載が中心であったが、"結婚""出生""引越し"など住民のライフサイクルに合わせた情報の提供や、"よくある質問と回答（FAQ）"として行政事務を取りまとめて公開し、それに申請や届出時に必要な用紙のダウンロードサービスなど、最近では様々な工夫がみられる。

また先の地方自治情報管理概要によれば、コールセンターやコンタクトセンターを開設している市町村は45団体（2.5％）あり、20年度以降に22団体（1.2％）が開設を予定している。このコールセンターやコンタクトセンターに寄せられる住民の声も、"よくある質問と回答（FAQ）"として集約され、ホームページからの情報発信として住民に公開されるのが一般的である。

以上の取組みはICT利活用の住民本位の考え方に立った姿勢であり、"自治体版CRM（Customer Relationship Management）"と言えるものである。これは行政に顧客志向・成果主義の導入をうたったNPM（New Public Management）を実現する一手段であると考えられ、今後の地域ガバナンスに不可欠な考え方であり、行政における情報化が効率や省力化を狙ったICT利活用から、行政サービスの向上を目指す利活用へと徐々に変様している例である。

## 2．まちづくり政策としての地域情報化

地域の情報化は主にその地域に存立する商店街や観光協会や商工会、あるいは交通機関や図書館やスポーツ施設などの公共施設が取り組んできた。商店街

や商工会が推進するポイントシステムや、交通機関の情報発信などは住民の生活に利便性をもたらすと同時に、まちの活性化を目指した情報化プロジェクトでもある。まちづくりには地域施策は必要不可欠な要件であり、行政に対して情報化による地域施策の期待が寄せられる。すなわち地方自治体にとって地域情報化の取組みは、住民に利便性をもたらす目的だけではなく、まちづくりの重要な手段の一つとして位置づけられているのである。

　ICT利活用による地域活性化の例としては、観光施設やイベントを地域資源として位置づけ、その情報を自治体のウェブサイトから発信したり、地域の伝統芸能や美術品など、歴史や文化に関する情報をデジタルアーカイブとして保存し、自治体のウェブサイトで発信することで、地域外からの来往による経済の活性化や賑わいを創出しようとする取組みが挙げられる。またビジネス創出として、地方自治体が商談用データベースシステムを構築し、それに地元企業が情報を登録して公開することで、ビジネスマッチングを図るといった地域経済に直接寄与する形の事例も生まれつつある。

　また、地域の活性化には地域住民の活発なコミュニケーションも重要視され、このコミュニケーション活動にICTの導入が有効であると言われている。かつて地方自治体によるウェブサイト構築が始まった時期に、インターネットの双方向性を活用し、住民が自由に参画できる電子会議室（掲示板）を多くで立ち上げたが、限定された参加者の場になったり、悪質な発言や妨害等による被害が後を絶たないといった理由から、結局閉鎖されるといった例が多く見られた。最近この欠点を補うものとして、紹介制によるメンバーがサイバー空間上で安心して意見交換のできるコミュニケーション機能を提供するSNSが評価され、地域のコミュニケーションの場として"地域SNS"の導入が増えている。地方自治体主導の地域SNSの取組みは、熊本県八代市の「ごろっとやっちろ」を皮切りに、総務省実証実験として実施された東京都千代田区、新潟県長岡市の事例が先駆けとなって全国に広まっているが、ネット上でのコミュニケーションがリアルな場への活動に結び付くという点から、地域の活性化には有効な手段であると評価されている[注4]。

## 第3節　地域情報化における地域ポータルサイトの役割
### 1．地域ポータルサイト

　地域ポータルサイトは"この地域のことなら何でもわかる"ことを目指して、1990年代中頃に出現したビジネスサイトに端を発しており、地域を切り口とするウェブサイトである。地域ポータルサイトを「電子行政用語集：日立」では"地域（自治体）の観光情報やイベント情報、お店の情報などを総合的に取り扱うサイトのことである。地域ポータルサイトのメリットとして、地域での情報の共有、旅行者などへのPRが挙げられるが、両者とも地域活性化には欠かせない要素である。このため、従来は地元の商店街や商工会議所などがサイトを立ち上げることが多かったが、最近では自治体主導で立ち上げられるケースも増えてきている。サイトの運営には、編集能力を持った人材の確保や住民の視点でのコンテンツ作成など、従来の自治体にはない機能が求められるため、NPOへの事業委託や地場企業との協力などが行われている場合も多い。"(注5)と解説している。

　この様に地域ポータルサイトは、人々の生活圏が市区町村あるいはその近隣地域であることから地域内での情報共有による利便性の向上と、来往者へのPRなどによる地域活性化を主な目的とするもので、情報社会での地域情報化には欠かせない存在となっている。

### 2．地域の"ナレッジ"蓄積場所としての地域ポータルサイト

　地域ポータルサイトには、ポータルサイト運営組織の不断の情報付加と、SNSやブログに見られる住民による情報付加により、地域の"ナレッジ"ともいえる様々な情報が蓄積されていくことになる。地域に存在する資源や資産には、自然、神社・仏閣、公園、特産物、歴史、文化、企業情報、行政情報、住民意識など、地域における様々な物的財と地域に関する様々な情報が含まれるが、この地域の資源や資産を活用しての地域独自の新しい商品やサービスを生み出す地域力が求められている。地域ポータルサイトに蓄積されるこの"ナレッジ"を、地域活性化という課題に活用できるならば、住民サービスを目的とするCRM機能を越えるツールとして位置づけることができるよう。

## 3．地域ポータルサイトに求められるコンテンツと機能

これまで述べてきたように、地域ポータルサイトには、住民に利便をもたらす情報、日常生活に不可欠な情報、地域に立地する商店や企業活動に必要な情報、産業振興など地域の活性化に資する情報の発信と、さらに住民のコミュニケーションができる場の機能が求められる。地域ポータルサイトに用意されるコンテンツは、財団法人地方自治情報センターの報告書（2007）において整理されているが(図表1)[注6]、これは地域ポータルサイト構築の際の資となる。

このポータルサイトが備えておくべき機能としては、以下のようなものが挙げられる。

情報掲載機能　　　：情報の入力とメンテナンス
検索機能　　　　　：カテゴリ検索、フリーワード検索、カレンダーからの検索
ヘルプデスク機能　：FAQ情報の掲載、メンテナンス
リンク機能　　　　：リンク集の参照及び管理
施設予約機能　　　：公共施設（スポーツ施設、公民館等）の空き状態、予約
コミュニケーション支援機能：ユーザー管理、掲示板、電子会議室、地域SNS
データベース管理機能：各種データベースとの連携及び管理
セキュリティ機能：ファイアウォール、SSL（Secure Socket Layer）設定など

図表1に紹介したコンテンツは民間情報と行政情報とが混在した内容となっているが、地域ポータルを充実するには、必然的に民間情報と行政情報を一体的に発信する要請が生まれてくる。上記報告書でも"住民のライフステージに必要不可欠な情報として位置づけるためには、「民間情報に行政情報を関連付けて掲載する」ことが望まれる"[注6]と述べている。

この結果、行政・民間情報が混在した地域ポータルサイトの運用主体についての議論が発生する。運営主体は掲載されている情報の公共性、事業の継続性等の観点から、地域情報化施策を担う地方自治体がこれを担うべきであるという考えがある。しかし地方自治体が民間情報を発信することは、情報の取り扱いに対する公平性の観点から困難が予想される。一方、行政情報を民間企業が取り扱うことにも、発信情報の信用性や事業継続性の面での課題を呈する。地域情報化の主要な役割を担う地域ポータルサイトは、提供情報の内容を充実し

ていくことが運営主体の選択問題を提起することになるのである。

図表1　地域ポータルサイトに掲載するコンテンツ例

| | |
|---|---|
| 特集・季節の情報等 | ：独自企画のイベント案内／イベントを中心とした回遊案内等、地域ゆかりの有名人インタビュー・ブログ等、コラム／リレーエッセー、写真／生映像、健康管理 |
| 天気予報 | ：ピンポイント予報／週間予報、波・風の情報等 |
| 緊急・災害情報 | ：何かあれば、規模によりページ全体が切り替わる |
| イベント案内 | ：その日のイベント（閲覧した日に開催されているイベント・講座の案内）<br>月間イベント（カレンダーからその日のイベントを閲覧） |
| その他のお知らせ | ：お知らせ（イベントではない周知・告知情報）<br>新着情報（サイト上での新着情報） |
| 店舗案内 | ：店舗紹介（商店主による紹介・取材等にもとづくもの、クーポン／口コミ情報）<br>カテゴリ別紹介（飲食店／ファッション／スポーツ／カルチャースクール等）<br>商品紹介(売れ筋ランキング、口コミ情報／お勧めレビュー)<br>その他情報（アルバイト／空き店舗／人材バンク／ビジネスマッチング等） |
| 住民活動情報 | ：団体紹介（活動団体の紹介（活動内容等）、新着情報） |
| 住民・来訪者向け | ：GIS（各種地図情報）<br>交通案内（駐車場情報、ガソリンスタンド情報、電車、バス、飛行機） |
| 地域紹介 | ：観光スポット（名所・見所・デートコース等）<br>歴史（地域の歴史年表） |
| 行政情報 | ：公共施設（案内（保育所／託児所／幼稚園／学校／その他生涯学習施設、公民館等）、公共施設の予約<br>夜間・休日診療所（案内／その他医療情報）<br>福祉／税等の情報（子育て／介護／年金／税）<br>ライフステージ検索(引越し／結婚／出産／就職／退職等) |
| その他 | ：地域を題材にした無料ゲーム／まちかど写真クイズ（ここはどこでしょう）／検定クイズ／地域学／PC初心者向けコラム／PCフォローアップQ&Aコーナー／生涯学習eラーニング |

（出典）「住民参加型広域ポータルサイトの在り方に関する調査研究」より抜粋

## 第4節　地方自治体による地域ポータルサイト構築における課題とそれへの対応

### 1．行政の情報化における諸課題

(1)　行財政改革における情報化資源の制約

　地方自治体が情報化施策を講じるにあたり、必要となるのは"情報化人材"と"情報化資金"である。人材と資金はいずれの施策においても必要とされる資源であるが、とりわけ情報化施策においては重要度が高い。

　平成20年度版地方自治情報管理概要によると、行政情報化担当課職員（各地方公共団体において採用された職員であり、行政情報化担当課に所属する職員）の職員数は、都道府県においては1,414人、市区町村においては10,328人である。また派遣要員（各地方公共団体において、外部委託等により業務を委託し、当該業務を処理するために民間企業等から派遣された者）は、都道府県においては395人、市区町村においては2,104人である。これらを合計すると14,241人であり、これは前年度資料との単純比較において約30％の減少となっている[注3][注7]。主に情報化推進の担当は総務・企画部門に属するが、行財政改革の渦中にあって、自ら範を示すことが求められるこの部門にとっては、一定数の専門技術者が必要とされる担当部署であるにもかかわらず、人員削減は避けて通れないのが状況である。

　一方、行政情報化を推進に関する経費は、都道府県と市区町村の合計で4,225億円となっており、前年度とほぼ横ばいではある[注3][注7]。しかし地方自治体の歳入が厳しくなっている中で、新施策の導入や新システムの開発は困難であり、経常運用を賄うことで精一杯といった状況である。新たな情報化施策を講じる資金の確保は困難な状況にある。

(2)　発信内容の公平性確保の限界と行政区域と生活圏域の乖離

　地方自治体がウェブサイトで情報を提供する際、公的機関である地方自治体にとって、制度的な面での課題が存在する。3節2で述べた地域ポータルサイトの充実には民間情報の扱いが必要になってくるが、地方自治体ウェブサイトでそれを発信する場合、住民からの同意が得られるのかという疑問である。特

定の民間事業者あるいは個人に関する情報を公的な自治体のウェブサイトで掲載ることは、その事業者あるいは個人の利益につながり偏った扱いであると評価される可能性もあり、公平性が求められる自治体では困難である。

また住民の生活範囲は地方自治体の境界をまたぐ広域に渡る。住民の生活シーンや利便性を考えたとき、行政区画に制限された、すなわち特定の行政情報だけでは、"地域のことが何でもわかる"という地域ポータルサイトの趣旨を満たさない。したがって地域ポータルサイトを行政が運営主体として担当する場合、広域圏として近隣の自治体との連携が望まれるのであるが、広域連携を形成するための新たな課題が発生してくる。

(3) 行政組織の抱える体質

地域ポータルサイトは地域情報の発信基地であり、地域の特性やユーザーを引きつけるメニューや仕掛けが必要となる。情報の充実・鮮度を維持するためには、日々の取材や更新、普及戦略が必要である。一般に自治体ウェブサイトは"おもしろくない"、"つまらない"という評価が下されることが多い。これはウェブサイトのデザインやレイアウトも含め、人々の興味を引くような形に編集する能力から起因するもので、デザイナーやプロデューサーのセンスが必要になる。この資質を一般の行政職員が保持しているはずはなく、またそれを要求するのは行政の本来的な役割から外れている。さらにポータルサイトにおいては、ネットの持つ特質である匿名性と関連するが、掲示板や電子会議室等での誹謗・中傷や"荒らし"と言われる不適切な書き込み等、住民同士によるトラブルが発生する可能性も少なくない。この種のトラブルに対して、行政は仲裁や拒否などのコントロールがしづらい場合が多く、反則やペナルティーといった市場で採られる解決策の導入は困難なことである。

## 2．ITアウトソーシングの流れ

情報システムの構築・運用に限らず行政改革の流れの中で、"民間にできる部分は民間がサービスを提供すべきであり、そのことによって行政コストを削減できる"という考え方が一般的になっている。2006年に制定された「競争の

導入による公共の公共サービスの改革に関する法律（所謂、市場化テスト法）」の実施以来、いくつかの行政業務を民間にアウトソーシングする活動が起こっている。

　前節1で述べた諸課題の解決策には、民間企業へのアウトソーシングが有効な手段と考えられており、特に情報化に関連する業務については、先に述べた地方自治体の情報化人材不足の課題解決には、ある程度画一的な仕様が可能である自治体業務の特質から、複数自治体による共同でのアウトソーシングの取組みが進みつつある。総務省は地方自治体に対して、共同アウトソーシングによる電子自治体推進を推奨しており、地方自治体と共同してモデルプログラムの開発を実施している[注8]。

　ウェブによる情報発信に関連する業務は、従来の大規模システム開発とは異なった質のものであり、必ずしも大手システムベンダーでなくとも中小IT企業でもそのサービスへの対応は可能であることから、効率的かつ効果的な業務遂行の成果を約する事業者が多数参入している。情報の整理・編集、ページのレイアウト設計・変更、日々の情報更新、ユーザー管理等は、技術的・専門的なIT技術が必要となってくることから、IT企業へのアウトソーシングへ移行していくことが予想される。

## 3．地域ポータルサイト運営の新しい動き

　地域情報化のメニューの一つである地域ポータルサイトを構築するために、行政が住民やNPOと共同で組合を形成し、組合の地域ポータルを通じて行政情報と民間情報を発信するケースがある。しかしこの方法はあまり効果的な実績を残しているとは言えない。最近、長野市の「長野市地域ポータルサイト」（2006年2月開設）、川崎市の「みやまえぽーたろう」（2006年7月開設）、伊丹市の「いたみん」（2008年1月開設）などの例に見られるように、地方自治体が行政情報を民間企業の地域ポータルに提供し、民間の地域ポータルにより行政情報と民間情報を一体的に発信する事例が起こっている。この施策の特徴は行政情報の発信を民間の地域ポータルに負託するという点にあり、官民連携による情報化施策の先進的な試みと言えよう。

## 第5節　官民連携による地域ポータルサイト構築事業例
### 1．川崎市地域ポータルサイト
(1)　事業概要

　神奈川県川崎市は2006年3月に策定した「川崎市情報化実施計画」の中で、"ITを活用した参加と協働が更に推進する仕組みとして、「地域における情報交流」として地域ポータルサイトの整備を官民協働により推進します"と、地域ポータルの整備を実施計画に盛り込んだ[注9]。この事業を全市に広げるにあたり、2006年1月に同市宮前区をモデル地区として、①宮前区に関する情報発信・情報交流機能の整備、②民間と行政に関する情報の一体的発信、③将来的なサイトの拡張性の仕組みづくり、からなる「宮前地区ポータルサイトモデル実施委託業務」を公募した。2006年3月に民間企業の委託事業者を選定し、2006年7月から川崎市が委託事業者に行政情報を提供して、委託事業者の運営する地域ポータルサイトから行政情報と民間情報の一体的な発信を行っている。この実績を踏まえ、2008年1月から民間の運営する全市版4サイトで市政情報を発信する事業へ拡張した。

　この事業の特徴は、協定に基づき民間企業へ行政情報の提供が行われ、独自コンテンツの作成やアンケートに実施など、協定の付加する内容を委託業務として市が負担するが、コンテンツの更新費用や民間情報の収集、システム運営に係る費用は民間企業が負担することにある。また、委託業務期間は協定締結から3年目までとし、その後は民間企業の自立採算により運営を継続することとしている。行政は情報発信に係る経費削減を実現し、民間事業者は行政情報を扱うことで信用力を高めることにより多くの広告収入を期待する事業であり、官民連携の先進的な事業と言えよう。

(2)　評価

　同事業は2006年度の宮前区におけるモデル事業に対する市民評価は好評で、特に防犯情報がリリースされた2007年3月は、月間100,000を超えるPV（プレビュー数）の実績を残している。また2007年度川崎市行政の政策評価における施策課題別の評価結果でも、「ITを活用した参加と協働のしくみづくり」にお

ける「地域ポータルサイトの市民満足度」は94％となっており、市民から高い評価を得ている(注10)。この先行モデルの実績を踏まえ、2008年1月から実施した、全市対象の「川崎市地域ポータルサイト」に対する市民の評価も宮前区と同様、概ね好評である。

## 2．伊丹市地域ポータルサイト

### (1) 事業概要

　兵庫県伊丹市は2007年5月に、"インターネットを利用して地域に密着した市民交流を行うこと、伊丹市の魅力発信、行政情報と民間情報の一体的な情報発信を実現する"ことを目的とした地域ポータルサイト整備の事業委託を公募した。市民と行政職員で構成する委員会において提案企画案を審査し委託事業者を選定して、同年7月から地域ポータルサイトの整備に入った。2007年10月に試行運用を開始し、2008年1月からに実運用に入った。初年度の委託内容は川崎市とほぼ同様で、①伊丹市に関する情報交流・情報発信機能の整備・運営、②民間と行政に関する情報の一体的発信、③自立的運営と将来的なサイトの拡張性、となっており、④の中で運営事業者は概ね3年間で自主運営すること、近隣市町村においても同様のサービスを展開することを盛り込んでいる。上記の委託業務以外に要する、伊丹市が提供する情報を受託者のシステムに取り込む機能の開発経費、地域の民間情報の取材と掲載に要する費用、並びに不良情報の書き込みに対応する経費などは、受託者側の負担となっている。

　伊丹市の場合も川崎市と同様、3年間は伊丹市が行政情報の発信事業として委託するが、それ以降は運営事業者に自主運営を求めた事業であり、ここでも「伊丹市地域ポータルサイトの運営に関する協定書」を取り交わしている。伊丹市は本事業実施にあたり、①行政情報を提供すること、②ポータルサイト事業者の必要とする情報について可能な限り調査・提供すること、③地域住民へ十分にサイト周知の広報等を行うこと、④バーチャルコミュニティにおける市民交流について、地域の様々な団体等との連携を図り、サイトが有効に活用されるよう地域での市民参加の働きかけを行うこと、を協定書に盛り込んでいる。この事業も行政は情報発信に係る経費削減し、民間事業者は行政情報と民間情

報の一体的発信により多くの広告収入を期待した官民連携の事業形態と言える。

(2) 評価

　伊丹市2007年度行政評価において、ポータルサイト整備を含めた「情報公開と双方向のコミュニケーションの確立」事業に対する市民満足度は、ポータルサイト整備前の77.0％から84.5％へと上昇している(注11)。また兵庫県立大学大学院応用情報科学研究科有馬研究室と大手前大学現代社会学部藤田研究室が伊丹市広報誌に折り込む形で2008年2月に実施した市民アンケート調査の集計では、ポータルサイト実用実施の時期であったこともあり、「伊丹市地域ポータル」の認知度は31.1％にとどまっているが、今後の利用意向で、42.4％が「今後も利用する」、「利用してみたい」と回答しており、認知度が上昇するにつれ利用度は向上するものと思われる。

## 第6節　官民連携による行政情報発信の評価と運営組織選定の課題

　行政情報は行政組織内で作成されたものであり、基本的には住民サービスのために住民の税により作成されたものである。したがって行政情報はその自治体に居住する住民全体の資産と理解すべきであり、特定の企業やNPOなどの民間組織に提供してよいのかという疑問が生じる。この観点に立てば、行政情報の発信は行政自ら発信するのが望ましい。藤田・有馬・川向（2008）の調査研究からも、行政情報の発信は行政自ら発信することを住民が望んでいることは明らかになっている(注12)。しかし先にも指摘したとおり、地域住民にとっては地域の情報が一体的になって発信されることで住民の利便性が高まることは明確であり、行政情報と地域情報とが一体的に発信されることで、住民の効用が高まることも藤田・有馬・川向（2008）の調査研究から明らかになっている。このためには上記に紹介した、行政情報の発信業務をアウトソーシングし、民間企業の運営する民間情報と一体的になって発信する事業運営が一つの手段として選択される。この場合、委託組織の選定に対する住民の納得する評価の導入が重要課題となるのである。

これまで行政の業務を外部に依存する場合、主に、行政と民間が共同で設立した組織（いわゆる、第3セクター）に委託する手法で、組織選択の課題を解決してきた。しかし、自治体の関連団体であるほとんどの組織は、高度な情報技術を保持しておらず、組織の活動もあまり活発でないのが現状である。この組織が地域ポータルサイトを構築したとしても、住民に対するサービスの向上や地域の振興に役立つ情報発信の資質を有しているとは言い難い。したがって"高度な情報技術"を保持する民間組織に事業を委ねることは有効な手法と言える。

　藤田・有馬（2008）は、地域情報を提供する主体が備える要件として、"信用"、"情報技術力"、"公共性"が重要である(注13)ことを先の住民意識調査から導き出している。民間の地域ポータルサイトに行政情報を提供して民間情報と一体的に発信する場合の課題解決の解は、運営主体選定に際し、住民に対して"信用"、"情報技術力"、"公共性"を保持していることが説明できることである。"公共性"の評価は内部統制の実績やCSR活動が参考になる。"情報技術を保持する企業であるかどうか"は、組織の持つ人的資質からその評価を得ることは可能である。問題は"信用"の測定である。

　藤田・有馬（2008）の調査研究において、地域ポータルサイトの信用を構成する要因（信用の源泉）は"信憑性のある情報の発信"、"問題が起こったときの対応"、"過去に問題を起こしていない"、"継続して運営をおこなっている"、"評判が高い"ことを明らかにしている。すなわち"信憑性"、"対応力"、"実績"、"継続性"、"評判"、"認知度"を順に評価することで、情報発信組織の信用評価は可能となる。"信憑性"は情報の受け手が正しいと思う情報を常に発信していることである。多分に、受け手の主観に基づくものではあるが、情報需要者からの意見聴取などで評価可能な項目である。次の重要な指標である"対応力"は、間違った行為（情報発信）に対して、直ちに対応できる体制が備わっていることであり、企業へのヒヤリングからその測定は可能である。他の要因は概ね実態を把握することはできる。

　先に紹介したように、地方自治体が民間に行政情報を提供し、地域ポータルサイトで民間情報とセットで発信する事例は、住民による評価もまずまずであ

る。しかしこれらの事例では、地域ポータルサイト運営組織の選択の際に、"信用"や"公共性"が充分に議論されたかどうか疑問である。地域ポータル運営組織の選択にあたっては、評価指標を定め、民主的で透明性のある仕組みやルールのもとに、住民に対して運営組織に求められる要素の評価結果を明確に説明できるかが重要である。官民連携による行政施策の必要な時代にあって、特に"信用"の視点を取り入れた組織選定に取り組む必要があると考える。

謝辞

　本稿は平成19年度兵庫県立大学特別教育研究助成金並びに平成19年度大手前大学特別研究費の助成を受けて実施した伊丹市市民意識調査に基づき、研究を行った成果によるところが多大であり、研究過程で兵庫県立大学大学院応用情報科学研究科の有馬昌宏氏のご指導を多分にいただいた。また、関西情報・産業活性化センターの石橋裕基氏と地域活性化と地域情報化の関連を議論することで、地域ポータルの役割を整理することができた。これらのご協力・ご支援に深く感謝申し上げる。


(注1)「行政改大綱」： http://www.gyoukaku.go.jp/about/taiko.html
(注2)「IT基本法」：http://www.kantei.go.jp/jp/singi/it2/hourei/honbun.html
(注3) 総務省自治行政局地域情報政策室（2008）「地方自治情報管理概要」
(注4) 電子自治体研究会（2006）『ICTで変わる自治体経営戦略』ぎょうせい
(注5)「電子行政用語集：日立」：http://www.hitachi.co.jp/Div/jkk/glossary/0300.html
(注6) 財団法人地方自治情報センター（2007）「住民参加型ポータルサイトの在り方に関する調査研究、平成18年度共同研究調査事業」
(注7) 総務省自治行政局地域情報政策室（2007）「地方自治情報管理概要」
(注8) 総務省（2007）「新電子自治体推進指針」
(注9) 川崎市（2006）「川崎市情報化実施計画」
(注10)「平成17〜19年度川崎再生ACTIONシステム評価結果、参加と協働による市民自治のまちづくり、施策進行管理・評価表」：http://www.city.kawasaki.jp/20/20kityo/home/hyokaseido/h19hyokakekka/7/73104000.html
(注11) 伊丹市（2008）「情報公開と双方向のコミュニケーションの確立評価結果、19年度伊丹市行政評価結果報告書」pp.82

（注12）藤田昌弘・有馬昌宏・川向肇（2008）「行政情報と民間情報の一体的発信の評価と発信主体の選択」、『2008年日本社会情報学会（JASIS&JSIS）合同研究大会論文集』 pp.452－457

（注13）藤田昌弘・有馬昌宏（2008）「情報マーケットを通じた行政情報提供のあり方と提供機関の信用形成の源泉－住民意識調査による評価－」、『情報経営第56回全国大会予稿集春号』pp.157－160

# 第6章

# 都市経営情報管理の確立とシステム思考
―P. M. センゲの学習する組織論をヒントに―

山内　昭
(尾道大学経済情報学部教授)

## 第1節　序論としての問題意識

　世の中には、それに関係する人の思惑や利害が錯綜して、解決の困難な問題が沢山ある。企業や自治体などの経営体、また複雑な社会、経済問題等における意思決定ないし政策決定の場では特にそうである。最近の世相を見るに、医療制度の改変や年金問題、道路・建物などの公共施設建設、非正規雇用等々の、社会・経済的、組織的な矛盾現象が数多く見受けられる。例えば、誰しも当事者になる可能性があり、しかも回り巡って地域社会や自治体にも確実にインパクトを及ぼすリハビリ医療の、2006年の制度改定の問題はその代表的な事例といえる[注1]。

　この決定はその後すぐに"リハビリ難民"なる言葉を生むほど社会的影響が大きいものとなり、医療現場の混乱を引き起こした。医療コスト削減の直接効果についてだけでなく、制度がもたらす、玉突きのように様々に波及する具体事例の大筋を突き止めて、変更に伴う他の社会的総費用の増減にも思いを巡らす全体的な考慮を採らなければ、本来、正確な判断はなし難い。さらに非経済的部分での多様な波及効果も同様に、事前に十分把握しておかなければならない。果たしてそのような、広い視野からよく研究された政策変更であっただろうか、疑問を持たざるを得ない。

　一般に経営活動を含む社会的システムないし組織において、過去になされた政策決定における矛盾の歪みはシステムの末端で大きな問題になる（はっきり認識される）。上記したリハビリ問題のように利用者や関係者に良くは受け入れられない、かつ事後の評価も安定しない政策決定をなぜするのか。制度矛盾による歪みが、時間の経過とともに、あるいは直後から、又はかなり遅れて多

数生起することが決定の段階でなぜわからないのか。それは、総合的な見地からものごとを観察し、それに基づいてその成り立ちと行く末を推理するという、いわゆるシステム思考（Systems Thinking）が不足していたことに大きな原因があると筆者には思われる。

本論文は、地域社会や都市の経営における"システム思考のすすめ"、つまりそのような分析技法の有効活用の方途を明らかにすることを目的にしている。そしてシステム思考の成果がシステムの構成員によりよく受け入れられ実践に移される、その理論的根拠を与える"学習する組織論"を紹介し、もって筆者の言う情報管理、経営情報管理概念とそれらとのかかわりから、地域社会における一つの大事な決定方式を提案する。

## 第2節　システムダイナミックス（System Dynamics：SD）[注2]

システム思考の方法としてここで用いるのは主にSDである。筆者はかつて、SD入門について詳説した[注3]。ここでは簡略して基本を述べる。

SDでは世の中の因果関係は正（＋）か負（－）かのどちらかの性質を持つと考える。正の関係とは一方の増大／減少に伴い、他方も同様に増大／減少する現象である。これに対して、負の関係は原因となる変数と逆の動き、すなわちこの場合なら減少／増大の結果がもたらされる。そして、この正の関係と負の関係を連ねて因果のループが形成されるとき、そのループは、全体として際限なく増大する傾向をもつ正のフィードバックループと、ある目標に向かって漸近する類の負のフィードバックループのいずれかになる[注4]。

そして、世の中の複雑な現象は、正のループと負のループを組み合わせた多重フィードバックループシステムとしてモデル化できるとするのである。これは連立差分方程式のかたちを取り、貯溜（ストック）を示すレベル変数に初期値を与え、そして定数を定めれば、パソコンを使用して簡単に、時間の推移とともに経過する各モデル要素（変数）のふるまいを計算するシミュレーション分析ができる。

初心者用のサンプル問題である会員数モデル[注5]を用いて、フローダイアグラム（モデルの構造図）の例を図表1の(a)に示す。SD分析用のソフトウェア[注6]

図表1　会員数モデル
　　　(a)　フローダイアグラム　　　　　(b)　プログラムリスト

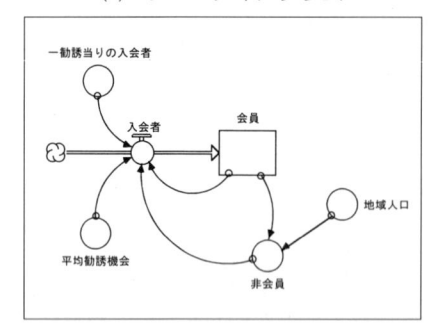

会員(t) = 会員(t - dt) + (入会者) * dt
INIT 会員 = 10
INFLOWS:
　入会者 = 会員*非会員*平均勧誘機会*一勧誘当りの入会者
一勧誘当りの入会者 = 0.01
地域人口 = 1000
非会員 = 地域人口-会員
平均勧誘機会 = 0.02

　　　　　　　　　　(c)　プロット図

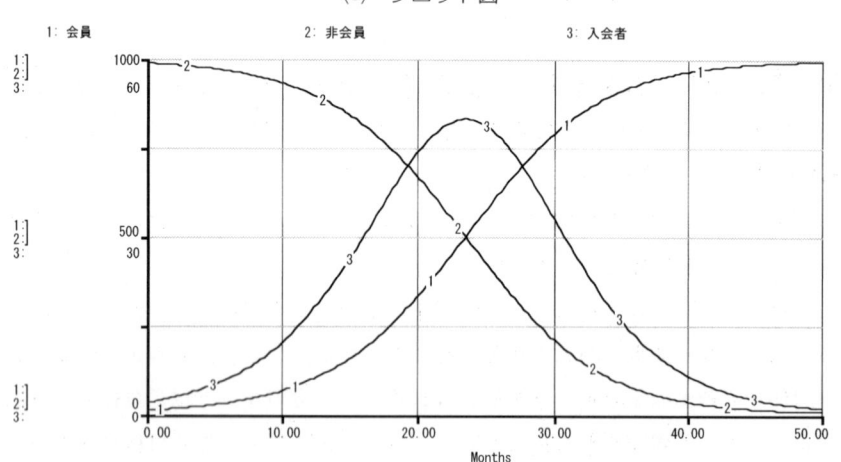

によってパソコン画面上で簡単に描ける。ここではSTELLAを使用した。

　これは拡散モデルの簡易事例で、地域や都市の問題なら、どこにでも見られる同好会や後援会のような団体を想像したらよい。ただし、人が人を説得して自分達の仲間を増やすそういう活動のみがある、とする場合である。退会は、モデル作成の初めのこの段階ではまだ想定していない。

　このモデルでは、会員──⁺→入会者──⁺→会員の正のループと、会員──→非会員──⁺→入会者──⁺→会員という、地域人口を制約条件値（目標値）に持つ負のルー

プが、変数対「入会者──→会員」を共通部分として結びつく。すなわち正と負のループが連結した、2つのループからなる多重フィードバックループシステムが形成されている。ちなみに第6節の図表2に、中級向け以上のものから選んで別のフローダイアグラムを載せてあるので、それも参考にされたい。そちらはだいぶ複雑で、30個に上る因果ループを含む多重フィードバックループシステムとなっている。

会員数モデルの場合の、フローダイアグラムに対応する分析式の定義（プログラムリスト）を図表1の(b)に、そして定式化を基にして計算された各変数の動的な変化を図表1の(c)に示した。

さてこれらのフローダイアグラムには長方形（レベル変数：貯溜を表す）やバルブ記号（レート変数：レベルへの流入／レベルからの流出の具合を表す）、○記号（補助変数または定数）、○記号の中に～記号のあるもの（補助変数であるが特にテーブル関数と呼ばれる）、それに雲形（泉源または沈み込み）などが描かれる。補助変数はもともとレート変数の一部であるが、因果関係を明瞭にするため、レートの外に出しているものである。そしてそれらが矢線（情報の流れ）や二重矢線（ものの流れ）によって因果関係の論理で結ばれている。

例えば図表1の(a)で、変数「非会員」の値は、定数「地域人口」とレベル変数「会員」によって決まるという関係が図解されている。よってそれは式で書くと非会員＝地域人口－会員　となるはずで、実際、(b)の STELLA プログラムリストにはこの右辺の式が「非会員」の定義として記されている。なお、陽には示されていないが、定数を除く変数は皆、時間とともに動く。

式の実行順序はソフトウェアが自動的に決めてくれる。レベルの値、補助変数、レート変数の順に計算し、そしてこれがまた元のレベル変数の計算にループして戻るときに、時間（計算間隔 dt）を1つ進める。

レベルはいわゆる積分値を表す変数であるから、このレベル式の定義はこれの図記号をモニタ画面上で描けば自動的に定まる。フローレートであるレート変数は、その量の調節が分析対象の問題に固有の論理に依存し、いわば意思決定機構の働きをする。そして、レートや補助変数の式の定義において、関数類（遅れ関数を含む）を必要に応じて適宜用いる。また、テーブル関数とは原因

と結果の関係を任意のグラフのかたちで定義するもので、これによって非線形の関係をシステム分析に導入できる。

SD分析は、最初はこのような因果関係を特定して粗々の因果ループ図をつくる。その中に遅れ現象の可能性がある変数対がわかれば、それに印を付けておく。その後に、物の流れか情報の流れかを識別しながら、パソコン上でより精細なフローダイアグラムに変換する。そして式の定義を行い、シミュレーション実行をすればよい。

## 第3節　情報管理、経営情報管理、都市経営情報管理

都市経営情報管理という言葉は筆者の造語である。これは筆者の"情報管理"観から出発して積み上げ、形成した考え方である。これらについての議論は既にいくつかものしているので、詳細は文献に譲る[注7]。ここでは、各用語の意味概念を要約するに止める。

情報管理とは、情報の伝播・流通の全般にわたって合理的な取扱いを目指す管理的活動を意味している。巷間言われるような、マル秘データに鍵をかけてそれをどこかにしまっておく、隠しておくというふうな情報セキュリティ機能に特化した管理機能のみを言うのではない。社会や組織の場で、情報の流れをよくする、良好なタイミングで適切な情報を適正に流す、流してやるというダイナミックな情報流動の概念を筆者は主唱している。そして情報管理の概念に経営の効率の意味を重ね、そこに特化する作用を抽出して識別できる問題領域を経営情報管理と考える。つまり経営情報管理とは、情報管理の諸活動を、効率化を目標に系統的に再編成していく実践的な行為を言うのである。

さらに都市経営情報管理とは、一口に言えば、都市ないし地域の経営情報管理のこと、あるいは都市経営ないし地域経営の情報管理のことである。といってもこれは、企業等の経営組織の経営情報管理活動を考えるよりももっと複雑な様相を伴っている。例えば目的が経済合理性のみでは論じられ得ない。よって、都市間競争にただ勝てばよいというのではなく、他都市・地域といかに持続的に共存・共栄するかを考慮する方がむしろ価値が高まる。また、住民は上意下達では動かない。当然、民主的な地域経営が求められる等々であり、要求

によく応えられる情報管理活動であらねばならない。

## 第4節　システム思考と学習する組織

　フォレスターの下でSDを学んだピーター・センゲ（P.M. Senge）は、やがて、複雑な企業経営の諸問題の解決に当たってはSDを適用するだけではなく、組織論をはじめとする経営理論との協働が必要であることに気がつく。1990年にセンゲは、ほとんどSDと言ってよいシステム思考の考えを経営体活動の主要基本要素として取り込み、ダブルループ学習の理論で有名なアージリス（C. Argyris）の、経営学上の成果を一体的にシステム思考と組み合わせた新しい経営理論「学習する組織論」を上梓した[注8]。

　この本の中でセンゲは、学習する組織の概念を次のように説明している。すなわち、"本書で紹介する方法やアイデアは、世界が個別の、互いに関連のない力で成り立っているという幻想を打破しようとするものだ。この幻想を捨て去ってはじめて、われわれは「ラーニング・オーガニゼーション」、すなわち"学習する組織"を構築することができる。それは人々がたゆみなく能力を伸ばし、心から望む結果を実現しうる組織、革新的で発展的な思考パターンが育まれる組織、共通の目標に向かって自由にはばたく組織、共同して学ぶ方法をたえず学びつづける組織である。"[注9]

　学習する組織は互いに連携し合う5つのディシプリン[注10]からなる：システム思考、自己マスタリー（Personal Mastery）、メンタルモデル（Mental Models）、共有ビジョンの構築（Building Shared Vision）、及びチーム学習（Team Learning）。

　システム思考とは、既に見てきたように、要素間の互いの関連性や連係性を考慮し、時空的に広い視点から総合的にシステムの機能、特徴、ふるまいを把握しようとする考え方であり、分析の具体的方法としてSDを持つ。

　自己マスタリーは、個人個人の志のことであり、学習する組織の精神的土台となるものである。視野を明瞭に、自分を磨く向上心が大事である。また、メンタルモデルというのは、心のうちに沈潜して根深く固定化された、固定観念のことである。これの克服は内に鏡を向けることから始める。

企業等において構成員が組織のあるべき姿、将来像を真に共有するときのそのイメージがいわゆる共有ビジョンと理解できるが、問題は、個々人のビジョンを共有ビジョンにいかに変容させるかという点にある。

　学習する組織といっても、個人なり、ある種の仲間うちなりでの学習があってはじめて、組織の学習を問題にすることができる。そして後者のような、チームによる学習が組織における学習単位として重要とされる。

　ただし、これらのディシプリンのベクトルがバラバラでは事は成就しない。学習する組織の構築を目指すには、各ディシプリンが協調して、ちょうど二人三脚ゲームのように足並みを揃えて進まなくてはならない。ディシプリンといわれる組織の構成技術を統合して用いるには、そのための工夫が要る。すなわち、自身、ディシプリンであるシステム思考によって他の4つのディシプリンの活動を目的に対して一貫させるのである。

　そのような学習する組織を現実のものとするためにセンゲはまた、特にリーダーシップの有り様にも着目し、新しいリーダー観（設計者であり、給仕役であり、かつ教師であること）を提案している[注11]。

　システム思考は学習する組織を構成する一つのディシプリンであると同時に、他のディシプリンの活動にも協調と統合の見地から関与する関係にある。センゲが、自著を"第五のディシプリン（The Fifth Discipline）"とした意味はこれにより明らかである。システム思考は、学習する組織の構築において最重要の位置に居る、特別のディシプリンなのである。

## 第5節　自治体経営と学習する組織の接点

　「自治体経営のシステム思考アプローチに関する総合的研究」なるテーマの、筆者を責任者とする7名による共同研究が日本地方自治研究学会の2007－08年度研究部会として認められた。約1年後の2008年8月、青山学院大学で開催された全国大会においてその活動成果を発表した[注12]。

　専門分野と地理的分布を考慮して3つのチームに分け、各サブテーマは、全体テーマの枠組みの中で問題意識に基づいて特徴の出し得るものを選んだ：①地域経営特性からの戦略的アプローチ（住田・山内・田口）、②社会的イノベー

ションとまちづくり（三藤・増本・田口）、③自治体DSS[注13]とSD（山内・大成・辻）。具体的には次のような問題設定となった。

① 住田チーム：自治体経営から地域経営へ問題拡張／地域格差をもたらす正体への接近／地域経済における知的公共財の役割／秋田地域を例とする実証研究／地域研究におけるSDとSSM[注14]

② 三藤チーム：ICT社会化に対応する地域変革の解明／参加とオープン化を基にした新しいまちづくり（2.0と命名）の提案と可能性／SNS[注15]の地域における活用・普及の実証研究／社会的イノベーションとしてのまちづくり2.0化社会の特性（例えばモジュール化や水平組織化とともにある複雑性・カオスの下で必須な地域社会イノベータ）の分析

③ 山内チーム：辻の大阪府モデル[注16]の充実／地域モデルにおける財政セクタ部分の一般化精緻化／上領モデル[注17]のSD的理解／ウェブベースのグループDSSの開発／SDツールの各種ソフトウェアの評価

短い研究期間であり、精査しきれなかったものも多いが、ともあれチーム毎に成果報告を予稿集に掲載することができた。かつ会場ではメンバー全員による口頭発表を行った。これらについて簡単にまとめると、①住田チーム：地域経営と自治体財政（住田）／リッチピクチャーによるシステム構造の把握（田口）、②三藤チーム：まちづくり2.0－もう一つの地域イノベーション－（三藤）／地縁・知縁による地域SNSの展開（増本）、③山内チーム：SDの活用を想定したWeb Based GDSSの構想（辻）／SDアプローチによる上領内生成長モデルの適用（大成）。

今回はたまたま、研究組織の構成上そのような方向に早く落ちついたのであるが、地方自治研究へのシステム思考からの接近は、対象を自治体だけとか住民だけとかそういう区別を最初から固定しての枠取りはしないのがベターに思える。システムの境界設定は分析の目的に照らして幅があるし、また、研究を進める過程で境界を大胆に動かすこともある。市民なり住民の関係諸要素を内生変数に取る方がむしろ、先行き、より住民主体的な分析可能性を潜在させることになる。

われわれの研究は、上記のようにバラエティに富んでいる。しかし、システム思考を経営組織としていかに現実化し、実践するかを大きな動機として生まれた学習する組織論の視点からこれらの研究成果を眺めると、それぞれがこの学問構成のパノラマ上で、自然な位置を占めて展開していることにすぐ気付くであろう。

　すなわち、上記の③の"Web Based GDSS"は、システム思考とチーム学習の新しいあり方を情報技術の成果を駆使して提案しているし、"SDと上領モデル"関係と①の"交通渋滞問題のリッチピクチャー表現"はシステム思考の技法としてのSDに方法論上の何ものかを加える研究である。そして②の研究は共に、ICTの発展とともに急速に現実化する情報社会資源のオープン化に密に関係する所論を展開している。われわれは変化する情報環境とともにメンタルモデルを良く変えて行かなくてはならない。それと同時に、社会的イノベーションこそが地域経営の自己組織化を進展させる鍵であり、システムの均衡を破るために、この面でのリーダシップ発揮の重要性が示唆されている。そこではボトムアップによる組織変革は必然に思われる。また、①の"地域経営と自治体財政"によって、メンタルモデルの克服と組織慣性の打破のために、組織経営におけるシステムの境界の再設定とシステム構造の同定がいかに大事であるかがよく理解できる。

## 第6節　都市経営情報管理の確立へ向けて－むすび－

　情報管理の実践は、企業等の場合はそこにおいての各種の情報システム活動として表れる。そして、筆者はかつて"都市経営のために有効な情報システムを如何に構築し、そしてどのように上手にそれを用いるかというのが、端的に言えばそれが都市経営情報管理の思想に他ならない"(注18)と述べた。

　しかし、都市あるいは地域における情報流動は、地域社会を構成する様々な主体（要素）から発動され、他の要素に次々に伝播する。このような社会的システム中の情報システム群においては、今や、行政情報システムは主要なものには違いないが、必ずしも中心とは言えない。インターネットを核にして広がるネット文化の進行は情報の発信者と受信者の壁を崩しつつあるし、例えば第

5節で記したSNSなる新たな存在は、Web2.0化社会への移行方向を確実に示している。地域の構成員すなわち社会システムの要素が、自身自律的に、そこに既にある様々な情報発信源と結んでデータを受信利用し、かつ、またそれを新しい発信情報に変え・つくり、個・グループ・マスに知らせる。そういうダイナミックな情報活動が社会システムとしての地域社会に簇生している。

　こうなってくると、情報の流れる場としての大小様々の数多くの情報システムも連係の度合いを増し、情報システム全体はますます錯綜するから、効率的で良好な交通整理の必要性、つまり情報管理の出番もまたどんどん多くなる。当然、都市経営情報管理の具体化をいかにして実現するか、その方向の検討が改めて求められる。

　住田は地域経営を、"……意味するところのひとつは、地域を管轄する自治体の行政（運営）を「経営」という視点から捉えようとする動きを指す場合である。……もうひとつは、「地域」を単に自治体組織による運営としてだけでなく、企業や家計部門をも含めて当該地域に所在する経済セクター全体（メタレベル）の立場から見る動きを指す場合である。……"(注19)と述べている。

　筆者はこれらに加えて、地域のシステムに包摂される人々や組織、グループを単なる要素以上の立場と見、それらによる意見、提案、申し立て、情報請求、情報提供等々を地域の経営情報資源ととらえたいと思う。そしてその中から、例えば地域計画、都市計画、社会システムの設計等に有効な判断基準が発案され、決定の力を分担するに至ったときは、それらは立派に地域経営の主体になっている、と考える。

　様々な情報システムルートを介して、下部のサブシステムが地方行政に、国に、自律的に自由に物を申す、そして上位の行政情報システムからデータを、制約はあろうが次第に引き出す、そういうことが地域経営、都市経営、ひいては国の経営の健全化、民主化に役立つのである。なぜならば、第5のディシプリンとしてのシステム思考で一貫させて行うからである。つまりシステム思考を軸とする学習する組織を地域社会に築くこと。その第一歩は、SDによるモデル分析の結果を意思決定情報として社会や行政に問うことである。問いかけや、アイデアとしてのビジョンの提示、またメンタルモデル崩しのための解析

情報公開等々、権力が無くても可能な学習する組織の活動は多数ある。それをネット社会の新しい情報システムツールを積極的に活用して行う。地域や都市において、情報流動にかかわる情報管理の概念とシステム思考の推進が一体的に理解され活用されるそこに、新しい都市経営情報管理の萌芽を見ることができる。

　本論を閉じるむすびとして、具体的で身近なSD分析の例を一つだけであるが挙げておこう。交通渋滞の解消の問題解決のために考案された小地域モデル（兵庫県西宮市の塩瀬地区の場合）である（図表2）[注20]。

　このSDモデルは、大都市圏のベッドタウンとして急速に人口が増加した当該の地域に必然的に生じた自動車交通の渋滞問題を扱っており、人口、住宅、及び交通関係（平日の朝／夕と休日の夕）の5つのセクタからなる。

　このモデルでは、地域人口は住宅事情と交通事情に由来する地域の魅力によって増減すると想定されている。モデル分析を行うに当たって、焦点を浮き彫りするには、直面する問題の構造をよく説明するに足る、必要最小限の変数をまず選ぶのがよい。ここでは、地域の魅力を表す10個の"魅力乗数"の設定にアイデアを絞っているが、これの導入によって人口セクタと住宅セクタのモデル構造は簡明ですっきりしたかたちになっている。この地域の交通渋滞の実質を通勤・通学時、夕方の買物時、及び観光目的などでの通過車が多い休日の夕に焦点を合わせ、それらの時間帯での交通量の計算から複合させて交通状況の魅力へフィードバックするやり方である。

　このようなモデルをもとに皆で検討をするときは、まず、政策変数を何にするかが話題になるであろう。例えば、公共交通であるバス運行回数を倍に増やす案を想像するとすると、現行から20％毎に2倍までの6ケースを並べた感度分析などはごく簡単で、変化の段階毎での、人口などの他変数値のふるまいを描く出力はすぐ得られる。そこから何段階かの先に、地域や国の交通政策のあり方にまで及ぶ議論の賑やかな展開を予想するのはたやすい。

　実際のところ、SDモデルを新規に組み上げるには確かに訓練が要る。しかし、ほんの少し原理と操作法を学べば、既に作られているフローダイアグラムや式の定義を見、解釈し、判断し、そして結果の検討や修正討議に参加するの

第6章　都市経営情報管理の確立とシステム思考

は誰でも容易である。まさにSDと情報管理概念は"学習する地域"形成への道を開く鍵である。

図表2　塩瀬地域モデルのフローダイアグラム(注20)

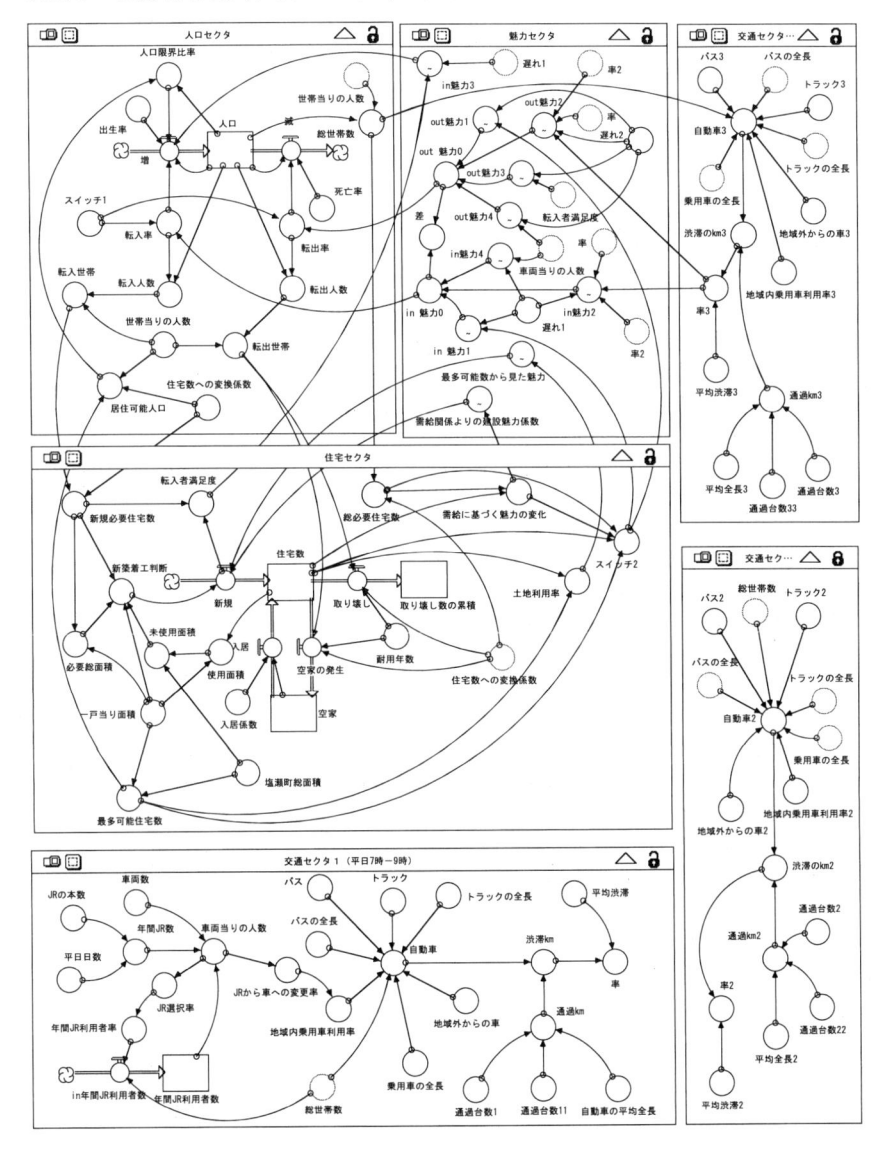

(注1) 例えば次の文献を参考にされたい。
多田富雄『わたしのリハビリ闘争－最弱者の生存権は守られたかー』青土社、2007
(注2) 米国のMITのフォレスター (J.W.Forrester) が発明した (1956)。当初は企業経営の問題に適用され、ID (Industrial Dynamics) と呼ばれた。今では都市問題・経済・経営・社会システム・地球環境等多くの領域で応用されている。SDは、1972年のローマクラブの報告『成長の限界』(The Limits to Growth) で用いられて一躍有名になった。
(注3) 山内昭「フィードバックループとSD分析の特徴」、島田俊郎編『システムダイナミクス入門』日科技連出版社、1994、第1章2の(2)、pp.10－48
(注4) これの簡便な判定法は、ループを構成する変数対の"－"の数が0か偶数なら正のループ、奇数なら負のループである。
(注5) 山内昭、前掲論文、p.43
(注6) 当初はDYNAMO言語のみが提供されていたが、今は、マルチメディアタイプのSTELLA、Powersim、Vensim、SimTaKNなど種々利用できる。
(注7) 例えば次の書籍の序文を参照されたい。
・山内昭・松岡俊三・宮澤信一郎編著『要説　経営情報管理』白桃書房、1998
・情報管理研究班『情報管理の体系的研究－社会レベルと組織レベルの側面からー』関西大学経済・政治研究所（研究双書第126冊）、2001
・情報管理研究班『情報管理の体系的研究Ⅱ』関西大学経済・政治研究所（研究双書第135冊）、2003
(注8) P.M. Senge, The Fifth Discipline — The Art and Practice of the Learning Organization －, Currency and Doubleday, 1990. (守部信之訳『最強組織の法則－新時代のチームワークとは何かー』徳間書店、1995)
(注9) P. Senge、前掲訳書、pp. 9－10
(注10) discipline についてセンゲは、"……「規律」とか「懲罰」の意味ではなく、学習し修得するべき理論および技術の総体であり、実践されるべき課題である。ひとつのディシプリンは、一定の技能ないし能力を身につけるための発達の通路である。"と述べている。（前掲訳書、p. 19)
(注11) P. Senge、前掲訳書の第19章「新しいリーダーシップ」
(注12) 山内昭・住田友文・三藤利雄・大成利広・辻稔郎・増本貴士・田口剛史「自治体経営のシステム思考アプローチに関する総合的研究」日本地方自治研究学会第25回記念大会予稿集、2008、pp.91－106
(注13) Decision Support Systemno の略語で、意思決定支援システムのこと
(注14) Soft Systems Methodology の略語。チェックランド（P. Checkland）によって提案されたシステム思考の方法論のこと
(注15) Social Networking Service の略語。人と人のつながりを意識した、ウェッブ上に展開するネットワークサービスのこと
(注16) 辻稔郎『地域総合計画策定支援システムの活用に関する研究－大阪府第4次総合計画策定をケーススタディとしてー』、2001
(注17) コブーダグラス生産関数と国民経済計算に成立する会計的恒等式とを整合的に包含する完全な内生成長モデルで、上領英之の創案になる。自治体政策の問題に適用したものとしては例えば次の論文がわかりやすい。

上領英之「マニフェストとしての自治体構造改革　数値目標とその理論的根拠－我が国16都道府県の比較に向けて(1)－」地方自治研究、Vol.19、No. 1 、2004、pp.11－24
(注18)　山内昭「都市経営情報管理の構想－システム思考応用編－」情報管理研究班、前掲書 (2003)、pp.152－153
(注19)　山内昭他 (2008)、前掲論文、p.93
(注20)　桑畑雅樹作。詳しくは、前掲拙論文（山内 (2003)）の pp.138－146及び p.152を参照されたい。

# 第2部 財政部門

# 第7章
# 地方自治体と行財政改革

若山　浩司
(四国大学経営情報学部教授)

## 第1節　はじめに
　地方分権改革を推進し、地方自治体の行財政改革を行うことは先進諸国の一般的潮流になっている。その手法にも差異が多く見受けられるし、その成果も様々のようである。先進各国の地方自治を支える文化・伝統・歴史には共通点もあれば異質点もある。
　地方自治体の行政改革を推進するためには、その社会の基盤となっている地方自治の伝統と文化を踏まえた改革が必要であるし、効果のあるものとなろう。本稿では、そのような視点から地方自治体の行財政改革について概観してみたい。

## 第2節　地域づくりと地方自治
### 1．地方自治の萌芽と展開(注1)
　それぞれの地域の住民の日頃の生活に関係の深い共通の問題は自分たち自身の意思と責任で処理するという地方自治の考え方は、古くはギリシャ時代の都市国家やイギリスのアングロ・サクソン時代の民会に淵源があるとJ.M.ブライスなどは示唆している。
　ブライスによれば、人々が定着を始め、数百人から千人程度の住民が地域社会らしきものを形成するようになると、国家の成立までには至っていないが、コミュニティがあちこちにでき、秩序ある生活を始めるようになった。そのコミュニティでは、一部の家族の長が幅を利かしていたとはいえ、各人が自由に意見を述べることが可能な集会が開かれるようになった。そのような集会で処理された共同の問題は近隣コミュニティに対する防衛、コミュニティの構成員

間の利害の調整などであった。時が経過し、国家が成立すると、防衛や裁判は国家の手に移り、コミュニティの住民の生活の向上に関することが地域の役割に変遷していった。

地方自治の萌芽はこのように古い時代のものであり、その後何百年、何千年以上の時の経過の中で成熟していった。特に、ヨーロッパ大陸においては、コミュニティの成立と発展に大きな役割を果たしているのがカソリック教会の存在である。時代の経過とともにその機能も変化していったが、その初期には教会が布教の中心であるとともに、地域の行政機能も担っていた場合も多くみられる。

ヨーロッパにおけるコミュニティの成立は時代により、地域により、またその後の時代の推移により、その機能も多様である。特に地方のコミュニティは多様性に富んでいる。このように地方自治の淵源は古い時代にまで辿ることができるが、現在見られるような地方自治制度は近代的統一国家が成立して以降に整備されたものである。

近代国家の地方自治制度は、中央政府の存在の下に、地方政府（地方自治体）が政府と責任を分担して行政を実現していこうとするシステムである。しかし、それぞれの国の成り立ちやコミュニティの歴史・伝統の相違によってそのシステムも異なったものになる。地方自治制度は大きく分けると、ヨーロッパ大陸型とイギリス型とに分かれる。しかし、同じヨーロッパ大陸型の中でも、比較的早く近代的統一国家として中央集権的統治体制を築きあげたフランスの地方自治制度と領邦制が長く続き、近代的統一国家としての統一が遅れ、その伝統と文化の上に連邦制を形成したドイツの地方自治制度との間には大きな違いが存在する。

ヨーロッパ大陸から海を隔てた島国のイギリスは、連合王国（United kingdom）とも称せられるようにイングランド、スコットランド、ウェールズ、北アイルランドの4つの旧王国から成り立っている。それぞれの王国は成立の経緯もその後の歴史・文化・伝統も、また言語も異なった。今日のイギリスはイングランド王国が17世紀以降に各王国を征服していった結果生まれたものである。それゆえ、地域社会の運営にも地域の自主性を重んじながら治世を行うと

いう地方分権的な文化が形成されることになった。

　また、アメリカ（United States of America）は当初、イギリスからのピューリタンたちのニューイングランドへの移民によって建国された新しい国であり、その地域づくりも住民自治を基本とする地方分権的な制度の社会である。

## 2．住民自治と団体自治

　イギリス型の地方自治は、地域づくりは地域住民の意思と責任をもとに進めるべきであるという考え方が基本になっており、「住民自治」と称せられている。この考え方はアメリカにも継承され、アメリカ型の地方自治制度の基盤ともなっている。

　一方、ヨーロッパ大陸の国々、とりわけフランスに代表されるが、国家の中には国家とは独立した地域団体（地方政府）の存在を認め、国家（中央政府）の介入を可能な限り少なくし、地域の行政を地方団体に任せようとする「団体自治」に重点をおく考え方もある。

　地域づくりは地域住民が一つの地方団体を形成し、「地域住民の、地域住民による、地域住民のための地域づくり」を実現するために、地域住民の要求・負担・監視をもとに議会制であれ、住民総会制であれ、住民の参加によって実行されるのが、地方自治の基本原則であり、財政民主主義の原点でもある。

　今日の先進国の地方自治制度は、国により比重の置き方は異なるが、住民自治と団体自治という二つの柱からできている。また、住民自治と団体自治はそれぞれ別個に存在するものではなく、両者を切り離すこともできない。

## 3．自生型地方自治と移入型地方自治[注2]

　今日の先進国の地方自治制度を鳥瞰すると、それぞれの地域に合った地方自治を産み出し、長い時間の経過の中で育み、成熟した「自生型の地方自治制度」を確立しているヨーロッパの国々やアメリカなどと、それぞれの国の発展段階のある時期に先進国から地方自治を導入した「移入型の地方自治制度」を採る日本や韓国などといった国々においては、状況はかなり異なったものになっている。

日本は歴史的には幕藩体制を確立し、藩を単位とする団体自治の熟成もみられ、地域社会においても堺や博多といったところでは、ヨーロッパの自由都市に近い自治権を持っていた。このような自治組織の精神は江戸時代に次第に成熟し、明治維新後も継承されていったが、明治21年（1888年）に制定された市制、町村制、明治23年（1891年）に制定された府県制、郡制は当時のドイツ（プロイセン）の制度を参考にしたものである。日本ではじめて生まれた近代的な地方自治制度においては団体自治の面は一応形を整えたが、住民自治の要素は極めて不完全なものであり、その後の日本の地方自治行政に禍根を残す結果となった。

　このように住民自治が不完全な制度が制定された背景には、明治維新後のわが国の政治運営の方針が欧米列強に追いつくための「富国強兵・殖産工業」政策であったために、権力を中央に集中し、近代化を図ることにあった。そのために、中央集権的な地方自治制度が整備されることになった。その結果、地域住民が「自らの考えと責任で地域づくりを行う」という住民自治の精神の醸成が欠如する遠因ともなっている。このような現実は移入型地方自治の限界とも考えられる。

　第二次大戦後、今日の地方自治制度においてはアメリカ型の地方自治制度の基礎である住民自治の理念が制度として具体化されている。新憲法では、地方自治に関する基本的事項を明記し、首長や議員の公選制、住民による直接請求（条令の制定・改廃の請求、事務監査の請求、議員・首長・主要公務員の解職請求）などが認められている。

　制度的には、住民自治を実現するために上記のように整備されているが、それが現実に活かされ、効果あるものになっているかについては大きな疑問がある。

## 第3節　地方自治体の財政破綻の要因[注3]

　夕張市の財政破綻に象徴されるように、一部の地方自治体を除き財政状況が慢性的に悪化しているのが現実である。財政悪化の原因としては、①現行の地方財政制度の不備、②地域住民を含む関係者の理解不足と無関心に伴うことに起因する。

## 1．地方財政制度の不備

　今日、大部分の地方自治体が過大な借金を抱え、慢性的な財政悪化に苦しんでいるが、当然、自治体自身の財政運営の不手際によるところもあるが、その遠因は地方交付税制度の不備と政府の政策的運用のまずさにある。1990年代のバブル経済の崩壊後、国は景気刺激政策として積極的に公共事業の促進を図ったことに起因する。

　国は税収増に伴う地方交付税財源の増加を前提に、地方の公共事業の財源を賄うために地方自治体に対して起債による公共事業の財源の確保を誘導し、将来、起債の償還時には地方交付税を交付し、財政補填を行うという方針で行っていった。

　このような施策方針は、80年代のプラザ合意に伴う内需拡大策、バブル崩壊にともなう不況対策、さらに地方分権の推進の一環政策として実施された市町村合併促進にともなう合併特例債の発行など自治体の公共事業の推進に対しては、自治体の起債による財源の確保、事業の実施、償還時の地方交付税による財源補填という対応が一貫して行われてきた。

　しかし、期待通りの経済成長の実現、地方交付税財源となる国税5税の伸びが実現できなかったために、地方交付税の減額が行われ、その分が自治体の負担となり、起債残高を大きくし、自治体財政の悪化を招く大きな要因となった。

## 2．地域住民を含む関係者の理解不足と無関心

　前述したように、わが国の地方自治は自生型ではなく、移入型の地方自治であるために、地域住民の責任で地域づくりを行うという意識が強くない。そのために制度は整備されていたとしても、その本来の機能が働いているとは限らない。

　いかに国の施策方針とはいえ、地方自治体がハコものの建設を中心とする公共事業を、将来、地方交付税による財源の補填が行われることを前提に進めてきたことが財政の破綻を招く結果となったが、地域住民も、地方議会も、監査委員も何ら疑問を抱くことがなかったという事実は不思議である。

　いかに理想的な制度が整備されていたとしても、それを現実に活かすだけの

意識と意欲、財政モラルが役人・政治家・地域住民に欠如しておれば、期待通りの成果を得ることはできない。このような社会においては財政民主主義の理念も機能していないといっても過言ではなかろう。その結果が今日の地方自治体の財政破綻を招くことになった大きな要因ともなっている。

### 3．財政・金融モラルの欠如

　1990年代のバブル崩壊後の不況対策としての公共事業の推進に伴う財源調達にしろ、2000年代に入ってからの地方分権一括法施行後の市町村合併の促進にともなう公共事業の促進にしても、その財源調達の手法は地方自治体による将来の地方交付税による補填を見込んだ起債によるものであった。この起債に応じたのが地元を中心とする地方自治体の指定金融機関である。金融機関は公的機関相手の手堅いビジネスとして事業の展開を行った。

　起債による事業の推進→地元金融機関からの借入→地方交付税による起債分の補填→金融機関への返済という流れで当初は機能していたし、また機能すると予定していた。しかし、予想通りの経済成長にともなう税収増が国税・地方税ともに実現不可能になったために、自治体自身の税収も増えないし、国による起債分に対する交付税による補填も減額されることになったが、金融機関への借金の返済は約束通りしなければならず、自治体の財政構造の硬直化を招く結果となった。その代表的な例が夕張市の財政破綻であり、泉佐野市の「早期健全化団体」入りである。

　全国的に自治体財政の悪化は深刻化しているが、このような事態に陥った要因は地域住民や議会関係者の監視モラルの欠如、国と地方の行政関係者の財政運営モラルの欠如、金融を中心とするビジネス関係者の無理解と金融モラルの欠如等によるところが大きい。

　今後、地方自治体の自由な起債に対しては、何らかの歯止め機能が財政悪化・破綻を回避するためにも必要であろう。それには議会の機能だけに頼ることは、現在の日本の財政民主主義の働きの現状からしても困難である。住民の関心を鼓舞し、起債に対するチェック機能を制度化することが必要ではなかろうか。

　今後の日本の国づくり、地域づくりにおける大きな課題でもあろう。

## 第4節　地方自治体と行財政改革(注4)

　地方自治体の行財政改革は、同じ手法を使っても、その成果は国により、また地域により異なった結果になる。狭くは地域性、広くはそれぞれの国の地方自治の成り立ち、地方自治の歴史・文化・伝統に依存することが大きい。

### 1．行政改革と地方分権の推進

　先進国における行政改革はイギリスで最初に展開された NPM（New Public Management）運動に起因している。その中で「事業の民営化・エージェンシー化・行政評価」が中心課題であった。わが国の行政改革は1987年の中曾根行革が端緒になっている。その後のわが国の行政改革には、地方分権の推進がもう一つの柱となっている。

　当初、国家財政のツケを地方へ転化するものであるとの批判も強かったが、地方分権が進み、財源の移譲は中途半端な形で頓挫しているが、権限に関しては地方への移譲がかなり進んだことは現実である。地域づくりの自由裁量権が増えた中でどのように対応するかは今後の地方の力量であるといっても過言ではない。

　法律的には以前と比べ、地域の裁量権が大きくなっていることは事実である。この裁量権をそれぞれ地域の将来の繁栄のために、それぞれの地域に適した形でどのように活かすかが今後の大きな課題である。

　今後、長い期間で見れば、良い意味でも、悪い意味でも、地域間の差異は大きくなるものと思われる。これまでのように人口規模が違っても、財政力が異なっても、どの自治体でも地域経営のやり方は同じというわけにはいかなくなる可能性が高い。日本の地方行政の特徴でもある人口規模の大小にも関わらず、道路から義務教育に至るまでワンセットで行うことが義務づけられている制度とは異なり、欧米の先進諸国では、それぞれの地域や自治体の状況に合った形で行われている場合が多い。様々な委託方式あり、広域行政あり等、非常に多様である。

　わが国においても、今後、地域の自由裁量を活かし、地域づくりを行うことが不可避であろう。それが地域の独自性を活かすことにもなろう。

## 2. 監視機能の充実と育成

　地域づくりの基本理念は、地域住民の、地域住民による、地域住民のための地域づくりにあるといわれる。社会の複雑化とともに、議会制度を基盤とした間接民主主義の形態を採ることが一般的である。わが国の場合は人口規模の大小を問わず議会制民主主義の形態が採用されている。地域づくりにかかわる社会的意思決定が地域住民の目からかけ離れたところで行われているのが現実である。住民の関心も薄くなるのは避け難い。

　実態がわからないから関心も持てないのが地域住民の偽らざる現実であるといっても過言でない。当然、地域住民としての責任もとれないというのが現実である。そのため、住民のニーズとはかけ離れた形で地域行政が推進されている。

　現行制度における行政に対する監視システムの代表的なものは、監査委員制度と議会によるチェックである。これらのものが、有効に機能しているか否かは地方自治体によって多少の差異はあるが、一般的には本来の機能を発揮しているとは言い難い。

　監査委員制度は委員の選任は首長に任命権があり、都道府県や政令市等では弁護士・公認会計士等の専門家を委員に入れることが義務づけられているが、一般の市町村の場合にはまだ義務づけられていない。そのため退職した元幹部職員とか首長の有力な支援者等から選ばれる場合が多く見受けられる。そのために首長に傷がつかないような監査報告を提出するのが一般である。

　したがって、最小の費用で最大の効果をあげるような行財政運営を行っているかにまで突っ込んで監査が行われているケースは稀であると思われる。

　地方自治体の中でも最も重要なチェック機関は地方議会である。財政民主主義の点からも、議会は税収入をはじめとする歳入の最終決定と歳出に関する最終決定を行う「納税者を代表する同意機関」であるし、また、歳出の最終チェックを行う義務も持っている。

　しかし、このような機能を議会が果たしているとは考え難い。議会の構成員である議員が予算書や決算書に精通し、監査委員の報告にも興味を持ち、議員としての役割を果たしている人々が多くを占めているとは考え難いのが実情で

ある。これが現実である。

　地方分権が進み、地域づくりに対する権限が拡大する中で、今後、議会機能をいかに強化していくかが大きな課題である。

### 3．町村議会の見直しの必要性(注5)

　今後、地方分権が進展していく中で、とりわけ小規模町村の議会のありかたについては様々な課題がある。

　様々な理由で市町村が合併できなかった人口小規模町村が今後とも地域住民に対して行政サービスを維持できるか大きな問題である。そのような状況の中で小規模町村が議会を維持し続ける意味があるのだろうか。行財政の効率化が求められる行財政環境の中で、その存続には疑問がある。住民自治の元祖アメリカ、特にニューイングランド地方では、議会を置かずに、住民総会において行政の基本方針や重要課題を審議・議決し、行政当局に行わせる形態の基礎自治体も存在する。

　地方分権推進委員会は、1997年の第二次勧告において、町村議会の役割に触れた中で「町村総会の移行」について勧告を行っている。その中で住民参加の拡大と多様化に触れ、町村総会の移行については国は小規模町村が条例によって町村総会へ移行できるとしている。

　地方自治法第94条において、町村は条例で議会を置かずに選挙権を持つ者の総会を置くことができると規定し、その運営に関しては町村の議会に関する規定を準用するとしている。これは今後の小規模町村の身の丈に合った地域づくりの在り方を示唆するものでもあろう。また、住民自治の文化の希薄なわが国において、住民自治を醸成する手法のあり方の一つでもあるし、今後の小規模町村の地域経営の一つの姿を示唆するものでもあろう。

## 第5節　むすびに

　地方分権改革の推進が行政課題になる以前の1980年代初めの頃においても、ユニークな地域づくりや行財政改革を行い、内部評価ではあるが、行政評価まで取り入れ、それなりの成果を治めていた地方自治体も見受けられた。それな

りに成功を治めていた地方自治体に共通している点は、単なるよそのモノマネではなく、行政のトップの強いリーダーシップのもとにそれぞれの地域の特性を活かし成果をあげていた点である。

　地方分権一括法が施行され、地方自治体の自由裁量権も以前に比べればはるかに大きなものになっている。今後、地域の繁栄のためには、情報公開のもとで行政関係者は当然のこと、地域住民が地域の特性を活かし、地域の伝統と文化にあった地域づくりを協働で進めていくことが必要であろう。


(注1)　欧米先進国の地方自治の成り立ち・歴史・文化・伝統等に関しては、古くはブライス（Bryce V. J.）の『近代民主政治』全4巻（松山武訳、岩波文庫）においてユニークな議論が展開されている。また、アメリカの地方自治の成り立ち、特徴等に関しては、トクヴィル（Tocqueville. A）の『アメリカの民主政治』全3巻（井伊玄太郎訳、講談社文庫）等において詳しい説明がなされている。また、童話ではあるが、ワイルダー（Wilder. L. I）の『大草原の小さな町』（岩波少年文庫）等の一連の作品の中でアメリカの地域社会の形成や住民自治の意義が窺い知れる。
　　　フランス、ドイツ、イギリス等の現行の地方自治制度に関しては、(財)自治体国際化協会から多くの資料が刊行されている。
(注2)　韓国の現行の地方自治制度については、(財)自治体国際化協会から刊行されている『韓国の地方自治』やクレア・レポート等が有益である。また、韓国の地方自治の伝統・歴史・文化に関しては拙稿「韓国の地方自治と地方財政（1）─曲がり角にきた中央集権的社会制度─」（『地方自治』No.569、1995. 4）他を参照されたい。また、地方自治の復活を達成し、地方分権改革を進める韓国の政府関係者（行政自治部・道・特別区・市・郡）に対する意識調査結果をまとめたものとしては、拙稿「韓国の地方分権の現状と課題─中央政府および地方自治体関係者への意識調査から─」（『季刊経済研究』Vol.25、No. 1、2002. 7）を参照されたい。同じ移入型の地方自治体制で、単一政体でありながら、大統領制を採り、制度的にも中央集権体制の色彩が強い韓国の公務員たちの意識と日本の公務員たちとの意識の同一性・異質性がよくわかる。
　　　また、日韓の地方分権政策の比較の試みとしては、許燻・若山浩司他「日韓地方分権政策の比較分析序説─日韓比較分析の手法と試み─」（『地方自治研究』Vol.21、No.29、2006. 8）を参照されたい。
(注3)　地方財政危機、とりわけ市町村を中心とする自治体財政の破綻の構造的要因に関しては多くの諸論が発表されているが、とりわけ片山善博氏（元鳥取県知事・現慶応義塾大学）等が総合雑誌等に発表した諸論から多くのものを得た。また、一研究者の立場から府県・市町村等にかかわることによって得た筆者の体験から得たものをもとにしている。
(注4)　地方自治体の行財政改革に関しては多くの資料がある。それには、野田由美子編『民営化の戦略と手法　PFIからPPPへ』(2004、日本経済新聞社)、林宣嗣著『地方財政』(2008、

有斐閣)、日本比較政治学会編『世界の行政改革』(1999、早稲田大学出版会)、若松隆・山田徹編『ヨーロッパ分権改革の新潮流』(2008、中央大学出版会) 等がある。
(注5) 小規模町村議会の改革問題に関しては、濱高公・若山浩司「地方分権改革と町村議会の役割」(『地方自治研究』Vol.23、No.1、2008.3) 等をもとにしている。

# 第8章
# 中央政府と地方政府の財政関係

池宮城　秀正
（明治大学政治経済学部教授）

## はじめに

　市場経済の下では効率性、公平性、安定性にまつわる失敗が発生する。政府部門の役割はこうした市場の失敗に対して適切に対処することである。具体的には、財政の資源配分機能、所得再分配機能、及び経済安定化機能である。国民福祉の維持向上のため、中央政府と地方政府の財政的連携により、この財政の3機能の適切な遂行が望まれる。

　わが国における中央政府（国）と地方政府（地方公共団体）との財政関係は一般財源補填や特定財源補填、地方債などを通じ構築され多岐にわたっている。地方交付税や地方譲与税、国庫支出金などが国から地方に対する支出であり、地方から国に対する支出が国直轄事業負担金である。その中でも特に大きな役割を担っているのが一般財源補填の地方交付税と特定財源補填の国庫支出金である。

　本章では、中央政府から地方政府に対する財源トランスファーの太宗をなす地方交付税の在り方を中心に考察する。

## 第1節　中央と地方の財政連携

　国民福祉の維持向上のためには、国民経済は資源配分の効率性、所得分配の公平性、経済の安定成長などが確保される必要がある。市場経済において、これらの望ましい水準を達成することは難しく、また、政府の経済活動のみで達成することも不可能である。

　理想的な状況においては生産要素が地域間を移動し最適な資源配分が達成されると想定されるが、現実はこうした状況とは大きく乖離している。適正な資

源配分の確保については、市場において限界費用と限界便益の一致の可能性が高いと言えるが、公共財の存在や外部性の発生などのため市場では適切に対処できないのが常態である。それに自由競争に基づく経済活動は勝者と敗者を明確にし、社会的に容認できない所得や富の不公平を醸成することは必然である。さらに、市場経済では需要と供給の不一致が避けられず、雇用や物価等を安定させつつ適正な経済成長を達成することは市場経済のみで対処することは難しい。

したがって、経済活動はできるだけ市場に任しつつも、市場では対処不可能な分野や市場に任せたのでは不十分であると国民が判断する分野を補完するのが財政の任務であると言えよう。すなわち、効率性に係る適正な資源配分の確保、公平性に係る所得や富の再分配、安定性に係る経済の安定的成長の達成が政府の経済活動の主たる役割である。なお、財・サービスなどの供給に関し、市場か政府か、という選択は混合経済システムを旨とするわれわれの経済社会における永遠のテーマであろう。

さて、公共サービスの供給は、全国をカバーする中央政府と一定の地域を行政区域とする地方政府によって実施されている。所得や富の再分配、及び雇用や物価の安定化などは、基本的に全国レベルで対処せざるを得ない政策課題であり、地方政府の財政活動には馴染まない。中央政府及び地方政府が相互に協力し実施すべき上記の役割のうち、その性質から地方政府の担う役割は資源配分と当該行政区域における経済の成長に関する役割ということになる。つまり、地方政府の任務は当該行政区域に便益をもたらす地方公共財の給付や地域環境の保全などと、地域経済の活性化の推進である。換言すれば、当該地域に便益の帰着する地方公共財を効率的に給付すること、及び地域の民間部門の活性化を促進して、所得や消費、資産などの増大を図ることである。中央政府及び地方政府の行財政上の分担はこうした機能を考慮に入れ配分されるべきである。

市場か政府かという選択と同様に、公共財の供給に関して中央政府か地方政府かという選択も経済社会の状況を反映する。2008年秋以降のグローバルな経済危機は、政府部門の役割、とりわけ経済安定化に関して政府部門の果たすべき役割の認識を新たにさせている。

わが国においては、従来の集権的行財政システムから分権的システムへ軸足を移す方向で改革が進められてきているが、後者の機会費用は前者のメリットであることを十分に認識する必要がある。基本的な社会保障や義務教育など分権的供給システムが望ましくない分野も多々ある。個々の行政サービスの供給に関して、集権的に実施するか、分権的に行うかは、長期的な国民経済的視点から判断すべきであり、拙速を避ける必要がある。いずれにせよ、中央政府と地方政府の適切な財政的連携により国民福祉の維持向上を図ることにある。

## 第2節　中央と地方の財政関係の実情

　中央政府と地方政府の財政は相互に補完関係にあるが、わが国の場合、極めて複雑に絡み合っているのが実情である。経済のグローバル化や情報化、人口の少子高齢化などの急速な進展に対して適切に対応し、国民福祉の維持向上を図るためには、上述のように単に分権化を推し進めることではない。

　さて、1990年代以降の経済の長期停滞による税収減や、景気刺激策としての公共事業の拡大や減税などに伴う大量の公債発行の結果、2008年度末における国及び地方の長期債務残高はGDPの170%、約850兆円に達する見込みであり、諸外国と比べて財政構造の悪化は際立っている。ちなみに、2007年度における歳出に占める公債費の割合は国が25.0%、地方が14.6%の高水準にあり、一方、歳入の側では国の公債依存度は35.0%で、地方が10.5%である。このように国及び地方の財政とも歳出における公債費、及び歳入に占める公債金収入の比率が異常に高い状態にあり、それに人口の急激な高齢化の進展に伴い社会保障関係費の増嵩は著しいものがある。こうした財政構造の硬直化は財政の果たすべき役割への対応能力を著しく低下させてきており、もはや歳出の効率化のみでカバーすることは難しく、一般消費税率の引上げを含む税財政システム全体の再構築が不可避である。

　わが国の地方財政はアメリカ合衆国やドイツなどの連邦国家に比べても財政規模が大きく、かつ歳入における依存財源の割合が高いのが特徴である。国及び地方を通じる純計歳出額を2007年度についてみると、国が41.1%で、地方が58.9%である。純計に占める国の地方に対する支出割合は30.2%に達しており、

国と地方の財政関係は極めて大きなものである。国から地方へのトランスファーは地方交付税や、地方特例交付金、地方譲与税などの一般財源補填と、国庫支出金などの特定財源補填として実施されている。主要な財源移転は、財政調整制度の根幹をなす地方交付税と中央政府の政策推進のための国庫支出金である。2007年度おける地方歳入に占める地方交付税と国庫支出金の割合は、それぞれ、16.7％、11.3％であるが、地方交付税の歳入比率は2001年度以降、国庫支出金は2002年度以降低下傾向で推移してきている。2002年度の金額を100.0とすると、2007年度は地方交付税が77.8％、国庫支出金が78.5％の水準まで低下してきている[注1]。

　一方、住民税の比例税化に伴う地方への税源移転により、2007年度の地方税収入の対2001年度増加率は120.6％に達したが、この地方税収増と両補填財源の減を比べると、両補填財源の減少が大きい。税収増は主として大都市圏（東京圏、大阪圏、名古屋圏）で発生して、補填財源の減少は地方圏を直撃したのである[注2]。地方圏における財源の逼迫、ひいては地方圏経済の沈滞をもたらしたと言える[注3]。

　国庫支出金は、地方交付税と異なり地方政府間の財政力較差の是正を狙いとはしていないが、実際には民間の経済活動水準が低く、租税収入の乏しい財政力の弱い地方政府に傾斜的に配分されている[注4]。それに、一般財源補填及び特定財源補填と共に、地方債も地方圏の自治体に厚く配分され、公共事業等を通して地方圏における雇用、ひいては人口一人当たり所得水準の引き上げに寄与している。

　しかし、いわゆる三位一体の改革以降、地域間の財政力較差や所得格差を調整する財政の機能は低下してきており、ここで中央政府及び地方政府の果たすべき機能の点検が必要になってきている。国土の均衡ある発展、つまり公平性を相対的に重視してきた制度や政策の再構築が課題となってきているが、許容範囲を超える格差の是正、すなわち公平性の確保は先に述べた財政の主たる機能の一つである。効率性と公平性のバランスを確保する必要がある。こうした観点から、地方交付税や国庫支出金、地方債、国直轄事業負担金等のあるべき役割に基づき国と地方の関係を構築する必要がある。特に、地方政府間の財政

力較差の是正及び財源保障を目的とした地方交付税制度の在り方が問われることになる。

## 第3節　財政調整制度の在り方

　市場経済の下では各地域経済は同質空間ではなく、それに地域経済は不均整成長が常態である。財政力較差、すなわち税収獲得能力及び公共サービスの供給費用に関して地域間で差異が発生するのは必然である。租税制度を所与とすると、地方税収入は当該地域の経済活動水準に依存するが、地域間の所得や消費、資産などの課税ベースの賦存量に大きな格差が存在し、したがって租税収入の地方政府間格差は極めて大きい。公共サービスの供給費用を決定するのは、当該地方政府の有する自然的、地理的、経済的特性などであるが、財政力の弱い地方政府は、概ね、地方税獲得能力が低く、かつ公共サービスの供給費用が高いのが一般的である。こうした財政力の弱い地方政府に対し一定水準の公共サービスの給付を可能にしているのが地方交付税制度である。

　さて、財源調整と財源保障を目的としている地方交付税制度を概観してみよう。地方交付税総額は国税5税の収入見込み額の一定割合（法定率分）、すなわち、所得税及び酒税の32.0％、法人税の34.0％（2007年度より）、消費税の29.5％、たばこ税の25.0％として地方交付税法第6条で規定され、地方の固有財源として位置づけられている。地方交付税は総額の94％に相当する額が普通交付税で、残りの6％が普通交付税の機能を補完する特別交付税である。地方交付税の所要額は地方財政計画によって決定される[注5]。

　各地方政府に対する普通交付税の交付額は、基準財政需要額が基準財政収入額を超える地方政府に対して、その差額が交付される。あるべき一般財源としての基準財政需要額は行政項目ごとに、単位費用×測定単位×補正係数、として算出され、一方、基準財政収入額は標準税率に基づいて課税した場合の地方税収見込み額の一定割合（都道府県及び市町村とも75％）に地方譲与税などを加えた金額である。前節で見たように、2001年度から2007年度まで地方交付税額は減少の一途をたどってきた。ちなみに、2002年度に19.5兆円であった地方交付税が毎年度漸減して、2007年度は15.2兆円に低下した。2007年度における

不交付団体は都道府県では東京都と愛知県のみであるが、市町村では大幅に増加し186団体に上り全体の10.3％を占めている。2001年度から交付税及び譲与税配付金特別会計における借入を原則廃止するとともに、基準財政需要額の圧縮が実施されている[注6]。

　地方交付税制度に対して、次のような批判がある。地方政府への交付額を決定する基準財政需要額及び基準財政収入額の算定方法等についてである。基準財政需要額の水準はナショナル・ミニマムをはるかに超えている。基準財政需要額の算定方法は複雑すぎる[注7]。段階補正は小規模市町村への傾斜的配分の温床になり経費の効率化に対するインセンティブを失わせている。地域総合整備事業債などの元利償還の一部を基準財政需要額に算入する事業補正は地方交付税の特定補助金化を進め、財政調整制度本来の目的から乖離している。基準財政収入額については、都道府県・市町村25％の留保財源比率は低すぎ、地方政府の税源涵養に対するインセンティブを低下させている、等々である。

　こうした批判や国の財政事情等に鑑み、地方交付税は量的に縮小傾向で推移してきたのである。基準財政需要額及び基準財政収入額の算定方法は、地域間における財源の再配分を強化する方向に寄与しているが、他方では国全体としての資源配分の効率性を犠牲にしている、と集約することができよう。地方交付税に対するこれらの批判は、資源配分の効率性を高めるには財政調整制度はどうあるべきかと言うこと、及び地域間の財政力格差の是正、すなわち財政的公平性はどの程度であるべきかといった価値判断の問題に帰着する。各地方政府における社会的限界便益と社会的限界費用をできるだけ一致させると言った効率性の観点からは交付税総額は少ない方が望ましいが、各地域における享受可能な公共サービスの質・量に関する公平性の確保、あるいは格差の緩和と言った視点からは総額を減らして行くことは難しいであろう。理想的には財政調整制度はない方が良いが、現実には財政力格差が許容範囲に収まるとは考えられない。中央政府から地方政府へ可能な限り税源を移譲しても、なおかつ最低限の公共サービスの給付を実施することができない弱小自治体に対する手当である。無論、東京都などの一定水準以上の余剰財源を有する地方政府から逆交付税として徴収する仕組みの構築が必要である。

2001年度以降の地方交付税等の縮小により大都市圏と地方圏の経済的較差が拡大し、農山魚村地域の一層の過疎化を招き、国土を荒廃させ、大都市圏、特に東京圏への集中を促進させてきている。長期的な観点から国民の連帯感や国土保全、都市と地方の相互補完関係にあることなどを考えると、国土の均衡ある発展を政策課題の一つに据えてきた地域政策は相対的に比重が低下するとは言え、放棄すべきものではない。

　ところで、地方交付税とともに大都市圏と地方圏の格差是正に資してきた特定財源の国庫支出金であるが、公共サービスの便益が複数の都道府県に拡散する場合や、国がバイアスを持って遂行すべき政策課題などに関しその存在意義は無くならないであろう[注8]。地方分権がさらに推進された場合、地方債は地方税と共に自主財源として位置づけられよう。

## 第4節　大都市圏と地方圏の対立の回避

　中央政府の政策として、各地域の住民が享受する最低限の公共サービスをナショナル・ミニマムとすれば、それさえ確保できない地方政府、特に離島や過疎地域を抱えた地方圏に対する財源のトランスファーは不可欠である。租税収入と公共サービスの供給費用を考慮した財政調整は主として離島や過疎地域などを対象とすべきだと思われる。地方圏の役割を多面的に捉えると、大都市圏はベネフィットに見合う当然の負担として考える必要もあろう。

　大都市圏と地方圏との対立を強調すべきではないが、現在のところ大都市圏で上がった税金が地方圏で無駄遣いされているとの意識が大都市圏の住民の間に流布している。大都市圏が生産や生活、憩いの場などとして地方圏から受けている便益を考慮する必要がある。全国レベルでは国土保全や国防等であり、日常生活に関しては上水道、電気、廃棄物処理などについてである。当該地域に外部不経済を発生させる軍事基地やダム、発電所、廃棄物処理場などの立地地域はほとんどが地方圏であり、国土の自然環境を維持しているのも地方圏である。こうした点から受益と負担をできるだけ具体的に示す必要もあろう。

　なお、これまでの中央と地方の財政関係を支えてきたものの一つは、昭和30年代以降の高度成長期に雇用の場を求めて大都市圏へ移動し定住した人々の意

識ではなかったかと思われる。つまり、現在の50代以上の世代は、地方に親兄弟が生存しており、地方へのトランスファーに、あまり疑問を感じていないと思われる。しかし、世代が進むにつれ、こうした繋がりが希薄になり、短期的、直接的な受益と負担に敏感になり、さらに経済の低迷が深化するにつれ都市住民の不満が強くなってきているように思える。社会全体に余裕がなくなり、国民の連帯感が失われてきている。地域社会の崩壊を看過することは、国家としての求心力を失わせることになり、その損失は計り知れないものであるとの認識が必要である。

　ところで、現在の中央と地方の財政関係は中央政府が意志決定し、それに基づいて地方政府が公共サービスを給付してところが多い。地方政府は単なる実施主体にとどまり、国の下請け的存在であるとも言える。こうした関係を見直し、可能な限り意思決定主体と公共サービスの給付主体を一致させる方向への改革である。例えば、第1節で述べたように所得再分配政策は中央政府が果たすべき機能である故、これに係る対人サービスを含む公共サービスの給付を国が実施するのである。

　例えば、2007年度おける地方の民生費や衛生費などの社会保障関係費は約23.9兆円（国からの移転額は4.5兆円）で、地方歳出の27.2％を占めており、これを国の責任で実施することにより地方財政の規模を約4分の3に縮小することができる[注9]。生活保護費などの社会保障や義務教育などは全国的に画一的に実施すべきであり、地方に対する歳出の義務づけをやめ、国自らが直接に実施し、地方財政規模を縮小するのである[注10]。情報通信手段が格段に進歩してきており、地域住民のニーズを把握するのがそれほど難しいとは思われない。こうして、財源のトランスファーを減少させることにより地域間の対立が回避され、さらに歳入及び歳出について地方政府の独自性を確保することができると思われる。

## おわりに

　中央と地方の財政関係の中心的課題は持続可能な財源調整制度の構築であるが、地方交付税制度は、国と地方の役割分担や税源配分、国税・地方税の在り

方、国庫支出金、地方債などと複雑に絡み合っており、段階を踏んだ改革にならざるをえない。中央と地方の財政関係は地域間、特に大都市圏と地方圏の利害が絡み、かなりデリケートな政治的問題である。地方自治も、地方分権も手段であり、その目的は住民の、そして国民全体の福祉の維持・向上にある。

今後、地方政府間の財政調整の水準について国民的合意を得ることが不可欠である。財政調整制度の再構築は効率性と公平性に関してどのようにバランスを取るかが課題であるが、基本的には、選挙システムを通した国民の価値判断に委ねる以外に道はない。地域間の財政力格差、つまり享受する公共サービスの質・量の格差、ひいては地域間の人口一人当たり所得の格差を、国民がどの程度許容するかと言うことに依存する。


(注1) 臨時財政対策債を地方交付税の代替財源として位置づけると、交付税総額はそれほど減少していない。
(注2) 清算後の人口一人当たり地方消費税額は個人住民税や法人二税、固定資産税に比べて偏りが小さく、普遍性、安定性等に優れた一般消費税による地方財源の拡充が望まれる。内閣府［2008］『経済財政白書』（平成20年版）、時事画報社、219頁。
(注3) 人口一人当たり県民所得の上位5県と下位5県、それぞれの平均の格差は2001年度の1.56倍から2006年度の1.69倍へ、8％ポイント拡大した（内閣府『平成18年度県民経済計算』）。
(注4) 人口一人当たり県民所得と、人口一人当たりの地方交付税及び国庫支出金との相関係数を2005年度（東京都を除く）について求めると、それぞれ、r＝－73724、r＝－0.68029であり、両者とも低所得県に傾斜的に配分されている。
(注5) 地方財源の総額を決定するメカニズムは地方財政計画における財源不足額を地方交付税等により賄うことが基本となっている。
(注6) 通常収支の財源不足額のうち財源対策債等を除いた額を国と地方で折半し、地方負担分は臨時財政対策債によって補填されてきており、個々の地方公共団体にとって地方交付税総額の削減に見合うほどの割合で一般財源が減少したわけではない。
(注7) 平成19年度から導入された、いわゆる新型交付税の導入により補正係数を減らすなどの算定の簡素化が進められてきている。
(注8) 地域住民の厚生水準に与える効果は特定補助金より一般補助金の方が大きい。この観点からは特定補助金の一般財源化が望ましいと言えるが、特定補助金それ独自の役割を看過することはできない。
(注9) 総務省編［2009］『地方財政白書』（平成21年版）、資47頁、参照。
(注10) 岡本全勝［2006］『地方財政改革論議―地方交付税の将来像―』（第6版）、ぎょう

せい、199-201頁、参照。

【参考文献】
総務省編（2009）『地方財政白書』（平成21年版）、日経印刷株式会社
内閣府（2008）『経済財政白書』（平成20年版）、時事画報社
岡本全勝（2006）『地方財政改革論議―地方交付税の将来像―』（第6版）、ぎょうせい
神野直彦編著（2006）『三位一体の改革と地方税財政―到達点と今後の課題―』学陽書房
林宜嗣（1999）『地方財政』有斐閣
持田信樹（2004）『地方分権の財政学―原点からの再構築―』東京大学出版会
「地方財政制度の課題と評価」（財務省総合政策研究所『フィナンシャル・レビュー』第61号，2001年2月号）
池宮城秀正（1997）「地方分権と地方財源」明治大学政治経済研究所『政経論叢』第65巻，第3・4号
Buchanan, J. M. (1950)"Federalism and Fiscal Equity", *The American Economic Review*, Vol.XL, No.4
Buchanan, J. M. and R. A. Musgrave (1999) *Public Finance and Public Choice*, The MIT Press
Boadway, R. W. and Shah, A. (2009) *Fiscal Federalism : Prinoiples and Practice of Multi-order Governance*, Cambridge University Press.

# 第9章

# 地方分権と地方財政

前村　昌健
（沖縄国際大学産業情報学部教授）

## 第1節　地方分権とその推移
### 1．地方分権について

　中央集権システムは、統一性や公平性を重視し、公共サービスの全国的な水準の選択にかかわる場合に大きなメリットを持っている。しかしながら、権限や財源、あるいは情報を中央に過度に集中させることになり、地方の多様性を考慮した公共サービスの供給が困難となり、画一性や非効率性が露わになる。少子高齢化、情報化、国際化といった大きな潮流の中で、わが国が国民福祉の維持・向上を図るためには公共部門における効率性の確保と地域住民のニーズに応じた公共サービス供給が不可欠となっており、この意味で地方分権をより一層推進しなければならない。

　地方分権においては、市場機構の長所をできるだけ公共部門に取り入れ、公共財の供給について、社会的限界費用（租税）＝社会的限界効用（便益）を実現させ、資源配分の効率性を確保することが重要である[注1]。オーツ（W. E. Oates）の「分権化定理」は、公共財の地域間波及効果がなければ、中央集権は地域の厚生損失を発生させるため、効率性の観点から地方分権が優れていることを示している。また、ティボー（C. M. Tiebout）は、地域住民が地方政府の政策（税と支出の組合せ）を選択して、政府間を移動できる（「足による投票」という）とすると、たとえ中央政府の介入がなくても、各地域の地方歳出の規模（公共サービスの供給水準）と人口分布が最適になり、公共部門における資源配分の効率化が達成されることを示している[注2]。地域住民の公共サービス選好については、中央政府よりも地方政府が多くの情報を有しており、このような情報の不完全性の下では、中央政府による画一的な供給より地方政府

による地域の多様性を考慮した供給のほうが一般的には望ましいと言える。

　ただし、地方分権により市場機構の長所を公共部門に取り入れるとはいっても、価格メカニズムによる資源の最適配分は一定の諸条件がそろった場合に実現されるものであり、所得や富の分配（公平性）における最適性は含まれない。公共部門が本来担うべき公平性の視点を等閑にしてはならない。

　地方分権を推進することの意義は、自治体の歳入、歳出における自由裁量権を拡充し、自治体が地域のニーズに応じた公共サービスを供給できることにより、住民の満足（効用）を高めることにある。自治体は限られた資源で地域住民のニーズに応じた公共サービスを供給するため、これまで以上に自己責任とより高い行財政運営能力を求められるのであり、さらに、地域間の連携あるいは競争もますます高まることになろう。地方分権の推進により、地方に活力が生まれれば、わが国全体の活力を呼び起こすことにつながる。

## ２．わが国の地方分権の流れ

　わが国の地方自治制度の基本は、日本国憲法において地方自治の規定が設けられ、地方自治が保障されたことにある。戦後間もない1947年に地方自治法が制定され、続く1949年にはわが国の税制、国と地方の事務配分に大きな影響を及ぼしたシャウプ勧告がなされた。これらは、その後の地方制度調査会、臨時行政調査会、行政改革審議会における地方財政制度、地方自治制度の改革につながっていったが、地方自治の理念を具現する制度の確立までには至らず、依然として中央集権的な行財政システムが維持されていくことになる。

　1990年代はじめの地方分権に向けた動き、また2000年はじめの三位一体改革から現在に至る一連の動きは、紆余曲折を伴っていたが、地方分権への大きな流れとなっている。特に国と地方の事務配分の見直しや税源移譲といったこれまでには議論さえ不可能と思われたことが具体的な改革の俎上に取り上げられ、歴史的な転換点を迎えているといえる[注3]。

　地方分権の推進において具体的な取組みが進んだのは、1993年の衆参両院における地方分権推進の決議を契機としている。その後1995年には、「地方分権推進法」が成立し、地方分権推進委員会が、地方税財源充実確保の基本的な視

点、国庫補助負担金、地方交付税等の改革、分権型社会にふさわしい地方財政秩序の再構築といった内容を含め、5次にわたる勧告を行った。さらに、1999年には「地方分権一括法」が成立し、中央集権的なしくみの象徴でもあった機関委任事務が廃止され、国と地方は上下の関係から対等な関係へ移行することとなり大きな前進があった[注4]。

2001年以降は、毎年6月に閣議で「今後の経済財政運営及び経済社会の構造改革に関する基本方針（いわゆる骨太の方針）」が決定され、ここで地方財政改革の方向が示されることになる。骨太の方針においては当初、地方の自律性の向上、国や自治体が国民や住民に保障すべき行政サービス水準の見直し、行政サービス供給における効率性といったものが主要な改革の方向とされるはずであったが、国の財政健全化と合わせて地方の歳出水準とその内容の見直しも行うべきであるとして、次第に財政健全化をどう進めるかに主眼が移っていった。2002年6月の「骨太の方針2002」において「三位一体改革」という表現がはじめて用いられ、国庫補助負担金、地方交付税、税源移譲を含む税源配分のあり方を検討し、それらの望ましい姿とそこに至る具体的な改革工程を示すこととされた。この「三位一体改革」の推進により、2004年度～2006年度予算において、約4兆7,000億円の国庫補助負担金の削減、約5兆1,000億円の地方交付税及び臨時財政対策債の抑制、約3兆円の所得税から住民税への税源移譲が実現し、これまでには不可能と思われた内容についても具体的に取り組まれ、その意味では成果があったといえる。しかしながら、三位一体改革は、地方分権の推進と財政赤字への対応という二つの目的が混在し、国の地方に対する義務づけや関与の見直しが進まず、金額や国庫補助負担率といった数字合わせに終わったとの批判も上がった[注5]。

このような中、地方六団体は、2006年1月に新地方分権構想検討委員会を設置し、今後の分権社会のビジョンを提言することにより、わが国における地方分権改革推進論議を促し、国民の幅広い理解を得ることを目指して「分権型社会ビジョン（7つの提言）」の中間報告を行った。そこでは、国税と地方税5対5の配分、地方共有税の創設、国庫補助負担金の総件数を半減し一般財源化することなどを含めて包括的な提言が行われた。また、内閣総理大臣の諮問機

関である地方制度調査会は、2006年2月に新しい政府像として国は国家的課題に役割を重点化し、地方団体（道州と市町村）は内政を担うという道州制の提言をとりまとめた。さらに、総務大臣の諮問機関である「地方分権21世紀ビジョン懇談会」は、三位一体改革後の将来の地方分権の具体的な姿を描き、それを実現する抜本的な改革を論議するために、新地方分権一括法の提出、地方債の完全自由化、再生型破綻法制の整備、税源配分の見直し、人口と面積を基本として算定する新型交付税の導入、道州制といった多岐にわたる提言を行った。これらの議論は、三位一体改革後にどのように地方財政改革を進めていくかを包括的に取り上げたものであったが、税源移譲や国庫補助負担金削減といった具体的事項については持ち越されることになった。

　2006年12月にはさらなる地方分権改革を進める観点から、「地方分権改革推進法」が成立した。これは、3年間の時限立法で地方分権改革の推進に関する基本方針を規定するほか、地方分権改革推進委員会の設置や地方分権推進計画の策定などが定められている。これに基づいて地方分権改革推進委員会が設置され、2008年5月に国と地方の役割分担の基本的な考え方、重点行政分野の抜本的見直し、基礎自治体への権限移譲と自由度の拡大について第一次の勧告を行い、また同年12月には、義務づけ・枠づけの見直しと条例制定権の拡大、国の出先機関の見直しと地方政府の拡大について第二次の勧告を行っている。今後、地方分権推進の大きな課題である税源移譲を含めて第三次の勧告がなされることになっているが、これらの勧告を受けて、どのように制度化され具体化されるかが地方分権の成否を左右する。

## 第2節　地方分権と歳入・歳出
### 1．地方歳入の動向

　前節で述べたように、地方分権を推進する意義は、自治体の歳入、歳出における自由裁量権を拡充し、自治体が地域のニーズに応じた公共サービスを供給し、住民の満足（効用）を高めることにある。歳入においては、地方税、国庫支出金、地方交付税、地方債といった主要な歳入の見直しを行うとともに、税源移譲をさらに進め、自治体の自主財源及び一般財源の水準を高め、行財政運

営の遂行が可能となるように歳入が確保されなければならない。

(1) 地方税

　地方税は、社会資本、教育、福祉といった自治体が供給する基本的な公共サービスの財源を調達するために、行政区域内の住民や企業から強制的に徴収するものであり、自治体が自主的に収入、支出できる財源として歳入の中心となるべきものである。わが国の場合、租税収入が国税：地方税で３：２であり、純計歳出額でみると国：地方で２：３と逆転していることから、今後、地方への事務配分に応じた税源移譲により地方税を拡充することが極めて重要である。

　図表１によると地方税は1989年度の42.6％からその後低下し、1992年度以降は30％半ばで推移し、2005年度から30％後半へと増加していく傾向にある。90年代に構成比が低下したのは、景気の低迷による法人関係の地方税収入の低下と個人住民税、法人事業税の恒久的な減税によるものであり、近年の構成比の増加は景気の緩やかな回復に伴う地方税収の増加と、三位一体改革に伴う所得税から住民税への税源移譲をはじめとした地方税制度の改正に伴うものである。今後、地方分権の推進に伴い税源移譲が進むのであれば、これまでのよう

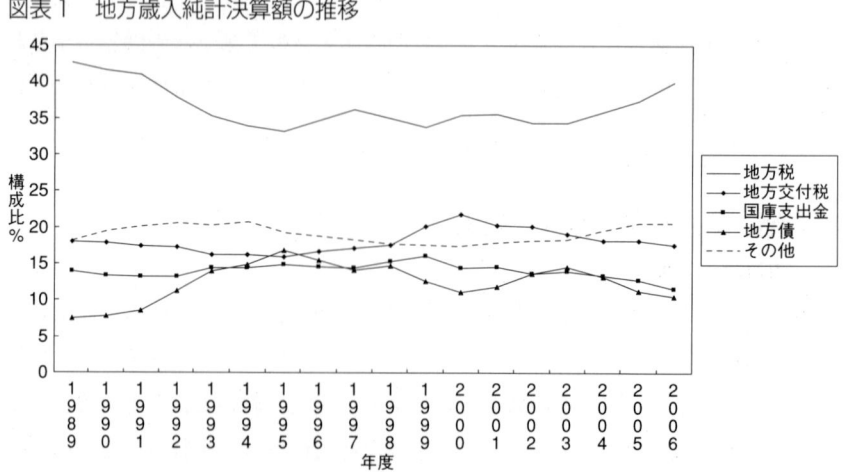

図表１　地方歳入純計決算額の推移

（資料）地方財政白書より作成

な租税収入の3割自治という状況から地方税の構成比は高まっていくと考えられる。

2000年に施行された「地方分権一括法」に伴う地方税法の改正により、自治体の課税自主権がこれまでより拡充され、法定外普通税の許可制は同意を必要とする協議制となり、新たに法定外目的税が創設され、また、超過課税を独自に定めることが可能となった。さらに、2004年度から法人事業税への外形標準課税が導入され、制限税率が1.1倍から1.2倍に引き上げられた。このほか、住民税個人分の制限税率及び固定資産税の制限税率も廃止され、2007年度には三位一体改革の推進に伴い、所得税から個人住民税へ3兆円規模の税源移譲が個人住民税所得割の税率10％フラット化により実現している。地方税の拡充には、普遍性、安定性、応益性の観点から基幹税である道府県民税、市町村民税の拡充、法人事業税、固定資産税、地方消費税による拡充が想定されるが、税源移譲による都市と農村の税収格差の拡大が危惧されることもあり、最も偏在性の低い一般消費税の移譲による地方消費税の拡充が有力であると考えられる(注6)。

今後は、税源移譲をより一層進めるとともに、自治体は比較優位にある産業の発展をさらに促し、比較劣位にある産業を活性化するなど地域振興を推進することにより税源を涵養し、地方税収入を高めていかねばならない。地方分権の本来の姿を考えると、自治体が地域のニーズに応えるため、標準以上の公共サービスを供給するのであれば、法定外税や超過課税といった独自課税により対応し、受益と負担との対応関係を考慮することが望ましいといえる。

(2) 地方交付税交付金

地方交付税は、財源保障機能及び財政調整機能を有し、全国的見地から一定水準の公共サービスを国民に保障するというナショナル・ミニマムの確保と地域間の財政力格差の是正に大きな役割を果たしてきた。しかしながら、70年代以降、地方交付税が福祉国家の建設、地域振興、景気対策といった国の経済安定化政策の手段の一つとして用いられるようになり、基準財政需要額の大幅な膨張や地方交付税財源の恒常的不足といった課題が鮮明となった。

図表1によると、地方交付税の構成比は、90年代半ばまで低下し、それ以降増加に転じ、2000年度の21.7％をピークに再び低下傾向を見せている。90年代半ば以降の増加は、景気の低迷や減税に伴う地方税収入の低下を地方交付税の増額で補ったためであり、また2000年度以降の低下は、地方財政対策にあたり、交付税特別会計からの借入方式に代えて臨時財政対策債を発行し、基準財政需要額の一部を振替えたこと、2004年度以降の三位一体改革に伴う地方交付税の縮減が影響している。地方分権の推進により地方交付税の財源保障、財政調整を見直し、縮減する方向で進むと、長期的には地方交付税の歳入に占める構成比は低下していく。

　三位一体改革（2004年度～2006年度）においては、約5.1兆円もの地方交付税及び臨時財政対策債の総額の大幅な抑制を行ったほか、段階補正の縮小、算定の簡素化、行財政改革インセンティブ算定の創設・拡充、税源移譲分を基準財政収入額へ100％算入することによる財政力格差拡大への対応、不交付団体の増加といったことが成果として上げられている。しかしながら、2004年度の地方交付税の大幅な縮減は、年度も押し迫って決定され、都道府県、市町村の予算編成に大きな混乱をもたらすことになった。本来は、国庫補助負担金の縮減、地方交付税の改革、税源移譲の三つを一体として改革するべきであったが、実際には、国庫補助負担金と地方交付税の縮減を先に行い、税源移譲については、所得譲与税による若干の移譲を行うというように本題が後回しとなり、地方を不安に陥れた。このような中で、2007年度から、人口や面積を配分基準の中心とする新型交付税が導入されることとなったが、算定の簡素化など技術的な修正にとどまるものであった。

　地方交付税の改革については、「三位一体改革」で十分に取り組まれたとはいえず、今後の継続的な改革が必要である。国が担うべき財源保障の水準を明確にする必要があり、また多様な地方公共団体の財政調整をどの水準まで行うのかといった根本的な問題に取り組まねばならない。「農山漁村」、「基礎的条件の厳しい集落」のような財政力の極めて弱い自治体には依然として財源保障、財政調整が不可欠であり、効率性のみばかりでなく公平性の視点も考慮しなければならない。

(3) 国庫支出金

　国庫支出金は使途が限定された特定財源であり、補助対象事業の選定や補助率の決定を通じて国の地方に対する誘導、統制を可能としており、外部性による資源配分の非効率性を是正する上で有効である。

　しかしながら、国の政策誘導を伴う国庫支出金については、様々な問題がある。今日その役割を果たし終えたものもあり、また、国の地方に対する過度のコントロールにより自治体の主体的、総合的な行財政運営を阻害すること、さらに国と自治体の行政責任が不明確になりやすいこと、あるいは、超過負担、縦割り行政の弊害、補助金まちといったことが指摘されている。

　図表1によると、国庫支出金は90年代前半に13％～14％台で推移し、90年代半ば以降から増加し、1999年度には16％に増加している。これは景気回復に向けた公共事業の拡大によるものである。しかしながら、2002年度に13％台になり、それ以降は徐々に低下してきている。公共事業の見直しや2004年度からの三位一体改革により国庫補助負担金の縮減や義務教育国庫負担金の一般財源化等が関係している。今後も国庫支出金の見直しが進められるのであれば、歳入に対する構成比はさらに低下していくものと考えられる。

　三位一体改革においては、地方向け国庫補助負担金が、全体で約4兆7,000億円の廃止・縮減が行われた。地方向けの国庫補助負担金総額は2006年度においても約19兆円の規模であり、三位一体改革では約4分の1の廃止・縮減が行われたにすぎず、さらなる国庫補助負担金の見直しと縮減を進めていく必要がある。また、国庫補助負担金の金額自体は縮減されたものの、義務づけ・枠づけの見直しが行われず、依然として国による地方のコントロールはなくなっていない。これに対して地方分権改革推進委員会は、2008年12月の第二次勧告において、義務づけ、枠づけを見直し、国の地方への関与を縮減すべきという勧告をおこなっている。

　今後の国庫支出金改革は、負担金の対象となっている事務事業の責任の所在を国と地方で明確にし、それに応じて国と地方で負担配分することが必要である。また、事務事業の中で地方に同化、定着、一体化しているものについては地方へ税財源を付与し、地方に事務事業を任せるべきである。

(4) 地方債

　バブル経済崩壊以降、景気の低迷による事業税収入を中心とした地方税収入の落ち込みにより、自治体の財政状況は厳しい状況に陥った。国は自治体の財源不足への対策、あるいは景気浮揚のために自治体が積極的に公共投資を拡大できるように、財源対策補填債、臨時財政特例債、地域経済対策事業債といった地方債発行の拡大により対応してきたのであり、また元利償還費を地方交付税交付金の基準財政需要額に含めるといった政策誘導的な地方債が増加している。

　図表1をみると、地方債の構成比は、1989年度には7.5%であったものが、1995年度には16.8%へと大幅に増加しており、それ以降も増減をみせている。これは、景気対応策として臨時財政対策債が発行されるなど地方債が景気対応的に用いられてきたことによる。

　三位一体改革では地方債の見直しは取り上げられなかったが、その改革の動向も地方分権の動向に影響を及ぼす。2006年度には、地方債の許可制から事前協議制へ移行することとなった。また、総務大臣の同意・許可の質的基準である同意等基準及び量的基準である地方債計画が法定化され、公表が義務づけられるようになり、都道府県・指定都市は国と、市町村・特別区等は都道府県と原則として協議を行うこととなった。自治体が、地方債を発行しようとする場合は、総務大臣又は都道府県知事と協議しなければならないが、その同意がない場合でも、地方議会への報告の上、地方債発行が可能となる。事前協議制度は、自治体の責任の下で自由に地方債を発行できる仕組み（起債の自由化ともいわれる）である[注7]。

　協議制への移行、起債の自由化といった近年の地方債改革により、市場の規律が機能し、また自治体の財政規律を高める効果が期待されている。しかしながら借り手である自治体の返済能力や負債について十分な情報公開が行われる必要があること、また都道府県や政令指定都市以外の財政力の弱い自治体についてどのように地方債を発行し財源調達を進めていくのかといった課題も少なくない。

　今後、地方分権が進展した場合、地方債は自治体が自己責任をもって財源調

達を行い、地方税とともに自主財源となるべき重要な収入となる。また、自治体のおかれた環境により地方債による財源調達も増減するのであり、歳入に対する構成比も変化するものと考えられる。

　これらの主要な歳入以外に負担金・分担金、使用料、手数料、財産収入、寄付金といったその他の歳入がある。負担金、分担金は、地方公共団体が行う事業により特に利益を受ける者から徴収するものであり、また、使用料、手数料は、地方公共団体の施設の利用者、各種証明書の発行等のサービスに対して徴収するものである。負担金・分担金、使用料、手数料は受益者負担の要素があり、受益との関係から適切な負担水準の設定が求められる。また、自治体の有する資産の有効利用や売却による財産収入、あるいは寄付金も歳入確保の一つの重要な手段となる。

## 2．地方歳出の動向
### (1) 目的別歳出

　目的別歳出は、経費をその行政目的別に分類するもので、自治体の政策・施策の重点を知るのに有用である。ただし、目的別分類に基づく経費支出は、個々の自治体のおかれた自然的、社会的、経済的条件を反映した政策・施策によって異なっており、また行政の内容には法令等によって細かく規定されている面もあることから、単に目的別歳出の歳出額や割合の比較のみで個々の自治体の行政運営や効率性を判断するのは留意する必要がある。

　図表2をみると、最も高い土木費は、1989年度の22.6％から、2006年度には15.5％へと7.1％ポイントの低下である。これは、90年代から2000年はじめにかけて、98年度の景気対策による公共事業の拡充を除いて、全国的に公共事業の縮小が進み、土木費の構成比低下となったものである。少子高齢化に伴う人口減少により長期的には社会資本への需要が低下し、歳出における土木費の割合は低下していくと考えられる。教育費は、この期間に漸減傾向を示しているが、土木費の低下に伴い2006年度には18.5％と最も高くなっている。教育費の構成比が高いのは小中学校及び高等学校の教職員給与費が関係している。とりわけ目につくのが、この期間における民生費の構成比の増加である。1989年度

図表2　目的別歳出純計決算額の推移

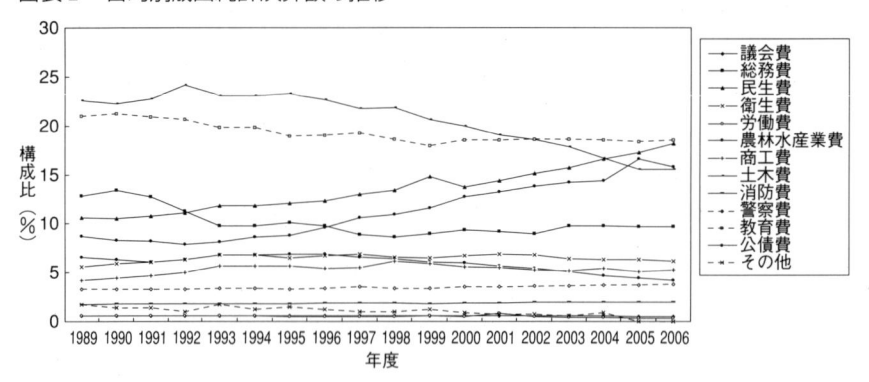

(資料) 地方財政白書より作成
(注) 公債費の構成比について、2005年度、2006年度の数値は「その他」の割合を含んでいる。

には10.6％であったものが、2006年度には18.2％と7.6％増加している。2000年度は介護保険制度の導入により老人保護費の一部が普通会計を通さずに支出されることになり減少したが、翌年度以降は再び増加しており、今後、少子高齢化に伴う民生費の増加にいかに対応するかが自治体の財政運営の大きな課題となる。また、公債費についても民生費と同様にこの期間に大きく増加してきた。1989年度に8.7％であったものが2004年度には14.4％と5.7％の増加である。特に、90年代に国の景気対策と同調して地方債による財源調達を拡大したことによって、その元利償還にあてる公債費支出が重荷となっている。自治体の財政改革の大きな柱の一つは地方債の縮減であり、起債にあたっては、将来の租税の先取りであるとの認識を強くもたなければならない。この他、管理的な経費である総務費、基本的な公共サービスである警察費、消防費、衛生費、また政策的な経費である農林水産業費、商工費は漸減か横ばいで推移している。

　地方分権の推進により、今後一層の税源移譲が図られ、たとえ自治体の自主財源、一般財源の拡充があったとしても、目的別歳出の動向からみると、民生費や公債費といった義務的な経費の増加により、教育、警察、消防、衛生といった基本的な公共サービスを供給し、さらに農林水産業費、商工費といった産業振興に係わる政策的な支出に向けることは容易ではなくなる。自治体は、歳入・

歳出の見直しを含め財政構造改革を強力に進め、財政の健全性、弾力性を高めることにより、独自の政策を展開できる財政力、行政運営能力を養わねばならない。

(2) 性質別歳出

性質別歳出は、経費を経済的性質によって分類するものであり、財務管理の立場から財政運営の健全性や財政構造の弾力性を見る際に有意義である。

図表3によると、投資的経費に含まれる普通建設事業費の構成比の低下が目立っている。これは公共事業の縮小により国が補助金を通じて実施する補助事業、あるいは自治体が単独で実施する単独事業が低下していることが関係している。逆に義務的経費に含まれる人件費、扶助費、公債費の構成比が徐々に高まってきている。人件費については、行政改革に伴う給与の適正化、定員削減等による職員給の減少などにより、その伸びが抑制されてきているが、地方債の元利償還費である公債費、また児童手当、生活保護、老人福祉に関連する扶助費は増加する傾向にある。目的別歳出の項でも述べたが、今後、義務的経費の増加が自治体の財政構造をますます硬直化させ、独自の政策展開を困難にするのであり、自治体の財政構造改革、財政健全化へ向けた取組みが極めて重要

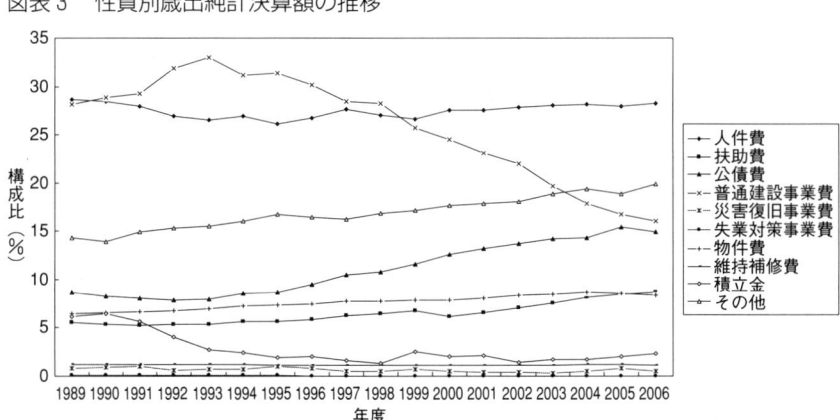

図表3 性質別歳出純計決算額の推移

(資料) 地方財政白書より作成

となる。

## 第3節 今後の地方分権推進に向けて

　戦後の高い経済成長と租税収入を前提にわが国の中央集権的な公共部門の仕組みは維持されてきた。経済が低成長に入り租税収入の増加が見込めない中で、これまでの歳出構造を抜本的に変えることができず、公共部門の財政赤字は膨大なものとなっている。少子高齢化、情報化、国際化といった大きな潮流の中で、国民福祉の維持・向上を図るためには公共部門における効率化の確保と地域住民のニーズに応じた公共サービス供給が不可欠であり、地方分権をより一層推進しなければならない。

　地方分権の推進は、国と地方の激しい対立を伴っており、決して平坦ではない。地方分権を推進するためには、今後さらに国から地方への事務配分（権限移譲）と税財源配分（税源移譲）を進めなければならないが、自らの権限を縮小しなければならない官僚機構の抵抗、あるいは地方への不信が根底にあって、具体的な動きは遅々としている。さらに国、地方とも巨額の財政赤字を抱え、財政再建も図らねばならないという制約もある。1995年からの地方分権推進委員会の5次にわたる勧告から、現在の地方分権改革推進委員会に引き継がれているが、事務配分と税財源配分を中心に今後どのように制度化、具体化されていくかが注目されるところである。

　また地方間でも利害が対立する面がある。地方間では、特に大都市と農村部において、税財源の配分や財源格差の調整といった地域間再分配について利害が一致せず、考え方に相違がある。税源の豊かな大都市は地方分権に意欲的であるが、国への歳入依存度が高い農村部では、地方分権に消極的である。利害が対立し、各自治体間においても地方分権のとらえ方、地方分権に向けた取組みに温度差があるが、三位一体改革においては国庫補助負担金の廃止・縮減において地方の考えをまとめ、国に対して要望を提案し、国との協議の場で議論を進めるという重要な役割を担ったのである。今後の地方分権の推進においても、地方間の協力が不可欠であり、地方分権を実のあるものにするには地方の役割が極めて重要となる。

今後、公共サービス供給における地域間の連携や競争も高まり、さらに、道州制といった議論も深まるであろう。個々の自治体は地方分権の推進が、地域住民のニーズに応じた公共サービスの供給を可能とし、また、公共部門全体としての効率化につながることを認識し、危機意識をもって行財政運営に取り組まねばならない。

　地方分権は、国や自治体の公的部門の改革として捉えられている面もあるが、将来にわたってより良い公共サービスを提供し、国民や住民の生活を維持向上させ、厚生を高めることが真の目的であり、国民や住民のための改革でなければならない。


（注1）池宮城秀正、平成20年度『地方自治研究学会予稿集』p2。
（注2）ティボーの足による投票仮説は、住民が自治体の税と支出の組合せについて完全情報を有しており、自治体間の移動コストを考慮しないことや公共財のスピルオーバーが生じないといった現実にはそぐわない前提を設けているが、分権的な財政システムを検討する上で重要である。
（注3）小西は、1990年代からの分権改革の動きは、従来からあった戦後的自治の理念実現という原動力だけではなく、「都市と農村」のバランスが変化し、これまでの格差是正を行きすぎと考える時代的雰囲気があり、地方分権改革には「分権の理念を実現するという正義」と「都市が農村に過度に遠慮すべきではないという時代認識」が渾渾然一体となっていると指摘している（小西砂千夫著『地方財政改革の政治経済学』有斐閣、2007年、pp14−16）。
（注4）貝塚は、日本における分権化の議論は専ら行政上の分権化に集中しており、中央政府から地方政府への権限の移譲、多くの場合、国から、都道府県への分権化が暗黙のうちに想定されており、分権化は、あまりにも中央政府に集権化されたシステムを変えようとする行政システムの改革ととらえられると指摘している（貝塚啓明編著『分権化時代の地方財政』中央経済社、2008年、p2）。
（注5）三位一体改革の詳細については、参考文献のうち神野直彦編著、岡本全勝著、日本地方財政学会編を参照。
（注6）地方消費税は、人口一人当たり税収額で都道府県別に見ると、最大と最小の比率は1.9倍で、固定資産税の2.3倍、個人住民税の3.3倍、法人2税の6.1倍を下回り、最も偏在性が小さい。また、税源移譲を進める際に、税収格差や偏在性を抑える方法として、偏在性の高い事業税や法人住民税を国税へ返還し、国税のうち偏在性の低い消費税などを地方に移譲するという税交換という考え方もある。
（注7）起債の自由化が進められるといっても赤字額や公債費等の比率が一定以上の自治体や不良債権額が一定以上の赤字公営企業等が地方債を発行しようとする場合は、総務大臣

の許可を得なければならない。2006年度から起債制限比率を修正した「実質公債費比率」が公債費等の比率を図る指標として新たに導入され、これが18％以上である自治体は、許可団体へ移行する。また、25％以上35％未満の団体は一般単独事業の起債制限、35％以上の団体は補助事業の起債制限を受けることになる。ただし、協議制移行後当分の間は、激変緩和措置として、起債制限比率を用いた制限が行われることになっている。


【参考文献】
池宮城秀正編著『地域の発展と財政』、八千代出版、2000年
日本地方自治研究学会編『地方自治の先端理論』、勁草書房、1998年
星野泉・小野島真編著『現代財政論』、学陽書房、2007年
神野直彦編著『三位一体改革と地方税財政―到着点と今後の課題』、学陽書房、2006年
岡本全勝著「進む三位一体改革(3)」、月刊『地方財務』2005年6月号、ぎょうせい
日本地方財政学会編『三位一体の改革－理念と現実－』、勁草書房、2006年
貝塚啓明編著『分権化時代の地方財政』、中央経済社、2008年
小西砂千夫著『地方財政改革の政治経済学』、有斐閣、2007年
西尾勝著『地方分権改革』、東京大学出版会、2007年
出井信夫、参議院総務委員会調査室編『図説地方財政データブック』、学陽書房、2007年
総務省編『地方財政白書』、各年版

# 第10章
# 地方財政構造の変革と都市ごみ管理

和田　尚久
(作新学院大学総合政策学部教授)

## 第1節　地方財政構造の変革

　地方財政の構造に大きな変革が生じている。明治維新以降、地方の財源は国に吸い上げられつづけてきた。昭和に入り、地方の財政困難が著しくなり、補助金の形で国から地方に資金が回るようになった。昭和15年の馬場財政は戦前におけるその体系化である。戦後の混乱期を収束した大改革であるシャウプ税制は、税制だけでなくその後の日本の地方財政の根幹をも定めた[注1]。

　日本経済の高度成長期間及びその後の期間も、国から地方への財政資金を提供する構図に変化はなかった。特に高度成長期には、交付税3税、特に所得税の減税の度に地方への交付額が変わらないように交付率を上げていったとき、結果として、地方への財税譲与となっていった。財政困難期には、一時的に補助率の削減はあったものの、継続的な影響は乏しかった。

　三位一体改革により、国から地方に提供される財政資金の大幅な継続的削減が行われた。地方財政構造の大きな変革である。これは、国・地方を通じる財政逼迫の中で行われている。国・地方を通じる長年の赤字累積と、高齢化の進展による財政需要の増大等により、地方自治体の財政逼迫の度合いは極めて厳しい。国の財政状況も悪く、近々に大幅に改善される見込みもない。世界金融危機による世界的不況はこの状況を一層深刻にする。

　財政負担を減らし、サービス水準を下げない方法として、市場機能の活用が推進されている。かつては民間活力の活用と称されたものと同種の動きがある。民間活力の活用は、中曾根民活の時期に大きな注目を集めた。規制緩和、市場機能の活用がその主たる手段であった。その後に行われた数次の改革でも、市場機能の活用は重要視され、その導入手法には多くの工夫が行われている。

本論では、地方財政構造変革への対応について一般廃棄物処理を軸に論じる。まず、自治体財政の逼迫を概観し、市場機能の活用について振り返る。そして、都市ごみ管理について、有料化と民営化のあり方を検討する。

## 第2節　自治体財政の逼迫
### 1．地方債の累積
　自治体の財政状況を示す指標は数多くある。その一つとして、地方債現在残高が歳入額の何倍あるかを示すものがある（図表1参照）。地方債残高の歳入総額に対する倍率は、平成2年度（1990年度）を除き、昭和50年度（1975年度）以降、ほぼ一貫して増えている。近年、地方債への依存度は低下しているものの、地方の財源がその支出を十分には賄えていないことを示すものである。
　一般財源に対する倍率は、平成16年度をピークに以後漸減している。これは、地方債依存度の低下と共に、地方財政改革による一般財源強化の成果である。一般財源強化は、地方自治の観点からは喜ばしいことであるが、国の財政再建の一環として行われている面もあり、地方の財源を豊かにするものではない。世界金融危機によりもたらされている深刻な不況は、法人事業税収入等の地方税収入を減少させる。
　現在、新規財源の余地は少なく、租税負担率が財政収入に直結する部分が大きくなる。租税負担率に社会保障負担を加えた国民負担率を見ると、ここ数年漸増傾向を示している（図表2参照）。しかし、実際の負担率に財政赤字を加えた潜在的国民負担率は、平成15〜17年に比べ、18〜20年は顕著に下がっている。これは財政赤字の幅が大きく低下していることによるもので、財政再建努力の成果であると言える。
　少子高齢化の進行は、既にわずかではあるが日本の総人口の減少をもたらしている。高齢化は今後も進展し、2025年度（平成37年度）には、社会保障給付の総額は国民所得の26.1％に達するものと見込まれている[注2]。つまり、財政赤字は趨勢的には緩和されているが、2008年の世界金融危機を勘案しなくても、当面そして今後とも財源に大きな余裕は期待できない。

図表1　地方債現在高の歳入総額等に対する割合の推移

| 年度(末)対 | 昭和50 | 55 | 60 | 平成2 | 7 | 12 | 14 | 15 | 16 | 17 | 18 |
|---|---|---|---|---|---|---|---|---|---|---|---|
| 一般財源総額 | 0.88倍 | 1.21 | 1.28 | 1.06 | 1.79 | 2.18 | 2.46 | 2.63 | 2.66 | 2.54 | 2.44 |
| 歳入総額 | 0.44倍 | 0.63 | 0.74 | 0.65 | 0.92 | 1.28 | 1.38 | 1.46 | 1.50 | 1.51 | 1.52 |

(出所)　総務省（2008）『平成20年版（平成18年度決算）地方財政白書』日経印刷
　　　p.29　第20図地方債現在高の歳入総額等に対する割合の推移、より

図表2　国民負担率の推移（対国民所得）　　　　　　　　　　　　　　　　(％)

| 年度 平成 | 15 | 16 | 17 | 18 | 19 | 20 |
|---|---|---|---|---|---|---|
| ①国民負担率 | 36.3 | 36.8 | 38.3 | 39.1 | 40.0 | 40.1 |
| うち　租税負担率 | 21.8 | 22.4 | 23.8 | 24.3 | 25.1 | 25.1 |
| 社会保障負担率 | 14.5 | 14.3 | 14.6 | 14.8 | 15.0 | 15.0 |
| ②国及び地方の財政赤字 | 10.5 *10.9 | 8.2 | 6.3 *8.8 | 4.4 *1.2 | 3.4 | 3.4 |
| ③潜在的な国民負担率 (①+②) | 46.8 *47.2 | 44.9 | 44.6 *47.1 | 43.5 *40.3 | 43.5 | 43.5 |

(出所)　池田篤彦（2008）『図説　日本の財政（平成20年度版）』東洋経済新報社
　　　p.46　図表・.3.16　国民負担率の推移（一部修正）
(原注) 1．平成18年度までは実績、19年度は実績見込み、20年度は見通しである。
　　　2．93SNAに基づく計数である。ただし、租税負担の計数は租税収入ベースであり、SNAベースとは異なる。
　　　3．＊の計数は、15年度は本四公団債務の一般会計継承、17年度は道路関係四公団の民営化にともなう資産・債務継承の影響、18年度は財政融資資金特別会計から国債整理基金特別会計への繰入れに係る財政赤字をそれぞれ含む場合。
　　　4．平成20年度の財政赤字は、財政投融資特別会計から国債整理基金特別会計への繰入れ（9.8兆円）を除いた数値。

## 2．財源調達と環境政策

　自治体が対応すべき地域の環境問題で、必要性が高く費用もかかるのは、ごみ処理問題である。自治体が行う一般廃棄物処理の内、収集は労働集約的作業であり相応の費用がかかる。集めたごみ処理においては、埋め立て処分場の立地制約が強く、埋め立て量の軽減につながる施策が要請される。

その施策の一つとして、ごみを焼却した灰をさらに高温で溶融し、埋め立てする場合の減容、埋め立て後の環境汚染リスクの軽減が図られている。焼却灰を溶融したものをスラグと呼ぶが、スラグを砂等の代わりに建設資材として使用する試みも行われている。焼却については、ダイオキシン対策として、焼却炉と共に、その後の排ガス対策に多大な費用が投じられた。現在の支出項目ではないが、減価償却的観点からは現在費用化しつつある項目である。

地球温暖化対策の一部として、新エネルギーの普及があり、それも自治体にとっての課題となっている。新エネルギーといっても、太陽光発電以外は、風力、水力、木質系エネルギー等、むしろ伝統的エネルギー源中心である。木質系エネルギーは、燃焼エネルギーを利用するが、他は発電を行うものが多い。技術的な困難さは小さいが、費用面の問題がある。

ごみ問題も、新エネルギー問題も、当面の対応については重要な技術的困難はなく、実施における財源調達が大きな課題である[注3]。同じ問題の反対側に過ぎないが、対策費の軽減がもう一つの課題である。

ごみ処理でいえば、ごみの発生抑制、ごみ処理費用の調達が同時に行い得る手段があれば恰好の対策となる。このような要請に応える手段として、筆者はかつて地域環境税を提案した[注4]。これは費用と便益を対応させる経済的負担である。自治体が行うべき一般廃棄物処理であれば、有料制の導入ということになる。平成18年度において、生活計系ごみの有料化を実施している市町村は73.7%に達する。有料化が先行している粗大ごみを除き、焼却ごみ等より日常的に排出されるごみへの有料制も57.4%が実施している[注5]。ただし、交付税交付金制度による財源措置もあり、現在行われている有料制は、ごみ処理費用を賄いえる水準の収入をもたらしていない。

新エネルギーについては、自治体が主たる責任を持つものではない。しかし、小水力や風力発電について、国庫補助を勘案するにせよ、原価補償主義による発電力量の引取りが補償されるのであれば、自治体が卸売電気事業者として新規参入者となる可能性がある[注6]。

ごみ処理有料制は、市場機能活用という大きな流れの中にある。次節では、地方財政構造変革の重要な構成要素である市場機能活用についてレビューを試みる。

## 第3節　市場機能の活用
### 1．民間活力活用から

　市場機能の活用は、イギリスでサッチャー政権が登場して以来の新保守主義政権の主要政策である。日本では中曾根民活の時期以降、経済に活力を与える手法として注目されてきた。民間活力の活用と規制緩和(注7)がこの主たる手段である。民間活力の活用（民活）において、大都市におけるプロジェクトは成功したが、地方圏においては成功例よりも失敗例の方が目立つのが実情である(注8)。

　民間活力の活用と規制緩和という手段は、自治体の運用改善にも適用され、様々な方法で市場機能の活用が試みられてきた。例えば、公会計への発生主義の採用（企業会計化）も同じ系統の中で考えることができる。公会計への発生主義の導入は、自治体の事業遂行上の運営効率化ないし体系化に向いた手段である。公会計の企業会計化導入も含めて、資源利用の合理化を目指した手段の導入が活発である。民活と規制緩和は、資源利用の合理化よりも広い目的を持って実施されている。動員資源の増大、社会的収益増大がその効果となる。

　民間活力の活用は、主として企業の活力を利用することが対象とされてきた。この系統において現在注目されている手法として、業務委託、指定管理者制度等がある。環境問題では、既に紹介したように一定の行政サービスへの料金賦課も行われている。また、民間活力は企業にのみ存在するのではない。NPOへの関心の高まりと並行して、個人あるいは団体としての市民の力の活用も注目されており、こちらの力の動員や再活性化も注目されている。

### 2．企業形態の利用

　企業形態を採る供給主体によって、公共的サービスの提供を効率的に行おうとする試みは古くから行われてきた。第二次世界大戦後で考えても、国の公社あるいは現業が存在したし、自治体における地方公営企業が存在する。そして、その方法について常に改良・改革が行われてきた。この系統で近年登場しているのが、指定管理者制度、（包括的な）業務委託、P.F.I、P.P.P.等である。

　これらの企業形態による公共サービスの提供には大きな問題があると再三指

摘されてきた。その結果、国家レベルでは、大幅な赤字を抱えた国鉄、電気通信における大幅規制緩和にかかわった電々公社、財政専売目的で作られた専売公社の3公社は株式会社化された。他の現業も、郵政事業のように株式会社化されたものもあれば、独立行政法人化されたものもある。

　地方公共団体では、企業形態の事業体を設立することは古くから盛んであった。主たる形態としてまず地方公営企業がある。その後、地方公社(注9)や第3セクター(注10)が設立されていった。

　地方公営企業は、赤字を抱えた事業体も少なくない。大々的な民営化の進展は伝えられていないが、県が所有する電気事業の民営化等は行われている。地方公社は平成16年3月末時点で1,590法人あるが前年同期より64法人減少しており、整理期に入ったといえる。第3セクター（3セク）と称された公民連携の事業体は大量に形成されたが8,357法人存在したものが100法人減少している。3セクは昭和42年までに既に700法人以上が設立されていたが、中曾根民活の時期に改めてこの形態が注目され活用された(注11)。

　3セクは、商法に準拠して設立された商法法人と、民法に準拠されて設立された民法法人に大別される。商法法人は株式会社か有限会社の形を取ることがほとんどである。民法法人は、財団法人か社団法人の形を取る。行政体が民法法人を設立する場合には、財団法人を好むようである。

　商法法人は株式会社あるいは有限会社であり、民間からの出資を仰ぐことが多い。リゾート法の受け皿として設立された企業には大規模なものがあるが、経営責任の所在が明瞭とならず、多額の負債を残して整理されたものもある。これ以外に、1987年に国鉄が民営化された際、廃線にしようとした赤字路線を継承するものとして、各地に3セクの鉄道会社が設立された。その嚆矢となった三陸鉄道の成功が喧伝され、3セクは一つのブームとなった。しかし、その成功は国鉄清算事業団による運営費用の負担に多くを負っており、竹馬の足が切られると経営基盤の弱さを露呈する企業が目立った。

## 3．非営利法人

　3セクの中でも、民法法人は比較的規模が小さく、行政が行う仕事の受け皿

となることが多かった。行政改革圧力の下、行政組織の一部局の機能を、そのために作った民法法人に移すといったことが頻繁に見られた。地方公務員が退職した後の職場として使われる例も珍しくなかった。あるいは、中曾根内閣の後に登場した竹下内閣がふるさと創世事業として、すべての市町村に1億円ずつ交付した時、その内の一定額を積立て基金とし、その基金を運営する財団法人を作るといったことも行われた。比較的小額の残余は、財団のささやかな設備の購入や日常の運営費に当てられる。その財団の業務と市町村役場の職員が行うのである。これらは、一概に否定されるべきことではないが、行政運営の効率化という目的には沿わない部分が大きいように思う。

民間の自発的エネルギーの受け皿になったのは、1995年の阪神淡路大震災以降活動が活発化した非営利民間組織（NPO-NGO：NPO）である。法体系の整備もあり、大きな期待が掛けられるようになっている。

## 第4節　一般廃棄物処理の有料化

### 1．市民の協働、その限界

古くをさかのぼれば、行政と市民の協働は地域運営の基本であった。しかし、様々な原因により地域社会の機能が低下し、行政組織への依存度が増していた。そのような状況への反省や苛立ちの下、1995年の阪神淡路大震災はNPO活動活発化の契機となった。従来のような抵抗運動一辺倒でなく、行政へのおねだり行動でもない責任ある市民活動を成長させることになった。町内会（自治会）等の伝統的組織とは異なる形で、行政と市民の協働が行われる有力なルートが生じた。

市町村の行政は元々住民との協働が重要な役割を果たしていた。ごみ処理事業においては、住民との協働が特に重要である。ごみ排出ルールの遵守は収集作業に大きな影響を与える。リサイクルのための分別は住民の協力なしには成立しえない。市民との協働は、贈与を否定し交換を強要し、様々な問題を引き起こす「近代的〈非合理性〉」[注12]に抗する道具ともなる。「近代的〈非合理性〉」は経済システム全般に対する批判であるが、ごみ収集あるいは排出という非常に小さな領域でも該当する。これに必要な作業をすべて行政サービスの

形で行おうとすると耐えかねる程の負担を必要とする。ごみ問題は、伝統的社会価値観を見直す作業の一つになっている。

しかし、行政と市民との協働は注目をされてはいるが、大きな効果を常に期待できるわけではない。伝統的地域組織（町内会）は地域によりその活動力は大きく異なる。新しい組織であるNPOは、ボランタリー組織であり、独自性が高いものが多く、行政の視点からは必ずしも当てになる組織ではない。多くの住民に影響を与え得る施策が必要となる。市場機能の活用であり、具体的には有料制と民営化が手段となる。

## 2．有料化

一般廃棄物処理のサービスは、サービスの利用者（ごみ排出者）が特定できる。また、ごみ量等から受益の程度の合理的な推定も可能である。非排除性、非競合性は乏しく、有料とすることが可能である。有料化により、一般廃棄物処理に必要な資金調達が可能になると同時に、排出抑制、分別推進の効果が期待できる。これらの効果は料金水準によって異なる[注13]。しかし、ごみは負財であり、環境政策的に高い効果が見込め、相応の財政収入も得られる料金水準を設定すると、不法投棄等不適正排出増大の不安が生じる。そこで料金体系に対する吟味が必要になる。

排出抑制に主眼をおいた料金体系の場合、一定量のごみ排出は無料ないし廉価とし、一定量を越えた分については高い料金を課すことが考えられる。一定量の設定にもよるが、環境税の通例に漏れず、政策目標が達成されれば多くの財政収入は望めない。

財政収入に主眼をおいた場合、定額制が適当な手段となる。定額制であるから負担を求めることが不法投棄の原因とはならず財政収入も確実である。反面、環境政策的効果は負担体系からは期待できない。負担導入時の広報活動は、負担を課すことを前提にすると高い関心を呼び起こすので、相当程度のシグナル効果は有することとなる。

住民「経済的」手段による環境政策ではあるが、それが前提とする適正排出（排出ルールの遵守）が、施策の大前提である。これも住民との協働が大きな

鍵となる。大規模な都市が、有料制の導入をためらっていたのは住民の把握度の問題から、排出ルールの遵守に自信が持てなかったからである。2008年現在、比較的大規模な都市においてごみ有料制が導入されつつある[注14]。個別の調査を行わなければ成果は分からないが、ルールの遵守についての不安を払拭した上での決定でなければ、不法投棄、不適正排出等が増加するおそれがある。

## 3．料金制度

政策目的と収入目的の双方をある程度満足させるのは、定額の負担と従量的負担を組み合わせる二部料金制であろう。水道事業等公益事業でよく採用されている料金体系であるが、ごみについてはまだ顕著な採用例は知られていない。定額部分（基本料金）で財政収入を確保し、比例的部分（従量料金）に排出抑制効果を期待するのである。

基本料金部分を固定費用部分に対応させ、従量料金部分を変動費と対応させると、料金と費用の関係はすっきりする。しかし、一般廃棄物処理は、資本費や人件費といった固定費の割合が極めて大きい。これを反映させると、実際の料金体系は定額制に近いものとなる。有料化の目的から、基本料金と従量料金の水準を決定せざるを得ないであろう。前述の政策目的と収入目的のトレード・オフは、程度を緩めるが、二部料金制を採用した場合でも生じる。

ドイツのデュッセルドルフ市では、ごみ処理事業体は民営化されているが、定額制に近い料金体系を採用している。同市では、サイズが異なるごみバケツを用意し料金はサイズごとに異なるが、定額制である。ごみバケツのサイズは、家族の人数を勘案して事業体が指定するとのことである[注15]。各家庭のごみ排出努力の成果が客観的に評価でき、ごみ減量成果により料金改定（あるいは指定バケツの変更）が行われるのであれば、排出抑制へのインセンティブを働かせることも可能である。

ごみ有料制は、日本の現状では、従量制が有力である。しかし、大都市への適用を視野に入れた場合、二部料金制あるいは定額制が適当のように思う。

## 第5節　民営化
### 1．民営化の概念

　民営化の概念にはかなりの幅があるが、大きくは以下の三つに分けられるように思う。第1は、民間の関与の度合いが最も小さい、仕事の一部を民間事業者に委託するものである。第2は、一定の条件の下に、総合的に業務を委託する指定管理者制度等である。第3の最も民間への移行度の高いやり方は、対象となるサービスの供給責任を業務を担当する企業に移す方法である。

### 2．(部分的) 業務委託

　民営化の度合いが軽い部分的業務委託は、一般廃棄物処理で言えばごみ収集作業員や車両は民間企業に(一部)依存しつつも、ごみ収集ルートの決定等管理運営は市町村が行う類のやり方である。埋め立て施設の管理等も業務委託でも対応できるであろう。部分的業務委託は、一般廃棄物処理サービスのみならず、多くの市町村業務に取り入れられている。この方法は、賃金水準、業務時間の問題から、直営よりも費用が(大幅に)低減する。ごみ収集作業では3分の1といった例さえある。しかし、この費用低下は委託開始時に生じるものであり、継続的能率向上のインセンティブは乏しい。また、民間企業の「創意工夫」を生かす余地も乏しい。

### 3．総合的委託

　民間企業の創意工夫を生かす余地がより大きいのが、指定管理者制度を中心とする業務の総合的委託である。ごみ処理事業で言えば、収集ルートの選定も含めて民間企業に収集業務を委ねる例が挙げられる。焼却炉の運営を民間企業に委ねることも広く行われている。この方法は、一時的ではない費用節減のインセンティブが働き、委任部分が広いので創意工夫を働かせ易い。短・中期的には行政の能率を上げる方法である。

　しかし、この方法を採ると、市町村の職員が現場を離れてしまうので、現場経験のある職員が引退した後、事業への評価能力が損なわれるリスクが発生する。代表的手法である指定管理者制度はまだ普及過程にあるのでこのような問

題は生じていない。しかし、特に技術系職員の年齢構成から来る技術伝承に関する不安もあり、市町村の事業評価能力の低下への不安がある。対策として、評価を専門に行う民間事業者に評価を依頼する方法や、（超）広域的な一部事務組合を形成し、現業部門をその中では一部残し、評価能力を維持する方法が考えられる。

## 4．民間移行

　民営化という場合、最も直截に捉えれば民間企業に当該サービスの供給責任を移すことであろう。公益事業である電気事業、都市ガス事業はそうなっている。郵便事業も運営主体が株式会社化された。しかし、一般廃棄物処理については、法的問題もあり、供給責任そのものを民間企業に委ねることは当面はあり得ないと思われる。アメリカやドイツ等諸外国の例を見ても、一般廃棄物処理業務は民間企業への移行が可能な業務であるが、サービスの供給責任のあり方についての検討なしでは軽々な移行は不適切と考える。

　民営化は、施設管理や運営については指定管理者制度の活用が、方法として適当であろう。指定管理者入札の際、公共事業と同様、当該自治体の行政区域内の事業者に限ることが多い。地域内に雇用と所得を与える指向を持つことや、他のサービスを提供させるインセンティブとして利用することは理解できる。しかし非大都市圏では、地域限定が対象事業者を著しく限定的にし、重要な目的の一つである競争導入の効果を制限的にする。

## 5．民営化手段

　都市ごみ管理を含めた行政事務の民営化については、2008年現在の知見では、指定管理者制度を中心とする業務の総合的委託が最も適した制度と思える。一般廃棄物処理については、これに業務経費を相当程度賄える有料制を組み込めば、有効性が高いであろう。この方法を採った場合の欠点は２つある。一つは、自治体から事業への評価能力が損なわれる可能性が高いことである。第２は、地域限定により対象事業者が著しく少なくなり、競争導入効果が乏しくなったり、適当な事業者が見つかり難くなることである。

入札対象者の地域限定は、前述の通り、必ずしも欠点ばかりではない。現在のところ、限定する地域を当該行政区画内とはせず、近隣自治体と相互的に開放し合う以上の提案はできないが、適当な対策の考案が急務と思われる。


（注１）平衡交付金制度から交付税交付金制度へという大きな修正はあったが、理想主義に過ぎたシャウプ構想の現実化と考えている。
（注２）池田（2008）p.46
（注３）例えば大容量電池の開発等、重要な技術的挑戦がなくなったと言っている訳ではない。今実施できる手段が存在しているという意味である。
（注４）和田（2002）pp.38－40
（注５）環境省（2008）図23、24
（注６）県段階では、水力発電施設を有する団体が多く、既に卸売電気事業者となっている団体が存在する。加えて、市町村等が卸売電気事業に新規参入することが考えられる。
（注７）中曾根民活においては、民間活力の活用は、ある種の規制緩和を伴うことが多かったが、基本的には建設事業等への民間投資を呼び込むことを意味した。それに対して、規制緩和は、経済活動一般の自由化を意味し、重複する部分も多いが、分けて考えるべきである。
（注８）地方圏における中曾根民活は、総合保養地域整備法（リゾート法）が代表例である。40以上の事業が起こされたが、特段の成功例は伝えられていない。宮崎県のシーガイアと北海道のアルファリゾートトマムの破綻は、世の注目を浴びた。両施設とも経営主体が交代して営業を続けているが、その経営破綻は、地方民活で成果が所期の挙げていない根拠としてよいであろう。
（注９）地方公社とは、地方住宅供給公社、地方道路公社、土地開発公社であり、地方３公社と呼ばれる。
（注10）日本における第３セクターとは、政府部門（第１セクター）と民間企業部門（第２セクター）が協力して設立した組織を言う。これらは法的には民間組織であり、出資ないし出捐において政府と企業等が協力したことによって、第３セクター（３セク）と呼ばれた。実態としては、政府部門主導であることが多い。日本における３セクの概念と、市民部門である欧米におけるサード・セクターとの違いが指摘されることが多い。
（注11）総務省（2005）『第三セクター等の状況に関する調査結果』（ウェブ）
（注12）櫻井（2008）p.202
（注13）この間の事情は、山谷（2007）に詳しい。
（注14）政令指定都市では、仙台市（2008年10月１日～）、福岡市（2005年10月１日～）他が有料化している。
（注15）2004年10月の筆者を含む研究チームの現地調査による。

【参考文献】
〔ホームページ〕
アルファリゾートトマム－Wikipedia（http://ja.Wikipedia.org/wiki/%E3%82%A%E3%83%AB%E3%83%95%E3%82%A1A...）2008/09/11（アクセス日、以下同じ）
環境省：日本の廃棄物処理一般廃棄物の排出及び処理状況について（平成20年9月30日現在）、一般廃棄物処理実態調査結果（http://www.env.go.jp/recycle/waste_tech/ippan/h18/index.html）2008/10/19
シーガイア－Wikipedia（http://ja.Wikipedia.org/wiki/%E3%82%BC%E3%82%AC%E3%82%A...）2008/09/11
総合保養地整備法－Wikipedia（http://ja.Wikipedia.org/wiki/%E7%B7%8F%E5%90%88%E4%BF%9D%E9%A4%8...）2008/09/11
総務省：第三セクター等の状況に関する調査結果（http://www.soumu.go.jp/s-news/2005/050328_6z.html）2008/11/04
中曾根康弘－Wikipedia（http://ja.Wikipedia.org/wiki/%E4%B8%AD%E6%9B%BD%E6%A0%B9%E5%BA%...）2008/09/11
池田篤彦（2008）『図説日本の財政平成20年度版』東洋経済新報社
櫻井秀子（2008）『イスラーム金融』新評論
山谷修作（2007）『ごみ有料化』丸善
和田尚久（2002）『地域環境税』日本評論社

# 第11章

# 地方自治の国際比較
―北欧の地方自治と地方税を中心に―

星野　泉
（明治大学政治経済学部教授）

## 第1節　まえがき

　北欧諸国の地方財政は、Tiebout、Musgrave、Oates などこれまで主張されてきた公共経済学の理論とは異なった傾向をもつ。

　第一に、自治体が、再分配機能を強くもつ社会サービス供給を行い、いわゆる地域に特化した公共財は少ない。第二に、人口移動は少なく、福祉サービスや地域的公共財の選好と地方行政区域にはあまりかかわりがない。第三に、徴税は国に集権化されており、集められた税が地方の所得税や交付金の財源となっている(注1)。地方税に再分配機能をもつ税源をおくことは、これまで、減税競争を招く、住民が移動してしまうなど望ましくないものとされていたところである。

　地方自治体は、地方（地域的）公共財を取り扱ういわゆる「クラブ」としての役割というより、社会サービス供給を行うための国の「エージェント」に近い。地方が地方公共財供給のための機関であるなら、国は（全国的）公共財供給、所得再分配、経済安定化政策を行うことになるが、北欧では、こうした再分配政策の多くも地方分権化されているといえる。ただし、再分配的社会サービスは、国が計画し、コントロールする部分も多く、その意味では集権的な側面ももつ。

　福祉国家としてのスウェーデンで、再分配をベースとする地方自治・地方財政制度がどのように展開されているか、地方税制と財政調整制度の中から考察してみたい。

## 第2節　ヨーロッパの地方自治制度

　Lidströmは、2003年発行の『ヨーロッパの地方自治制度』(*Kommunsystem i Europa*, Liber)の中で、国家としての歴史的伝統、地方自治のルーツに関しての最近の研究などをもとに、ヨーロッパ諸国の地方自治の形態を大きく6つ、北欧型、イギリス型、ナポレオン型、中央ヨーロッパ型、東ヨーロッパ型、旧ソビエト型に分けている[注2]。

　北欧型は、スウェーデン、ノルウェー、デンマーク、フィンランドが該当し、自治体の機能や権限が大きく、地方所得税を主たる財源とすることが特徴となる。イギリス型は、イギリス、アイルランドで、議会主義をもとに地方自治が形成されてきたが、地方自治は近年制限される傾向にある。ナポレオン型（あるいはフランス型）と名づけられたものは、フランス、スペイン、ポルトガル、イタリアなど、中央集権的で国の統制が大きいナポレオン型行政の歴史的ルーツを共有しており、地方自治、地方分権は比較的新しく改革されてきたものとなる。中央ヨーロッパ型のドイツ、オーストリア、スイスは比較的自治の度合いが大きく、連邦制をとっていることが特徴である。この他、東ヨーロッパ型（ポーランド、チェコなど）、旧ソビエト型（エストニア、リトアニアなど）は、定義が不明確なところはあるものの、歴史的流れからそれぞれをまとめて整理している。

　比較地方自治については、これまで、多数の研究者、機関が調査、研究の成果を表し分類分けが行われているが、分析手法、歴史的、地理的、制度的要因、現状分析など分析の視点、さらには実施時期の違い、調査対象国が限られていることなどから、その結果には違いがある[注3]。

　Bennetは歴史研究、特に中央地方関係の視点から地方自治のルーツに重きを置き、その後の各国の変化を捨象しており、ナポレオン型、アングロサクソン型、北欧型、3つに分けている。ここで、ナポレオン型は、フランスからドイツ、スイス、オランダまでかなり幅広い。

　地方財政を含めたものとしては、Boursが、自治体人口、地方支出の対GDP及び対総財政支出規模、地方財政に占める地方税収の4項目に関する19カ国の現状分析から、Aタイプ（イギリス、アイルランド、スウェーデン、オランダ、

デンマークなどの最強の地方自治体グループ)、Bタイプ (フィンランド、西ドイツ、ベルギーなどの強力地方自治体グループ)、Cタイプ (フランス、スペイン、スイスなど平均的地方自治体グループ)、Dタイプ (イタリア、ポルトガル、ギリシャなど弱体地方自治体グループ) に分けている。また、Alan Norton は、9カ国について地方自治の憲法上の地位、何層制自治体か、選挙制度や財政状況を含む多くの基準から分析を行っているが、ヨーロッパを3つ、南欧型 (フランス、イタリア)、北欧型 (スウェーデン、デンマーク)、イギリス型の他、北米型 (アメリカ、カナダ)、日本型もある。ここでは、ドイツについて、北欧、南欧の特徴を併せもつがどこにも属さないとしている。ヨーロッパという地理的要因、第二次大戦後の福祉国家としての発展、連邦制の評価などを加味すれば、オランダやドイツの位置づけは難しいところである。

　かつて、日本でもよく紹介されたような、憲法、行政法からの大陸型、英米型、中央集権型などの組合せは、東欧社会主義国の崩壊、EU統合、新自由主義やNPM改革論、各国の分権改革の進展などにより複雑さを増してきている。歴史的分析と現状分析を組み合わせるのは難しいところであり、現状分析がより重要ではあるものの、将来的な振れを予測するためにはルーツを見ていくことも必要である。

## 第3節　北欧の地方自治

　次に、ヨーロッパの中で一つのグループとしてまとめられた北欧の地方自治について、その全体像と各国の特徴をみていこう。

　いずれも北欧福祉国家としての特徴をもち、大きな政府と再分配で知られているが、これらの機能の多くは自治体を通じて行われる。戦後の福祉国家としての発展過程で、教育、医療、文化、社会サービスとともに、上下水、電気供給、道路の維持管理など基礎インフラ整備、最近では環境保護も自治体の仕事である。また、地方自治制度には似たところが多い (公選の地方議会、4年毎の定期的選挙、比例代表制、議会に委員会設置の自由があるなど)。

　自治体は概して2層制 (県レベルと市町村レベル) をとっているが、フィンランドとアイスランドは1層制である。ここには、県レベルの公選による広域

自治体が置かれていない。フィンランドでは、市町村間協力の形で共同委員会を設置、医療、経済発展、教育を実施し、1993年に300の委員会があったが、現在は減少傾向にある。このため、地方財政規模の配分をみても、他国では概ね3分の1が県レベル自治体、3分の2が市町村レベル自治体からの財政支出というバランスになるが、フィンランドでは85％が（基礎）自治体からの財政支出、15％が共同委員会からの支出となる。

市町村の人口規模は、フィンランドとノルウェーが小さく、スウェーデンとデンマークが大きい。平均規模が違うだけでなく、中位数でも前者は5,000人を切り、後者は10,000人を超え、市町村数では前者が400強、後者が300弱となっている。なお、国の総人口はスウェーデンが900万人、あとの3カ国は500万人ほどである。アイスランドは総人口で30万人のところに100ほどの自治体があるので、1団体当りの平均人口は3,000人にすぎない。

日本で合併が進み、3,000団体から2,000団体へ、1団体当たり4万人規模から6万人規模へと増加していることや、イギリス、アイルランドが10万人を超えていることに比べれば少ないといえるが、ヨーロッパ諸国の中ではこれでも少ない方ではない。フランスのように基礎自治体の規模と行財政能力が非常に小さく、事務組合など市町村間協力を中心に地方行政を進めてきた例を別としても、ドイツやヨーロッパ南部の国々では平均数千人単位のところのほうがむしろ多い（図表1参照）。

なお、現在、デンマークでは、13の県レベル自治体アムトコムーネを5つのレギオンに、271のコムーネを100以下にまで合併し、減らしている。また、スウェーデンでは、20の県レベル自治体ランスティングとレギオンを6つから9つほどのレギオンに再編する改革が進められている。

## 第4節　国際比較からみた税源配分状況

OECD歳入統計の2007年版によって、総税収に占める州、地方の税源配分についてみよう。

連邦国家の連邦税は約50％、州税が20％、市町村税が10％ほどとなっている。2005年に州税が大きく、20％を大きく上回る水準にあったのは、カナダの

図表1 ヨーロッパ諸国における地方自治体の規模（基礎自治体）2000年

|  | 自治体の層 | 基礎自治体名称 | 基礎自治体数 | 平均人口（人） |
|---|---|---|---|---|
| 北欧型 |  |  |  |  |
| 　スウェーデン | 2(1) | Kommun | 289 | 30,800 |
| 　ノルウェー | 2(1) | Kommun | 435 | 10,300 |
| 　デンマーク | 2(1) | Kommun | 275 | 19,200 |
| 　フィンランド | 1(2) | Kunta | 448 | 11,600 |
| 　アイスランド | 1 | Hreppur | 124 | 2,200 |
| イギリス型 |  |  |  |  |
| 　イギリス | 2(1) | District, Borough, Unitary | 429 | 137,000 |
| 　アイルランド | 2(1) | County, city | 34 | 109,000 |
| 中部ヨーロッパ型 |  |  |  |  |
| 　ドイツ | 2(1) | Gemeinde | 14,511 | 5,600 |
| 　オーストリア | 1 | Gemeinde | 2,359 | 3,400 |
| 　スイス | 1 | Gemeinde/Commune | 2,899 | 2,600 |
| ナポレオン型 |  |  |  |  |
| 　フランス | 3(4) | Commune | 36,664 | 1,600 |
| 　オランダ | 2 | Gemeente | 538 | 29,200 |
| 　ベルギー | 2 | Gemeente/Commune | 589 | 17,000 |
| 　ルクセンブルク | 1 | Commune | 118 | 3,700 |
| 　スペイン | 2(1) | Municipo | 8,101 | 4,800 |
| 　ポルトガル | 2 | Municipo | 305 | 32,000 |
| 　イタリア | 2(1) | Commune | 8,099 | 7,200 |
| 　ギリシャ | 2(1) | Koinotites, Demoi | 1,033 | 11,200 |

（出典）Anders Lidström, *Kommunsystem i Europa*, Liber AB, 2003.
（注）自治体の層の内、カッコ内の数は、国の一部で採用。

38.4％、2003年より付加価値税が導入されすべての州に配分されることになったオーストラリアが27.9％、スイス25.1％、ベルギーの24.0％である。市町村税についてみると、スイスの15.6％、アメリカの14.1％が高い水準にある。州税の大きい連邦国家は、市町村の税収が小さく、基礎自治体より州中心の税システムがみられている。州と地方団体合わせて連邦税収の水準を超えているのは、スイスとカナダである。

　単一国家についてみると、1975年以来、国税比率が61％から64％、地方税比率が12％から13％台となっている。2005年に地方税がこの平均的水準を大きく上回る国は、デンマークの33.0％、スウェーデンの32.2％、近年の改革により数値が急上昇したスペイン30.2％、日本25.3％、アイスランド20.8％、フィン

図表2　地方への税源配分が13%以上の単一国家（2005年、%）

|  | EU | 国税 | 地方税 | 社会保障負担 |
|---|---|---|---|---|
| デンマーク | 0.4 | 64.4 | 33.0 | 2.2 |
| スウェーデン | 0.6 | 56.1 | 32.2 | 11.2 |
| スペイン | 0.4 | 36.5 | 30.2 | 32.8 |
| 日　本 |  | 37.9 | 25.3 | 36.8 |
| アイスランド |  | 79.2 | 20.8 | — |
| フィンランド | 0.2 | 53.9 | 20.7 | 25.2 |
| 韓　国 |  | 61.6 | 17.4 | 21.0 |
| イタリア | 0.3 | 52.3 | 16.6 | 30.8 |
| ノルウェー |  | 86.7 | 13.3 | — |
| 平均 |  | 61.3 | 13.6 | 24.7 |

（出典）*Revenue Statistics 1965-2006*, OECD, 2007.

ランド20.7%等である。このうち、アイスランドについては、社会保障負担がなく、国税と地方税を合わせて100%となっているため、地方税比率の高さは若干割り引いてみる必要があろう。ここの国税比率は79.2%ということであり、この水準はイギリスの国税比率とほぼ同等である。また、デンマークも社会保障負担は少ない。

　このように、北欧の国々は、概して地方への税源配分が最も大きいグループに入っており、スウェーデンもこの中に入る。ただ、日本の状況が特に小さいということもなく、少なくとも数字上は、北欧の次くらいには位置している。

## 第5節　主要な地方税源の構成

　次に、各国の地方税（州税を含む）が、どのような税目から構成されるかについてみると、ほとんどの国は複税制度をとっていて、主要な税として、所得・利益課税、消費課税、資産課税の3つに分けられる。

　そして、所得・利益課税が最大の税収をあげ、基幹的税となっている国が半数を占めている。この税が80%以上を占めている国として、スウェーデン、フィンランド、デンマーク、ルクセンブルグ、ノルウェー、アイスランドがある。

　特に北欧で90から100%も占めるところが多く、「北欧型」ともいえるこの地

域の地方税制の特徴を示している。この結果、北欧諸国の国税に、所得・利益課税部分は比較的小さく、デンマークを除けば2割から4割を占める程度（日本は57.9％）である。所得税の中心部分は地方税であり、国税としての所得税は大きな意味を持っていないのである。

資産課税からの収入が9割以上を占め基幹税目となっている国も、イギリス、アイルランド、ニュージーランド、オーストラリア、半分を超える国にギリシャ、オランダ、フランスがある。この中には、英連邦の国々が多く含まれており、その資産税ウェイトは特に高いのが特徴である。

消費課税が半分以上を占める国は、ハンガリーであるが、チェコ、トルコ、オーストラリア、ドイツ、ベルギー、アメリカなどで、地方税収の30％以上をこの税によっている。これらの中には、連邦国家で、主に州税の中に消費課税をおいていることが一つの特徴といえる。

さらに、連邦国家の州、市町村の税源構成、単一国家の地方税源の構成をより詳しくみると、以下の特徴がある。

第一に、連邦国家では、所得課税は州、地方両方に置かれるケースが多く、資産税はおもに市町村税、一般的消費税は州レベルに置かれている。また、消費課税としては、一般的消費税の方が多く、個別消費税のウェイトは近年減少傾向にある。

第二に、単一国家の地方税は、所得課税の中でも個人所得課税中心であり、企業所得課税は極めて少ない。ルクセンブルグは地方税の91.1％を企業所得課税によっているが、極めて異例である。企業所得課税が個人所得課税と同等か、それを超えるほど大きな税収をあげている国もそれほど多くはなく、チェコ、トルコ、そして日本である。北欧の地方所得税は、その多くが個人所得税である。ただ、スウェーデン、デンマークがほぼすべてであるのに対し、フィンランドではこのところの改革で企業所得課税部分も次第に増加傾向にある。

第三に、EUでは、付加価値税が知られているが、これは国税であり、地方税として導入している国は少ない。単一国家の地方消費課税は概して個別消費税であったが、近年、一般的消費税もみられるようになっている。

第四に、単一国家の資産課税は近年減少傾向となってはいるが、英連邦の国々

図表3　主要な地方税―図表2の国とチェコ、ルクセンブルク（2005年、％）

|  | 個人所得課税 | 法人所得課税 | 資産課税 | 一般的消費課税 |
|---|---|---|---|---|
| デンマーク | 90.9 | 2.3 | 6.8 |  |
| スウェーデン | 100.0 |  |  |  |
| スペイン | 23.3 | 1.8 | 27.5 | 24.3 |
| 日　本 | 24.1 | 23.9 | 30.3 | 7.3 |
| アイスランド | 83.3 |  | 13.4 | 3.2 |
| フィンランド | 86.7 | 8.1 | 5.1 |  |
| 韓　国 | 7.8 | 7.5 | 49.8 |  |
| イタリア | 17.4 | 1.7 | 13.9 | 4.8 |
| チェコ | 26.9 | 26.3 | 3.0 | 37.6 |
| ノルウェー | 88.9 |  | 9.1 |  |
| ルクセンブルク |  | 91.1 | 7.0 |  |

（出典）図表2に同。

を中心に今日でも重要な地方収入源である。一時期、人頭税となっていたイギリスも1993年、資産税に復帰した。

　以上のように、地方自治体への税源配分が大きい国は、北欧が多く含まれることもあり、個人所得課税中心で租税負担率も高く、地域格差も少ない国々であるという特徴がある。

　また、地域格差がすべての要因ではないにしろ、地方税の中で法人課税が大きな意味をもつ国は少ない。法人所得課税中心の国としてルクセンブルクがあるが、国の面積が小さく（神奈川県ほど）人口も50万人規模の国であり、地域格差が問題とはならない規模の国といえる。オランダ、ハンガリー、ニュージーランドのように個人所得課税に多くを頼っていない国は、地方への税源配分も少ない傾向がある。

　地方への税源配分が大きい北欧以外の国の中で、イタリア、韓国は、国税との対比においては地方税比率が小さく、スペイン、日本は国税との対比において地方税比率が大きい。地方税の中の個人所得課税比率は、イタリア、韓国が2割を下回るのに対し、スペイン、日本は23、24％の水準にある。

## 第6節　北欧の地方所得税

このように、北欧諸国は、租税負担率が世界でも高い水準にあるとともに、地方への税源配分比率も大きい部類に属する。したがって、地方財政収入に占める地方税の割合も50%～70%程と高い水準にある。自主財源が大きいことで、地域格差の是正は国の財源からの交付金ばかりでなく、水平的財政調整制度、すなわち地方財源の中から財源の乏しい自治体に傾斜配分される制度をもつことが多い。

地方所得税負担率（GDP比）は、デンマークとスウェーデンが15～6%、フィンランド、ノルウェー、アイスランドが5～8%である。所得税としての税源配分はいずれも地方税部分の方が大きく、所得税の中心部分が地方所得税といえる。図表4のように、地方税はほとんどの部分が個人所得税である。

北欧諸国の地方税は、個人所得税源を国と地方で共有しており、国が課税ベースや控除等制度を決定し、地方自治体が税率決定権をもつというスタイルが一般的である。地方自治体の所得税としては比例税率を採用しており、その他の部分が国税の所得税となる。自治体の平均税率は、2006年、デンマーク32.6%（他に教会税が1%弱あり）、フィンランド18.3%（他に教会税1.32%）、スウェーデン31.6%（教会税は廃止済み）となっており、自由設定の各自治体税率は5～6ポイントの幅の中に収まっている(注4)。

ただし、ノルウェーでは若干異なる。ここでは、所得税そのものを国と地方で共有しており、地方所得税はいわばその一部である。予算作成の際、一部を

図表4　北欧諸国の地方税（%）

|  | 個人所得税 |  | 法人所得税 |  | 財産税 |  | その他 |  | 合計 |  |
|---|---|---|---|---|---|---|---|---|---|---|
| 年 | 1985 | 2005 | 1985 | 2005 | 1985 | 2005 | 1985 | 2005 | 1985 | 2005 |
| デンマーク% | 91.0 | 90.9 | 2.6 | 2.3 | 6.4 | 6.8 | 0.1 | 0.1 | 100.0 | 100.0 |
| スウェーデン% | 98.3 | 100.0 | 1.4 | 0 | 0 | 0 | 0.3 | 0 | 100.0 | 100.0 |
| ノルウェー% | 85.9 | 88.9 | 7.0 | 0 | 6.6 | 9.1 | 0.5 | 2.0 | 100.0 | 100.0 |
| フィンランド% | 91.1 | 86.7 | 7.9 | 8.1 | 1.0 | 5.1 | 0.1 | 0.2 | 100.0 | 100.0 |
| アイスランド% | 55.3 | 83.3 | 8.2 | 0 | 15.3 | 13.4 | 21.2 | 3.2 | 100.0 | 100.0 |

（出典）　図表2に同。

地方所得税として国が最高税率と最低税率を決定し、自治体はその範囲内で税率設定権をもつ。これまで、すべての自治体が最高税率を採用しているため、交付金・補助金とともにほとんどの収入源は国によって決定されているといえる。2004年、28％の所得税率のうち、地方が15.8％、国が12.2％の税率となっている。インフラ利用料及び福祉サービスなどの公共料金設定には若干の自由裁量があるが、それも一定の規制の範囲内となっている。強いマクロ経済統制があり予算と借入れについても承認が必要となる。他国は財政的自由があり、地方所得税の税率決定権を有することでも知られているが、北欧の中では、最も集権的地方財政制度をもつといえるだろう。また、アイスランドにも最高税率と最低税率の制限があるが、ここでは、各自治体の決定は様々である[注5]。

　国から地方への財政移転は、特定補助金から一般交付金への改革が実施されてきた。フィンランドでは、1993年に最も大きな改革が実施され、財政移転のほとんどが一般（包括）交付金となっている。

　地方財政の収入源としては、地方税、国から地方への財政移転、料金収入などがあるのは北欧以外の国でも一般的状況であるが、地方税が地方所得税を中心とする（地方税の８割以上を占める）ことが、北欧諸国の特徴である。スウェーデンは地方所得税のみの単税制度であるが、スウェーデン以外は一部他の税にもよっており、デンマーク、フィンランドでは他に財産税と法人所得税、ノルウェー、アイスランドも他に財産税等を採用している。地方法人所得税は、ノルウェー、スウェーデンで、近年廃止されてきたものであるが、ノルウェーでは交付金制度の一部として再導入論がある。

## 第７節　おわりに

　GDP比でみたスウェーデンの租税負担率は、2004年、OECD30ヶ国中、社会保障負担を含めた場合、最も高い50.4％、含めない場合はデンマークに次ぐ２番目で36.1％である。個人所得課税についても２番目で15.8％。他国では、デンマークが飛び抜けて高く、ニュージーランド、アイスランドが14％台、ベルギー、フィンランドが13％台で続いている。個人所得課税と租税負担の状況には極めて強い関連がみられ、租税負担率の高い国は概して豊富な個人所得税

収をもっている。国と地方の税源配分で見ても、概して北欧の地方税の位置は高い。OECD 統計では、国、地方の他、EU 及び社会保障基金への4箇所への税源配分が示されているが、いずれも OECD 平均値を超えており、デンマーク、スウェーデンでは地方への配分が30％を超えている。また、地方財政収入に占める地方税の割合も50％〜70％程と高い水準にある。

　日本の個人所得課税は、豊富な所得控除制度と引き下げられてきた最高税率、結果としての低負担（低税収入）ということに特徴づけられる。結婚、子育てや老いることについての対応は家庭内のこととして、自己責任で行えるように可処分所得を大きくすることで対応してきた。結果、公平性を失わせ、国債依存財政を生み出す一因ともなった。

　今日、住民税は10％比例税率、所得税は6段階で税率5％から40％まで。地方税率が比例税率という点では北欧型ということになったが、その他の部分は根本的改革といえるものとはなっていない。

　『個人所得税の基本的改革』(OECD, 2006) では、OECD 諸国で課税ベースの拡大とセットで個人所得税率が引き下げられてきたことが指摘されている[注6]。所得控除を整理し、支出面（社会サービス）で対応する形にすると、各納税者間、各住民間での公平性が得られるとともに、地域格差是正にもつながるのである。日本では、少子高齢社会の財源として消費税ばかりが取り上げられるが、住民税を中心とする個人所得課税改革にも力点を置いていかないと、公平と安心社会は築けないといえよう。

---

（注1）Jørn Rattsø, Local Tax Financing in Nordic Countries, *Yearbook for Nordic Tax Reseach* 2005
（注2）Anders Lidström, *Kommunsystem i Europa*, Liber. 2003
（注3）Anders Lidström, The Comparative Study of Local Government Systems-A Research Agenda, *Journal of Comparative Policy Analysis : Research and Practice*, Kluwer Academic Publishers, 1999
（注4）各国政府 HP による。
（注5）Jørn Rattsø, *op. cit.*
（注6）*Fundamental Reform of Personal Income Tax*, OECD, 2006, p.127

【参考文献】
磯村英一・星野光男編『地方自治読本』東洋経済新報社、1990年
アグネ・グスタフソン、岡沢憲芙監修・穴見明訳『スウェーデンの地方自治』早稲田大学出版部、2000年
富永健一『社会変動の中の福祉国家』中公新書、2001年
「平成17年度比較地方自治研究会調査研究報告書」比較地方自治研究会、(財) 自治体国際化協会、2006年
竹下譲編『よくわかる地方自治制度』イマジン出版、2008年
Local Government in Sweden, Fact Sheet, The Swedish Institute, 2005
*Kommunalekonomisk utjämning*, Finansdepartementet samt Sveriges Kommuner och Landsting, 2005
*Revenue Statistics, 1965－2006*, OECD, 2007
*Statistisk årsbok för Sverige*, Statistiska centralbyrån, 2006
John Loughlin, Anders Lidstrom, Chris Hudson, The Politics of Local Income Tax in Sweden: Reform and Continuity, *Local Government Studies*, June 2005
Lars Söderström, Fiscal Federalism: the Nordic Way, Jørn Rattsø, *Fiscal Federalism and State-Local Finance － The Scandinavian Perspective*, Edward Elgar, 1998

# 第3部 会計部門

# 第12章

# 地方自治体における発生主義会計の活用
―東京都の事例を参考にして―

鵜川　正樹
（公認会計士）

## 第1節　はじめに

　政府・自治体会計への複式簿記・発生主義会計の導入は、多くの先進諸国では広くいきわたっているが、わが国では、単式簿記・現金主義会計（以下、官庁会計ともいう）を義務づけている会計法や地方自治法等に基づく現行法制度等が支障となり、先進的な地方自治体でも決算組替方式が主流であり、本格的導入への道のりは遠い状況にあるといえる(注1)。

　そのような状況の中で、東京都は、平成14年5月に、現行法規上要求される現金主義会計に基づく財務報告書をそのまま保持しながら、新しい会計制度として、日本で初めて複式簿記・発生主義会計を導入することを宣言した。そして、平成18年4月から、すべての一般会計及び特別会計について本格的な発生主義会計へ移行しており、平成18年度決算の財務諸表が平成19年9月に公表された。平成20年9月には平成19年度決算の財務諸表も公表されている。

　東京都の会計改革の目的は、これからの自治体経営に求められるマネジメント機能の強化とアカウンタビリティの充実である。従来の官庁会計では表すことができなかった財政状態及び財務業績を発生主義会計に基づく財務諸表によって適切に把握し住民に公表することが必要である。そのため、東京都の複式簿記・発生主義会計の導入は、決算統計（あるいは歳入歳出決算書）を組み替えて財務諸表を作成する方式ではなく、明治以来の地方自治体の会計制度を根本的に変革するものである。新たな会計制度は、日々の会計処理の段階から複式簿記の処理を行い、自動的に財務諸表を作成できるため、議会による決算認定、決算分析を踏まえた予算編成、議会による予算審議等に迅速に活用できるものである。

筆者は、東京都の会計基準検討委員会等の委員として会計制度改革を支援している。本稿では、個人的な見解であるが、東京都の平成18年度決算の財務諸表等をもとに、会計改革の達成状況を総括して、財務諸表の活用の視点から今後の課題を検討するものである(注2)。

　発生主義会計の導入は、都全体の事業経営に係るコスト（発生主義会計）と現金所要額（予算）の分離を不可避とし、情報の多様化と同時に理解しにくさをもたらす。したがって、地方自治体の財務諸表の活用において、会計が会計だけでは完結せず、予算と会計が一体的に評価できて初めて経営の全体が把握できるという特徴をもつものである。

　そのような視点から、本稿の構成は、「第2節　東京都の財務諸表の制度的位置づけ」において、財務諸表を予算へ反映するための法的な仕組みをみて、「第3節　財務諸表活用の全体像」及び「第4節　財務諸表の活用状況－平成18年度決算を参考にして」において、財務諸表が財政運営や予算編成にどのように反映されているかを検討したい。「第5節　局別経営報告書の作成を目指して」において、今後の課題となる局別経営報告書のモデルとして、建設局を事例に、予算・決算の概要、局別財務諸表からわかること、予算割当（現金所要額）と事業コストの比較・分析を行い、予算と会計の一体的な評価の必要性を述べる。「第6節　今後の課題」において、財務諸表活用のための課題を述べる。

## 第2節　東京都の財務諸表の制度的位置づけ

　東京都の会計改革の目的は、日々の会計処理の段階から複式簿記・発生主義会計の考え方を定着させることにより、職員の意識改革を図り、より効率的・効果的な行政経営を展開するとともに、都民への説明責任を一層果たし、より質の高い都民サービスの提供を目指すことである。

　財務会計システムから作成される財務諸表は、一般会計・特別会計の会計別財務諸表、局別財務諸表、目別・管理事業別の財務諸表等がある。これらのうち会計別財務諸表は、東京都会計事務規則により、「東京都決算参考書」として作成し、議会の本会議や各会計決算特別委員会に提出し決算審議を受けてい

る。また、会計別財務諸表は、監査事務局が実施する決算審査の対象には含まれていないが、定例監査（地方自治法第199条第１項）の一環として監査を受けている。

このように、財務諸表の制度的な位置づけが明確にされていることにより、財政運営と予算編成への活用が可能になっていることが特徴である。次に、財務諸表の活用の全体像と平成18年度決算を参考にして財務諸表の活用状況を検討する。

## 第３節　財務諸表活用の全体像

東京都の会計改革の特徴は、マクロ（財政運営）とミクロ（事業経営）という両方の視点から、経営改革と説明責任の充実に財務諸表を活用することである。

財務諸表の活用の全体像は、図表１のように、会計改革の２つの視点（マクロとミクロ）と２つの目的（マネジメント強化とアカウンタビリティ充実）からまとめることができる。

ここでマクロ（財政運営）とミクロ（事業経営）と呼んでいるものは、正確な定義があるわけではないが、マクロ（財政運営）は、景気循環を通じて財政の収支均衡を目指すものであり、負債の水準を抑制し、財政規律を維持しよう

図表１　財務諸表活用の全体像

| 目的＼視点 | マクロ（都財政） | ミクロ（事業経営） |
| --- | --- | --- |
| マネジメント（経営）の強化 | 都財政全体の分析新たな分析手法による「財政の持続可能性」の評価など | 個別事業の分析と評価<br>・マネジメントサイクルの確立<br>・個別事業の分析とその成果 |
| アカウンタビリティ（説明責任）の充実 | 都財政運営の説明<br>・年次財務報告書の作成・発行<br>・都政全体の財務情報の提供 | 主要な事業の実施状況の説明<br>・「主要施策の成果」などによる都民への説明<br>・個別事業の真の財務情報を提供 |

（出典：参考文献・東京都（2006a）より）

ということであり、ミクロ（事業経営）とは、資源配分の適切さと事業運営の効率性・有効性を図るという趣旨である。行財政改革は、マクロ（財政運営）とミクロ（事業経営）が表裏一体となって初めて可能である。

次節において、この財務諸表活用の全体像に沿って、作成の初年度である平成18年度決算に基づき、財務諸表の活用状況を検討する。

## 第4節　財務諸表の活用状況－平成18年度決算を参考にして－

本節では、財務諸表の活用状況を「アカウンタビリティの充実の目的」と「マネジメントの強化の目的」の２つの視点から検討する。

### １．アカウンタビリティ充実の目的

平成19年９月議会等に公表されたものは以下のとおりである。

財務諸表及び年次財務報告書によって、都の財政状態及び財務業績について情報を提供している。さらに、年次財務報告書において財政の持続可能性について説明し、また、主要施策の成果において事業運営の効率性について情報を提供している。

(1)　「決算参考書」（会計管理局）（都財政と事業経営の視点）
　①　会計別財務諸表（一般会計・特別会計）
　②　局別財務諸表
　③　事業別財務諸表（「主要施策の成果」に該当する事業）
　④　財務諸表（概要版）

(2)　財政運営の説明（財務局）（都財政の視点）
「年次財務報告書」の作成・公表

　　年次財務報告書の目次
　　　１　平成18年度　東京都普通会計決算報告
　　　　(1)　従来の公会計手法による分析

(2)　新たな公会計手法による分析
　2　平成18年度　東京都全体の財務報告
　　(1)　東京都全体財務諸表
　　(2)　経営主体別の経営状況
　3　今後の財政運営

(3)　主要な事業の実施状況の説明（事業経営の視点）
「主要施策の成果」の作成・公表
　主要施策として45事業について、官庁会計の予算決算、事業の概要、財務諸表から得られる情報として「行政コスト計算書」と「貸借対照表」の概要、業績評価の目標となるような指標と単位当たりコストを記載している（公営企業会計の8事業を除く）。業績指標は効率性の指標としてわかりやすいものであるが、今後の改善の余地があると考える。

## 2．マネジメント強化の目的
　マネジメントの強化としては、財務マネジメントの強化と予算編成への活用がある。

(1)　財務マネジメントの強化（都財政の視点）
　①　施設の価値の減少である減価償却累計額（1.3兆円）から、今後の膨大な更新需要への対応が必要であるとして、「大規模施設等の改築・改修に関する実施方針」を策定し、今後概ね10年間に生じる更新需要に係る経費を8,000億円程度と見込んで、社会資本等整備基金への積立を開始した。平成20年度予算では、2,500億円の積立を行うことで、世代間バランスと財政負担の平準化に配慮した財源確保に努めている。
　②　債権のうち未収金が多額（1,300億円）にあることから、債権管理の強化が必要であるとして、「東京都債権管理条例」を制定して（平成20年7月施行）、各局に債権管理者を設置し、全庁的な債権管理体制の強化を進

めている。また、条例に基づく債権放棄の手続きを定めて、適切な欠損処理を行うこととし、議会への報告を行うこととしている。
③ 財産管理の強化として、未利用地・遊休施設の有効活用（売却・貸付等）に取り組んでいる。
④ 固定資産管理の内部統制の強化として、財産台帳と現物資産の照合、事業目的と利用状況の把握、貸借対照表の残高と財産台帳との適時な照合等に取り組んでいる。発生主義会計導入の大きなメリットとして、財務諸表の固定資産残高と財産台帳との照合等により財産管理の水準が大きく向上したことが挙げられる。

(2) 予算編成への活用（事業経営の視点）

都では、事務事業評価の結果を予算編成に反映させる目的から、財務局が事務事業評価を実施している。事務事業評価のポイントは、結果重視の事業検証による施策の充実、公会計の活用等による事業の効率化、単年度主義の限界を超える中長期的な視点による検証を挙げている（『平成20年度東京都予算案の概要』平成20年2月）。

予算編成にあたって、新たな公会計制度の活用の定着を図ることが課題とされている。

その中で、財務諸表を活用した予算編成の事例として次の2つが挙げられている。

① 直営公園の指定管理者制移行

「明治公園や青山公園など4公園は、いずれも比較的規模の小さい公園であるため、管理運営の効率化が図れるかどうかが一つのポイントである。費用について、発生主義に基づき財務局で試算したところ、指定管理者制移行により、約700万円のコスト削減が図られることが分かった。」(同上40頁)（図表2参照）

② 東京港の水門管理における遠方監視制御システムの再構築

「東京港の水門管理における遠方監視制御システムが更新時期を迎えているが、切迫性が指摘される首都直下地震への対応をはじめ様々な課題がある。水門管理における確実性、迅速性、安全性を向上し、簡素効率化を図るため、シ

ステムの再構築は必要な事業である。システム再構築のほうが、現行システムを維持していくよりも、発生主義の観点から年間2.3億円のコスト削減効果が見込まれる。」(同上42頁)(図表3参照)

図表2　発生主義に基づく試算　　　　　　　　　　　　　　　　　　　　(単位：千円)

| 18年度 |  | 20年度（予定） |  | 差引増減 |
|---|---|---|---|---|
| 費　用 | 125,151 | 費　用 | 118,409 | △ 6,742 |
| 給与関係費 | 34,349 | 委託費 | 118,409 | △ 6,742 |
| 物件費 | 27,562 |  |  |  |
| 維持補修費 | 63,240 |  |  |  |

(出典：『平成20年度東京都予算案の概要』40頁)

図表3　年間コスト比較

| 区　分 | イニシャルコスト※ | ランニングコスト | 計 |
|---|---|---|---|
| 現行システム | 2.2億円 | 4.9億円 | 7.1億円 |
| システム再構築 | 2.0億円 | 2.8億円 | 4.8億円 |
| 差　引 | △ 0.2億円 | △ 2.1億円 | △ 2.3億円 |

※　耐用年数15年
　　更新費は、現行システム：約37億円、システム再構築：約33億円で試算
(出典：『平成20年度東京都予算案の概要』42頁)

　このような発生主義会計の財務情報を活用して予算編成に活用できる事例はまだ少ないが、事業の廃止・見直しという目的だけでなく、投資を伴う新規事業の選択やより効率的なサービス供給方法への変更など前向きな活用方法が示されたことは意義が大きいといえよう。

(3)　各局における取組み（事業経営の視点）

　建設局では、道路アセットマネジメント・システムを構築し、中長期的な視点から道路のトータルライフコストの最適化を図っている。
　教育委員会では、都立高等学校ごとに学校経営計画及び学校別財務諸表（学校ごとの運営コスト、生徒1人当たりコスト、授業1コマ当たりコスト等）の

作成と公表、学校経営支援センターによる課題解決の支援、経営実績報告と経営診断の実施など、マネジメントサイクルの確立を目指した取組みがなされている。

## 第5節　局別経営報告書の作成を目指して

　都全体の財政運営については財務局が年次財務報告書を作成しているが、各局における事業経営については局別経営報告書の作成が有用であると考える。

　ここで想定している局別経営報告書とは、局長の総括的業績報告、事業計画の概要とその進捗状況、業績報告（戦略と成果、目標、予算、達成した主要な成果、主要な事業のコスト、投資）が、財務諸表とともに報告されるものである。また、局別連結財務諸表の作成も必要である。本節では、建設局を事例にして、局別財務諸表と事業別財務諸表の分析を行い、局別経営報告書における財務諸表の役割と今後の課題を検討したい。

### 1．局別財務諸表と事業別財務諸表の分析－建設局を事例にして－

　本節では、建設局の平成18年度予算・決算、局別財務諸表、主要な施策における事業の予算・決算とコストの比較を行うことで、会計と予算を一体的に見ていくことの必要性を述べたい。

(1)　官庁会計の予算・決算

　建設局の主要な業務は、都民生活に欠かせない道路、公園などの都市基盤の整備である。その内容は、道路の築造・管理、河川の改修、公園の整備などのハード部門から、水辺の創造、橋梁や庭園等の歴史的景観の保存、動物園や霊園の運営などのソフト部門にいたるまで、多岐にわたっている。

　建設局の官庁会計の予算・決算（平成18年度）は、図表4のとおりである。歳入は、予算現額1,596億円、収入済額1,434億円であった。歳出は、土木費及び諸支出金の2款で5項42目に区分して執行しており、予算現額4,795億円、支出済額4,151億円、翌年度繰越額414億円、不用額230億円であった。決算の歳入・歳出差額は2,717億円であり、これに相当する一般財源投入が投入され

図表4　建設局の予算・決算（平成18年度）
歳入　　　　　　　　　　　　　　　　　　　　　　　　　　　　（単位：千円）

| 科目（款） | 予算現額 | 収入済額 | 比較増減 | 収入率 |
|---|---|---|---|---|
| 国庫支出金 | 114,386,183 | 100,552,086 | △ 13,834,097 | 87.9% |
| その他 | 45,218,198 | 42,838,776 | △ 2,379,422 | 94.7% |
| 合計 | 159,604,381 | 143,390,862 | △ 16,213,519 | 89.8% |

歳出　　　　　　　　　　　　　　　　　　　　　　　　　　　　（単位：千円）

| 科目（款） | 予算現額 | 支出済額 | 翌年度繰越額 | 不用額 | 執行率 |
|---|---|---|---|---|---|
| 土木費 | 479,400,844 | 414,951,921 | 41,418,402 | 23,030,521 | 86.6% |
| 諸支出金 | 115,520 | 115,516 | 0 | 4 | 100.0% |
| 合計 | 479,516,364 | 415,067,438 | 41,418,402 | 23,030,524 | 86.6% |

（出典：参考文献・東京都（2007）より）

ている。この金額（2,717億円）は、財務諸表の中のキャッシュ・フロー計算書の一般財源投入額と一致する。

(2) 局別財務諸表から見える建設局の特徴

局別財務諸表から建設局の特徴を見ると次のことがいえる（図表5参照）。

〈キャッシュ・フロー計算書〉

キャッシュ・フロー計算書は、出納整理期間を反映しているため、官庁会計の決算と一致している。資金の動きを行政サービス活動、社会資本整備活動、財務活動の3区分に分けることで、官庁会計の歳入・歳出を経常的収支と資本収支（投資・財務収支）に区分して見ることができる。歳出4,151億円のうち経常的支出が2,213億円で、投資的支出が1,937億円である。また、歳入1,434億円のうち717億円が経常的支出に充当された収入であり、717億円が資本的支出に充当された収入である。その結果、一般財源投入額2,717億円のうち、1,496億円が経常的支出に、1,221億円が資本的支出に充当されたことがわかる。

図表5　局別財務諸表
<貸借対照表>

| 科　目 | 金額（千円） | 科　目 | 金額（千円） |
|---|---|---|---|
| 資産の部<br>Ⅰ　流動資産<br>Ⅱ　固定資産<br>　　うち行政財産<br>　　うちインフラ資産<br>　　うち建設仮勘定 | 3,646,206<br>15,379,465,860<br>2,344,946,184<br>12,529,574,480<br>460,012,935 | 負債の部<br>Ⅰ　流動資産<br>　　うち都債<br>Ⅱ　固定資産<br>　　うち都債 | 118,587,979<br>118,582,737<br>2,889,600,658<br>2,861,295,459 |
| | | 負債の部　合計 | 3,008,188,638 |
| | | 正味財産の部　合計 | 12,374,923,429 |
| 資産の部　合計 | 15,383,112,067 | 負債及び<br>正味財産の部　合計 | 15,383,112,067 |

〈行政コスト計算書〉

| 科　目 | 金額（千円） |
|---|---|
| 通常収支の部<br>Ⅰ　行政収支の部<br>　1　行政収入<br>　2　行政費用(a)<br>　　うち給与関係費<br>　　うち減価償却費<br>Ⅱ　金融収支の部<br>　1　金融収入<br>　2　金融費用(b)<br>　　うち公債費（利子） | △ 176,942,986<br>70,456,234<br>247,399,220<br>23,870,123<br>22,193,124<br>△ 53,270,544<br>0<br>53,270,544<br>51,873,294 |
| 通常収支差額 | △ 230,213,530 |
| 特別収支の部<br>　1　特別収入<br>　2　特別費用 | △ 7,931,342<br>43,590,831<br>51,522,173 |
| 当期収支差額 | △ 238,144,872 |
| 一般財源充当 | 149,606,774 |
| 差引 | △ 88,538,098 |

〈キャッシュ・フロー計算書〉

| | 金額（千円） |
|---|---|
| 行政サービス活動<br>Ⅰ　行政収支の部<br>　1　行政収入<br>　2　行政支出<br>　　うち維持補修費<br>Ⅱ　社会資本整備活動<br>　1　収入<br>　　うち国庫支出金<br>　2　支出<br>　　うち社会資本整備 | △ 149,606,774<br>71,734,112<br>221,340,886<br>27,655,442<br>△ 122,069,801<br>71,656,749<br>68,699,072<br>△ 193,726,550<br>193,300,361 |
| 行政活動収支 | △ 271,676,575 |
| Ⅲ　財務活動<br>　1　収入<br>　2　支出 | 0<br>0<br>0 |
| 当期収支差額 | △ 271,676,575 |
| 一般財源充当<br>　行政サービス活動<br>　社会資本整備活動 | 271,676,575<br>149,606,774<br>122,069,801 |

行政コスト計算書とキャッシュ・フロー計算書の調整表　　（単位：千円）

| 行政コスト計算書当期収支差額 | △ 238,144,873 |
|---|---|
| 　　減価償却費・売買損益等 | 44,435,274 |
| 　　運転資金増減 | 126,364 |
| 　　引当金・公債費利子等 | 43,976,460 |
| キャッシュ・フロー計算書行政サービス収支差額 | △ 149,606,774 |

（出典：東京都建設局の局別財務諸表をもとに筆者作成）

〈行政コスト計算書〉

　行政コスト計算書は、通常収支（行政収支と金融収支）と特別収支に区分されており、当期収支差額に一般財源充当(予算措置として現金充当されたもの)を加えて差引を計上する様式になっている。行政収支では、行政コスト2,474億円（減価償却費、退職給与引当金を含む）に対して行政収入（特定財源）705億円であり、差引収支（純費用）は△1,769億円である。これに金融費用（公債費は財務局からの計算上の割当である）533億円を加えると、通常収支（金利を加味した純費用）は△2,302億円である。特別収支（固定資産修正等）を加えた当期収支差額は△2,381億円となり、これに対する一般財源充当は1,496億円であった。その結果、差引は△885億円となっている。この赤字の意味は、当期に費用は発生しているが、現金所要額は発生しなかったことを表している。

〈行政コスト計算書とキャッシュ・フロー計算書との調整表〉

　この調整表は、行政コスト計算書の当期収支差額（純費用）とキャッシュ・フロー計算書の行政サービス活動の収支差額（現金所要額）との関連を示している。当期に費用は発生しているが、現金所要額が発生していないものとして、減価償却費等（過去に投資したもの）444億円、引当金（将来の現金支出）及び公債費利子(財務局からの計算上の割当)440億円などがあることがわかる。

〈貸借対照表〉

　資産15兆3,831億円のうち、道路・橋梁等のインフラ資産が12兆5,296億円と大半を占める。資産形成に対応する都債は２兆9,799億円であり、固定資産に対する比率は19.4％である。正味財産が12兆3,749億円あり、正味財産比率は80.4％と高いことがわかる。

(3)　事業別財務諸表の分析－予算・決算と行政コストの関係

　本節では、「主要施策の成果」（財務局）に掲載されている建設局の事業別財務諸表の分析をとおして、予算・決算と行政コストの関係を検討したい。

　主要施策の成果などの事業別情報は、基本的に単一又は複数の目別の財務諸表をベースにしている。事業別コストは、官庁会計の予算上の目(事業目)に、人件費等の管理経費を計上している目（管理目）の経費を、各事業目の職員数

等により按分して合算し、より正確な事業費を計算している。

建設局では、管理事業として目を大括りにしたもの（項レベル）を設定している。図表6のように、道路橋梁費、河川海岸費、公園整備費について、予算割当（現金所要額）と事業別財務諸表のコストを比較すると、予算割当金額（現金所要額）2,849億円に対して、事業コストは2,470億円であり、差額が379億円生じている（現金所要額＞コスト）。差額の内容は、投資経費、非資金費用（減価償却費、引当金）、人件費等である。ただし、現状の予算・決算（官庁会計）が経常収支と投資収支に区分されていないため、これ以上の詳細な分析はできない。事業別財務諸表の分析では投資の予算実績比較や、事業コストの予算実績比較が可能になると、業績評価にとってより有用な情報を提供することができると考える。財務諸表のより有用な活用のためには、予算への発生主義会計の導入も視野に入れることも必要であろう。

図表6　予算割当（現金所要額）と行政コストの関係

予算割り当て
決算額　　　　　　　　　　　　（千円）

| | |
|---|---|
| 道路橋梁費 | |
| 　交通安全施設整備 | 13,287,037 |
| 　道路整備 | 196,418,239 |
| 　橋梁整備 | 9,735,683 |
| | 219,440,959　① |
| 河川海岸費 | 23,811,444 |
| 　中小河川整備 | 6,762,108 |
| 　高潮防波施設等整備 | |
| | 30,573,552　② |
| 公園整備費 | 34,886,113　③ |
| 合計 | 284,900,624 |

財務諸表
行政コスト計算書

| 通常収支 行政費用 | （千円） | |
|---|---|---|
| 道路事業 | 178,783,473 | ④ |
| 河川事業費 | 44,335,266 | ⑤ |
| 公園整備費 | 23,912,544 | ⑥ |
| その他 | 367,937 | |
| 合計 | 247,399,220 | |
| 行政収入（国庫支出金等） | 70,456,234 | |
| 差引（純費用） | 176,942,986 | |

決算額とコストとの差額

| | | |
|---|---|---|
| 道路事業 | 40,657,486 | ①－④ |
| 河川事業費 | △ 13,761,714 | ②－⑤ |
| 公園整備費 | 10,973,569 | ③－⑥ |
| 合計 | 37,869,341 | |

（出典：東京都建設局の事業別財務諸表をもとに筆者作成）

## 2．局別連結財務諸表について

　東京都では、現在のところ、都庁全体の連結財務諸表として、貸借対照表と損益計算書あるいは資金収支計算書をベースにした併記式の財務諸表を作成しているが、財務諸表4表の作成はしておらず、今後の課題としている。

　局別経営報告書を作成していく上で、局別連結財務諸表の作成が必要になるだろう。本節では、局別連結財務諸表の対象範囲として、一般会計・特別会計・監理団体の関係を一覧として図表7に示すものである。

## 第6節　今後の課題

　財務諸表の活用という目的から、次のような課題があると考える。

### 1．マクロ（財政運営）の視点
(1)　財政指標の開発

　地方自治体の財政状態及び財務業績の報告に加えて、住民及び行政責任者が、財政の持続可能性を評価できるような財政指標の開発が有用である。例えば、EUや英国の財政規律の指標のように、負債の水準についてGDP（地方自治体の場合は地域GDP、税収、労働人口等があるだろう）との比率を用いて、それを一定率以下に抑えることが考えられる。

　東京都の場合、一般財源に対する借入金残高の割合を見てみると、図表8のように平成14年度は2.50年分あったが、平成19年度では1.48年分に減少している。この間に税収等の一般財源（A）が1兆700億円増加したことが大きいが、都債等残高（C）が1兆6,400億円減少（起債の抑制）したことも大きな要因であることがわかる。

　また、財政健全化法の指標が平成20年度より公表されているが、一般会計が負担する将来負担の比率等は、今後は財務諸表（監査済）の数値を使ったものを使用すべきであり、その指標の開発も必要であろう。

　東京都は、「平成19年度東京都年次財務報告書」（平成20年9月）において、将来世代の負担について、実質的な将来世代負担のあり方を提言している。財政健全化法の将来負担では、社会資本ストック更新需要が含まれておらず、基

## 図表7　一般会計・特別会計・監理団体一覧表

平成19年3月31日時点

| 一般会計 | 特別会計 | 監理団体 |
|---|---|---|
| 総務局 | 特別区財政調整会計, 小笠原諸島生活再建資金会計 | ㈶東京都人権啓発センター, ㈶東京都島しょ振興公社 |
| 知事本局 | | |
| 財務局 | 用地会計, 公債費会計 | |
| 東京オリンピック招致本部 | | |
| 主税局 | 地方消費税清算会計 | ㈶東京税務協会 |
| 環境局 | | ㈶東京都環境整備公社, 東京熱供給㈱ |
| 青少年・治安対策本部 | | |
| 生活文化スポーツ局 | | ㈶東京都歴史文化財団, ㈶東京都交響楽団, ㈶東京都スポーツ文化事業団 |
| 建設局 | | ㈶東京動物園協会, ㈶東京都公園協会, ㈶東京都道路整備保全公社, 東京都道路公社 |
| 都市整備局 | 都営住宅等事業会計, 都市開発資金会計, 臨海都市基盤整備事業会計, 多摩ニュータウン事業会計, 都営住宅等保証金会計 | ㈶東京都新都市建設公社, 東京都住宅供給公社, 多摩都市モノレール㈱, 東京臨海高速鉄道㈱, ㈱建設資源広域利用センター, ㈶多摩ニュータウン開発センター, ㈱東京スタジアム |
| 産業労働局 | 中小企業設備導入等資金会計, 農業改良資金助成会計, 林業・木材産業改善資金助成会計, 沿岸漁業改善資金助成会計 | ㈶東京都中小企業振興公社, ㈶東京しごと財団, ㈶東京都農林水産振興財団, ㈶東京観光財団, ㈱東京国際フォーラム, ㈱東京ビッグサイト |
| 港湾局 | | ㈶東京港埠頭公社, ㈱東京臨海ホールディングス |
| 福祉保健局 | 母子福祉貸付資金会計, 心身障害者扶養年金会計 | ㈶東京都高齢者研究・福祉振興財団, (社福) 東京都社会福祉事業団, ㈶城北労働・福祉センター, ㈶東京都医学研究機構 |
| 病院経営本部 | | ㈶東京都保健医療公社 |
| 会計管理局 | | |
| 収用委員会事務局 | | |
| 議会局 | | |
| 労働委員会事務局 | | |
| 選挙管理委員会事務局 | | |
| 教育庁 | | |
| 人事委員会事務局 | | |
| 中央卸売市場会計 | と場会計 | |
| 監査事務局 | | |
| 東京消防庁 | | ㈶東京防災指導協会, ㈶東京救急協会 |
| 警視庁 | | |
| 公営企業会計 | 特別会計 | 監理団体 |
| 交通局<br>水道局<br>下水道局 | | 東京都地下鉄建設㈱<br>東京水道サービス㈱　、㈱PUC<br>東京都下水道サービス㈱ |

※ ㈶東京都スポーツ文化事業団は生活文化スポーツ局と教育庁の共管, ㈶城北労働・福祉センターは福祉保健局・産業労働局の共管

(注) 特別会計のうち, 都営住宅等保証金会計, と場会計, 多摩ニュータウン事業会計は普通会計の範囲外である。それらを除く14会計は普通会計に含まれる。

(出典：東京都の資料より筆者作成)

図表8　一般財源に対する借入金算残高の割合

(単位：億円、％)

| 年度 | | | 14 | 15 | 16 | 17 | 18 | 19 |
|---|---|---|---|---|---|---|---|---|
| 一般財源 | | 地方税 | 40,753 | 39,360 | 42,369 | 46,027 | 49,270 | 54,972 |
| | | 地方譲与税 | 30 | 32 | 236 | 670 | 2,323 | 34 |
| | | 地方特例交付金（等） | 1,504 | 1,530 | 1,434 | 1,965 | 1,815 | 624 |
| | | 地方交付税 | 0 | 0 | 0 | 0 | 0 | 0 |
| | 小計 a | | 42,288 | 40,923 | 44,040 | 48,663 | 53,409 | 55,631 |
| | | 租税徴収移転活動費 | 841 | 820 | 811 | 751 | | |
| | | 税連動経費 | 9,687 | 9,925 | 10,489 | 10,988 | 12,042 | 13,172 |
| | 小計 b | | 10,529 | 10,746 | 11,300 | 11,740 | 12,042 | 13,172 |
| | 合計 A (a-b) | | 31,758 | 30,177 | 32,739 | 36,923 | 41,366 | 42,459 |
| 都債等 | | 都債 | 75,991 | 76,454 | 76,099 | 73,468 | 67,628 | 62,925 |
| | | 他会計借入金 | 2,700 | 2,700 | 2,600 | 1,600 | | |
| | | 基金運用金 | 650 | 0 | 0 | 0 | | |
| | 合計 C | | 79,341 | 79,154 | 78,699 | 75,068 | 67,628 | 62,925 |
| | C/A | | 2.50 | 2.62 | 2.40 | 2.03 | 1.63 | 1.48 |

(出典：東京都の資料より筆者作成)

金や交付税算入見込額が控除されているため、将来負担の総額が明らかになっているとはいえない。今後の自治体経営にとって、社会資本ストックの形成・更新の財源として、基金の活用と地方債の発行の適切な管理が必要であり、その実体が把握できるような指標の開発が必要であろう。

(2) 連結財務諸表の作成

東京都では、連結財務諸表は、一般会計・特別会計、公営企業会計、公益法人会計、会社法等で会計基準が異なるため、各決算書を併記する方式を採っており、個別財務諸表を組替えて作成するという方法は採っていない。中長期的には、公的部門での会計基準の統合や企業会計との調整が望まれるところであ

るが、短期的な対応としては、個別財務諸表の組替を行って連結財務表（4表）を作成することも必要でないかと考える。また、地方自治体にとって連結財務諸表の作成の目的と活用について、より本質的な議論が望まれるところである。

## 2．ミクロ（事業経営）の視点

(1) 局別経営報告書（局別連結財務諸表）の作成

局別経営報告書として、局長の総括的業績報告、事業計画の概要とその進捗状況、業績報告（戦略と成果、目標、予算、達成した主要な成果、主要な事業のコスト、投資）が、財務諸表とともに報告されるべきであると考える（「第4節　局別経営報告書の作成を目指して」参照）。

(2) 会計と予算の一体的な評価－発生主義予算の導入に向けて－

発生主義会計の導入は、事業運営のコスト（発生主義会計）と現金所要額（予算）の分離を不可避とし、情報の多様化と同時に理解しにくさをもたらす。したがって、地方自治体において、財務業績を評価するためには、会計が会計だけでは完結せず、予算と会計が一体的に評価できて初めて経営の全体が把握できるという特徴をもつのである。そのため、財務諸表の活用をより効果的なものにするためには、会計と予算の一体的な評価が必要であると考える。本来的には、予算と決算が同じ基準で統合される発生主義予算の導入が有用であろう。

しかしながら、官庁会計に発生主義予算を導入することは現状の予算編成の方法を大きく変革する必要があり、直ちに導入することは難しい。そこで、現状においても取組み可能なこととして、予算・決算・評価の統合がある。具体的には、事業別財務諸表の単位（目別、管理事業）が、事業評価及び予算の単位と整合性をとれるような仕組み作りが有効であると考える。

## 第7節　結びにかえて

本稿では、地方自治体の財務諸表の活用には、会計が会計だけでは完結せず、財政運営や予算への反映が重要であり、会計と予算との一体的な評価が必要であることを述べてきた。

東京都の会計改革はまだ始まったばかりであるが、国内に他の事例がないこともあり、都庁の内部及び外部からその成果を求める声が大きい。本来、経営改革は職員の意識改革から始まるものであり、会計はその用具にすぎない。早急な面はあるが、東京都の平成18年度決算を事例として、財務諸表の活用を検討してきた。東京都の経験と成果が、わが国地方自治体の経営改革にとって何らかの役に立てば幸いである。筆者としてもさらなる研究を進めていきたいと考える。

（注1）平成19年10月に総務省から『新地方公会計制度実務研究会報告書』が公表され、また、自治財政局長発「公会計の整備推進について（通知）」（総財務第218号）により、人口規模や公会計整備の進捗状況に応じて3～5年以内に貸借対照表、行政コスト計算書、資金収支計算書、純資産変動計算書の4表を全国の団体で作成することが要請された。そこでは、地方公共団体財務書類作成にかかる「基準モデル」と「総務省方式改訂モデル」が提示されている。総務省のモデルについては、水田健輔「東京都における公会計制度改革（下）－地方公共団体における公会計制度改革の行方」（『地方財務』2008年3月号）や清水涼子「地方公共団体の公会計改革に関する考察」（『税経通信』2008年2月号）が問題点を指摘している。
（注2）平成19年度決算の財務諸表が平成20年9月に公表されているが、内容的には平成18年度決算の財務諸表と同等のものである。

【参考文献】
鵜川正樹（2006）「地方自治の新しい会計制度と経営報告書について―東京都の会計改革を事例として―」、国際公会計学会会誌『公会計研究』第7巻第2号、平成18年4月
東京都（2003）『東京都の会計制度改革の基本的考え方』平成15年5月
　〃　（2006a）『財務諸表を活用した財政改革の推進』平成18年2月
　〃　（2006b）『東京都の新たな公会計制度の経緯と概要』平成18年4月
　〃　（2007）『東京都の財務諸表　平成18年度』平成19年9月
　〃　（2007）『東京都年次財務報告書　平成18年度』平成19年9月
　〃　（2007）『主要施策の成果　平成18年度』平成19年9月
　〃　（2008）『平成20年度東京都予算案の概要』平成20年2月
東京都監査委員（2007）『平成19年各会計定例監査（平成18年度財務諸表監査）報告書』平成19年9月
東京都新公会計制度研究会（2008）『新地方会計の実務―東京都における財務諸表の作成と活用』、都政新報社、平成20年6月
中地宏編著（2006）『自治体会計の新しい経営報告書』、ぎょうせい、平成18年7月
筆谷勇（2008）「発生主義会計で中長期的視点に立った財政運営を」、『都市問題』第99巻第

4 号、2008年4月号
米田正巳（2008）「予算にも発生主義会計の導入を―東京都の改革にみる課題」、『都市問題』第99巻第4号、2008年4月号

# 第13章
# 公会計におけるコンテンラーメンの設計

亀井　孝文
(南山大学総合政策学部教授)

## 第1節　はじめに

　わが国の公会計制度についても、当初、研究者からの問題提起、諸外国の学説と改革の議論の紹介、理論研究という段階、さらに、それと並行して諸機関による公会計制度モデルの公表と検討という段階を経て、いまモデルの実務的試行の段階に入ってきている。

　ドイツ、スイス等とりわけドイツ語圏のヨーロッパ諸国においては、企業会計であれ公会計であれ、その制度の勘定体系の枠組みを示すことが必ず行われる。具体的には、その会計制度で取り扱われる諸勘定をその本質に基づいて系統的に分類する作業と、会計情報として求められる計算書の構成を決定する作業との両者が相互連関性をもって決定され示されるのである。この系統的な勘定の組織がコンテンラーメン（又は「標準勘定組織」といわれる）である。こうしたコンテンラーメンの提示によって、その制度がどのような勘定をどのように理解していかなる計算書に表示しようとしているか、どのような計算書の構成が考えられているか、さらに、その会計システムが外部報告を主としているのか、それとも内部経営目的に重点を置いているのかが俯瞰的に看取できるのである。つまり、コンテンラーメンは"会計システムの設計図"としての役割をもっているのである。

　他方、わが国における会計制度の改革や構築の状況を見ても、そうした全貌を看取させるようなコンテンラーメンは企業会計においても公会計においても全く示されない。現代にあって取引の処理はコンピュータによって行われるのが通例であり、その際には勘定科目のコード番号化が不可欠である。実際、わが国における国の予算書及び決算書には「コード番号について」と題する説明

が付されている。しかしながら、このコード番号はコンテンラーメンとして設計されたものではなく、伝統的な分類概念によるそれなのである。

そこで、本稿では、勘定の本質的理解に基づいたコンテンラーメンの設計の必要性をコンピュータ処理のためのコード番号化とも関連させて論ずることとする。

## 第2節 コンテンラーメンの理論と変遷

コンテンラーメンはその機能を、①簿記説明的勘定組織、②簿記（会計）構造論的勘定組織、及び③会計実践的勘定組織の3つの目的に分類することができる[注1]。まず、その第1は、簿記において用いられる勘定を分類例示したもので、勘定と損益計算書、貸借対照表等の財務諸表との関係を説明する目的をもって考えられたものである。第2の考え方は、複式簿記機構の原理的解明を目的とする勘定理論に関する具体的な表現形式としての勘定組織をいう。さらに、第3は、会計実践上のための勘定組織計画であり、財務諸表の作成、原価計算、短期損益計算、経営比較等に奉仕する勘定をその内容とすると考えるものである[注2]。このうち、特に第2の勘定理論との関係においてコンテンラーメンを考察する考え方については、両者はもともとその課題を異にするものであるとして批判的に捉えられる[注3]。

コンテンラーメンの提唱については、シェアー等の先駆的研究ののち、シュマーレンバッハの体系の発表によって画期的な進展につながることとなった。これらのコンテンラーメンが提唱された時代にあっては、財務諸表はほとんどの場合損益計算書と貸借対照表のみであり、したがって勘定組織もこれらにかかわる勘定と内部経営目的のための原価計算関係の勘定から構成されていた。それは当時における産業合理化運動や原価計算の普及の動向が背景にあったことを認識する必要がある。また、国際情勢におけるドイツの置かれた状況も無関係ではない。例えば、シェアーの勘定組織論は第一次世界大戦直前及び直後でありまた、シュマーレンバッハのコンテンラーメンは、第一次世界大戦後における激烈なインフレーションの疲弊した時代から、ワイマール体制によって小康状況を経て、再び世界的な大恐慌に巻き込まれようとする時代に発表され

たものであった。この後、ドイツはナチスによる第二次世界大戦のための戦争経済体制に入っていくこととなる。こうした事実は1936年のいわゆる「経済性命令」に基づく統一コンテンラーメンを想起することによって理解できる。このような体制にあっては、企業はあらかじめ決定された価格を前提として公的発注品の生産を求められたこと等によって原価理論が注目された。つまり、時代的要請の必然的結果として考案されたコンテンラーメンは、製品を構成する原価要素の特定とその勘定記入の過程を明示しつつ製品の製造原価を算定する機能をもつものとなったのである。これが過程分類基準（Prozeßgliederungsprinzip）によるコンテンラーメンである。

もちろん、コンテンラーメンは工業向けのものばかりではなく、1940年代から商業向けの財務簿記を中心とする決算書分類基準（Abschlußgliederungsprinzip）に基づくコンテンラーメンも提案されるようになったが、財務簿記と経営簿記の両者を含めたコンテンラーメンすなわち二元体系によるコンテンラーメンの発展は主として第二次世界大戦後のことである。1950年にはドイツ工業連盟（Bundesverband der Deutschen Industrie：BDI）によるGKR（Gemeinschaftskontenrahmen〈共同コンテンラーメン〉）が発表され、さらに、1965年株式法に適合させたそれに至るのである。

さらに、近年の企業会計に例をとれば、損益計算書と貸借対照表に加えキャッシュフロー計算書及び純財産変動計算書の作成も制度化されるようになった。つまり、単に伝統的な2つの財務諸表の作成のみならず全体で4つの財務諸表の作成が求められるようになった。伝統的な2つの財務諸表に加え、キャッシュフロー計算書の作成を含めたいわゆる「財務諸表3本化」の場合でも、複式簿記システムにおける導出をどのように実行するかについては現在でも様々な議論が行われている。この場合、損益計算書及び貸借対照表の勘定科目とキャッシュフロー計算書関連の勘定とを複式簿記システムの中で関連づけ、勘定間の関連を明瞭に把握するためにはコンテンラーメンが有益な役割を果たすのである。現在のような「財務諸表4本化」にあってはますますその必要性は高くなると考えられる。

## 第3節　ドイツにおける公会計コンテンラーメンの提案と実践
### 1．1990年代における先駆的公会計モデルのコンテンラーメン

　ドイツ語圏における先駆的な公会計コンテンラーメンはスイスの各カントンに統一的に適用される1977年のFDKモデルによるものである。これについては既に別の機会に詳述したため[注4]、ここでは必要な限りにおいて言及することとする。このモデルにおけるコンテンラーメンは外部報告を目的とする決算書分類基準によるものであり、内部会計のための経営簿記に関する勘定は全く含まれない。つまり、一元体系によるコンテンラーメンである。しかし、勘定クラス7、8及び0の3つは空けられたままになっており、内部会計のための勘定を設定する余地は残されている。この公会計モデルの特徴は、まず完全発生主義に基づいて価値計算を取り入れ、計算書はストック計算書として在高計算書とともに、フロー計算書として経常計算書及び投資計算書が作成されるところに見られる。このようなフロー計算書の分割は、前者における収益及び経常的な費用と、後者における固定資産にかかわる収支及び収益・費用とを明確に区別するための工夫である。また、資金計算に関する情報を財務表示書（Finanzierungsausweis）として作成しているが、その作成を複式簿記システムとは直接結びつけていない。つまり、その作成のための記帳関係が複雑になりすぎるとして関連する勘定をコンテンラーメンに含めておらず、このことがこのモデルのもう一つの特徴であると同時に問題点でもある。

　ところで、コンテンラーメンにおける勘定記入の過程を表示するのに、シューマーレンバッハは個別の勘定を小型の円形、四角形、三角形等の図形を用いて表し、それぞれを実線や破線で結んで関係を図示している[注5]。それは、主として原価計算のために個別の原価要素がどのようにまとめられて製品原価を構成していくかの過程を表示するには適切な方法であったことによるのである。しかしながら、決算書の作成を志向するコンテンラーメンにおいては個別の勘定の関係を表示するのではなく、計算書間の関係を表示することに重点が置かれなければならない。したがって、現代におけるコンテンラーメンの図解はシューマーレンバッハ方式よりも勘定方式が適切であると考えられる。そこで、今、FDKモデルのコンテンラーメンと記帳関係の概要を勘定方式で図表1に示し

図表1　FDKモデルにおけるコンテンラーメンと記帳関係

| 在高計算 || 行政計算 |||決算書|
|---|---|---|---|---|---|
| ^ | ^ | 経常計算 || 投資計算 | ^ |
| 積極 | 消極 | 費用 | 収益 | 支出 | 収入 |
| 1 | 2 | 3 | 4 | 5 | 6 | 9 |

⇩　　　⇩　　　⇩　　　　　　⇩

|普通財産|負　債|
|---|---|
|行政財産|自己資本|

|経常費|経常収益|
|---|---|
|減価償却費| ^ |
|収益超過| ^ |

|資産取得|資産売却収入|
|---|---|
|貸付金・出資|減価償却費|
| ^ |外部金融|
|自己資本増加|収益超過|

貸借対照表

経常計算書

投資計算書

（出典）筆者作成

てみよう。

　図表1のFDKモデルの次に公表されたのが、1995年の地方自治共同機構（kommunale　Gemeinschaftsstelle）によるKGStモデルである。このコンテンラーメンも決算書分類基準に基づいており、その構成にはFDKモデルとの共通点が多い。異なっているのは、計算書の構成はFDKモデルの経常計算書がKGStモデルでは行政予算計算書となり、同様に、投資計算書が資産予算計算書となっていることである。経常経費と投資経費との区別をしている点においては、両モデルは全く同じであるといってよい。さらに、資金情報として財務計算書が作成されるが、それとコンテンラーメンに含めないという点についても両者は同じである。要するに、KGStモデルがFDKモデルから強い影響を受けていることがわかるのである。

　その後公表されたのがリューダーによって設計された1996年のシュパイヤー・モデル（Speyerer Verfahren〈Neues Kommunales Rechnungswesen：NKR〉）である。このモデルの特徴は、まず、基本的思考においては、公会計

を「世代間の衡平性」の実現に資するものと明確に位置づけたこと、さらにそれを「年度間の衡平性」として具体化したところにある。そのための会計システムとして資産計算書、運営成果計算書及び財務計算書から構成される「計算書の3本化」を標榜している。また、表示上の特徴として、地方自治体においては負債の存在とその大きさが特に重要であることを念頭に置き、資産計算書には資産よりも負債を先に掲記することを提唱していること等が特筆される。さらに、この趣旨を具体化するため、コンテンラーメンの勘定クラス0にまず「消極」を割り当て、「積極」は勘定クラス1及び2に割り当てている。それに加えて、先に言及したFDKモデル及びKGStモデルとは異なり、財務計算書関係の収入及び支出をその構成要素として明確に勘定クラスを割り当てていることもこのモデルの大きな特徴の一つである。

## 2．2000年代における各州の公会計モデルとコンテンラーメン

　上に言及したシュパイヤー・モデルはドイツ各州における公会計改革に大きな影響を与え、基本的にそれを取り入れて公会計制度の改革を最初に実現したのがノルトライン＝ヴェストファーレン州である。現在ではその改革の基礎的な議論を終え、一部の州を除いて大部分の州で新しい公会計制度が実施に移されているか、又は準備中となっている。こうした新しい公会計モデルの提示に際してはすべての場合にコンテンラーメンが示されている。

　このような状況の中でドイツでは各州において様々な公会計モデルとコンテンラーメンが提唱されてきているが、個々の改革の議論の段階を経て、いまコンテンラーメンの統一化の議論がなされつつある。ここでは2003年3月にはじめて公表されたドイツのVKR（Bundeseinheitlicher Kontenrahmen〈連邦公会計統一コンテンラーメン〉）の2008年4月版によってその内容を概観してみたい。

　このVKRは、「予算法及び予算制度に関する連邦・州委員会」の委託を受けて「原価及び給付計算・複式会計に関する連邦・州委員会」によって検討され提案されたものである。その作成に当たっては、ヘッセン州及びバーデン＝ヴュルテムベルク州がそれぞれの実務適用経験を踏まえて作業を行っているが、前者はその基本を財務簿記（複式簿記）とし、また後者はカメラル簿記を基礎と

してコンテンラーメンを設計している。こうした相違はあるが、提案されたこのVKRにはすべての州及び連邦統計局が賛意を表明している。さて、その内容であるが、まずコンテンラーメンの目的について次のようにまとめられている(注6)。

① 勘定クラス、勘定グループ及び主勘定の統一的な構築によって透明性と概観性を確保すること、
② 基本的な簿記取引の統一的な分類を保証すること、
③ 州間の比較可能性を高めること、
④ 連邦のすべての州にわたるシナジー効果を企図すること、及び、
⑤ 成果を連邦レベルの規模で統合するのを達成すること。

また、このVKRは、例えばドイツ工業協会のGKRではなく、同協会のIKR(Industriekontenrahmen〈工業コンテンラーメン〉)の枠組みを基礎としているが、その理由に次のような3点を指摘している。まず、第1に、商法典が適用される州企業を考慮すればIKRが適切であり、また、行政には商法典が直接適用されるわけではないが、公会計改革のプロセスにおいて示された諸規定を念頭に置けばやはりIKRが適切であることが指摘されている。第2には、在高勘定及び成果勘定における番号システムはIKRによってさらに細分化できる利点が挙げられる。第3に、現在、公会計にあってはKLR(Kosten und Leistungsrechnung〈原価及び給付計算〉)が求められており、財務簿記のみを志向する一元体系のGKRに基づけば法的な矛盾を引き起こす可能性があるとする。したがって、財務簿記と経営簿記の両方を志向する二元体系のIKRが適切であるとしている。

こうした考え方に基づくVKRは図表2のように示される。

このVKRは基本的にはIKR及び商法典(Handelsgesetzbuch : HGB)に基づくものであるが、行政特有の部分については勘定クラス、勘定グループ及び主勘定に関するコード番号を変更することによって対応できるとする。また、内部相互計上のための清算勘定はここには含められていないが、勘定クラス8をそうした勘定のために空けておけば主勘定から区別して個別に適用されるシステムに応じたコンテンラーメンを構築することが可能となると考えられている。

図表 2　VKR（連邦公会計統一コンテンラーメン）

| 財務簿記 ||||||||||
|---|---|---|---|---|---|---|---|---|---|
| 0 | 1 | 2 | 3 | 4 | 5 | 6 | 7 | 8 | 9 |
| 無形資産及び有形固定資産 | 財務資源 | 流動資産及び積極の計算書区画項目 | 自己資本(正味項目)及び引当金 | 債務及び消極の計算書区画項目 | 収益、税収、移転収益 | 経営的費用 | その他の費用及び移転費用 | 決算書カメラル区画項目及び繰越 | 原価及び給付計算 |
| 資　産　計　算　書 ||||| 運営成果計算書 ||| 区画 | KLR |

（出所）Alexandra Fischer, Thomas Blank, Nicole Lemb, Kai Krüger, Grit Kulemann , Michael Spielman & Susanne Behmann, *Kommentierung zum bundeseinheitlichen Kontenrahmen（VKR）*, Version 2.11 （Stand：04.04.2008), S. 6

　このように、コンテンラーメンは会計制度を構想する際に常に不可欠の用具として設計されており、ドイツにおける公会計制度の改革は、いまや州レベルにおけるコンテンラーメンの統一の段階に到達している。このVKRに基づいてそれぞれの州に属する自治体がどのような個別コンテンプランを構築するかはそれぞれの裁量に委ねられる。

## 第4節　わが国における新しい公会計モデルの勘定組織

　周知のように、国レベルでは財政制度等審議会によって省庁別財務書類の作成が公表され、新しい会計モデルとして現行法とは別に実施に移されている。しかし、このモデルにあっては複式簿記の記帳法は適用されず、既存データを記帳段階で複式記帳に変換するための処理は必要とされていない。つまり、この省庁別財務書類の作成は、あくまでも報告書としての会計モデルであり記帳を含めたシステム全体としてのそれではないのである。また、コンピュータ処理のためのコード番号についても公表されているが、それは旧来のシステムにおけるそれであり、新しい発想による公会計システムとしての勘定科目分類とそのコード番号化ではない。

　また、地方自治体のための公会計モデルとしては、東京都会計基準とともに、

総務省から公表され事務次官通知としてすべての地方自治体に適用が求められている「基準モデル」又は「総務省方式改訂モデル」がある。これらの公会計モデルにあっては、勘定組織はどのように考えられているのであろうか。まず、結論的に言えることは、いずれの公会計モデルにおいてもコンテンラーメンは構築されていないことである。しかしながら、取引のコンピュータ処理のためにすべての勘定がコード番号化されていることは事実であり、問題は、それが会計システムについてのどのような理念に基づいて構成されているということである。ここではこれら地方自治体のための新しい公会計モデルにおける考え方について考えてみたい。

## 1．東京都会計基準における勘定組織

　この新しい会計システムは複式簿記の記帳法により発生主義に基づいて価値フローが認識されているが、同時に現行の地方自治法によって求められる歳入歳出決算を調製しなければならない。そこで、現行法に基づく既存のシステムによるデータから新しい会計システムに変換するサブシステムを備えて両システムの連結を図っている。その全体像の基本は概ね次のとおりである。
　［予算計数情報］→（勘定科目変換）→［仕訳履歴情報］→［勘定残高情報］→［各財務諸表］
こうした方法によって自動的に複式記帳として変換された既存データは、貸借対照表、行政コスト計算書、キャッシュ・フロー計算書及び正味財産計算書から構成される財務諸表の体系として処理されるとともに、それが会計別、局別、局別会計別、歳出項別及び歳出目別の５段階の単位で作成されるように設計されている。また、事業別財務諸表を作成することも可能である。いま、勘定科目のコード設定の構成を仮にコンテンラーメンの形式によって表示すれば基本的に図表３のような内容となる。
　勘定をコンピュータによって処理し、そのために勘定科目をコード番号化することが当然の前提的手続となるのであれば、その際に各勘定科目の本質に基づいて分類することはシステムの全体像を把握する上で有用な手段となるはずである。また、空白となっている勘定クラスを用いることによって、貸借記入

図3　東京都会計基準の勘定科目コード

| 貸借対照表 ||| 行政コスト計算書 || キャッシュ・フロー計算書 |||
|---|---|---|---|---|---|---|---|
| 0 ||| 1 || 2 |||
| 01 | 02 | 03 | 11 | 12 | 21 | 22 | 23 |
| 資　産 | 負　債 | 正味財産 | 通常収支 | 特別収支 | 行政サービス活動 | 社会資本整備等投資活動 | 財務活動 |

（注）　科目コードは12桁で構成されているが、第3桁目以下の再分類は省略した。また、24〜28の勘定科目及び当初の財務諸表に後に付加された正味財産計算書関連の勘定科目については一覧表には明示されていない。
（出典）筆者作成

の区別、さらに内部的な原価計算のためのシステムを組み込むことも可能となる。このようなコンテンラーメンの発想によれば、東京都の会計システムにおいても、単にコンピュータ処理のための便宜のみではなく、システム設計の基本的思考を表明することにもなるのである。

## 2．総務省・基準モデルにおける勘定組織

　この「基準モデル」による会計システムも複式簿記の記帳法を採用し、発生主義に基づいて価値フローの認識が行われることについては東京都会計基準と同様である。また、既存のシステムから複式簿記と発生主義に変換するためのプログラムを備えており、伝統的な会計システムから新しい会計システムへの変換の考え方とその技術的方法は東京都の場合と基本的に同じであるといってよい。「基準モデル」は「新地方公会計制度実務研究会報告書」（平成19年10月）の中で、貸借対照表、行政コスト計算書、純資産変動計算書及び資金収支計算書から構成される「財務書類4表構成の相互関係」を示しており、それらの相互関係を計算構造の観点から明らかにしている点において、当初の報告書からは前進していると評価してよい。それにもかかわらず、「新地方公会計制度実務研究会報告書」の中で示された「勘定科目表」によれば、それぞれの財務書類に属する勘定科目の本質を踏まえた分類コードとなっていないことが問題となる。つまり、財務書類別の勘定科目の分類とコード番号化が連関していない

のである。

　「基準モデル」における計算構造の問題点については既に別の機会に指摘しており、それに譲ることとする(注7)。また、純資産計算書の構成内容はフロー概念とストック概念が混在しており、計算書の性格が明確になっていないこと、及び資金収支計算書における「収入」と「支出」のようなフロー概念と「期首残高」のストック概念との混在があることも解消される必要があろう。こうした問題点についてはこれ以上言及することはせず、ここではその勘定組織の基本的な構成内容を図表4に示しておこう。

図表4　総務省「基準モデル」における勘定組織の構成

| 貸借対照表 | | 行政コスト計算書 | | 純資産計算書（損益外） | | 資金収支計算書 | |
|---|---|---|---|---|---|---|---|
| 資　産 | 負　債純資産 | 費　用 | 収　益 | 減　少 | 期首残高増　加 | 期首残高収　入 | 支　出 |

（出典）筆者作成

　図表4から一見してわかるように、この勘定組織表には番号が付されていない。その理由はこうである。「基準モデル」における各勘定には、財務書類名の略号BS、PL、NW及びCFから始まって、アルファベットと数字からなる合計12桁のコードが付されており、数字のみによる分類はできないからである。こうした理由によって、少なくとも通常のコンテンラーメンで用いられる10進法の数字のみによる分類の適用は困難となる。

　ただ、こうしたコード化を変更して、図表4の各勘定グループをそのまま0から8までの勘定クラスに分類し、残る9を他の目的に割り当てればコンテンラーメンとして構成することは不可能ではなく、また、各勘定クラスの個別コード番号の桁を増やして細分化することでコンピュータ処理への対応も全く問題はない。

## 第5節　新しいコンテンラーメンの設計

　それでは、公会計におけるコンテンラーメンを最終的にどのように考えれば

よいのであろうか。まず第1に、勘定を、最終的に作成する計算書別ではなく、それを作成するための決算集合勘定別に構成すべきである。具体的には、「計算書の3本化」システムで考えれば、残高勘定、経常勘定及び資金増減勘定を基礎として複式簿記における記帳手続を反映させたものとなる。第2に、それぞれの勘定クラスに0から2つずつ合計6つの番号を割り当てるものとする。さらに、勘定クラス6、7及び8に原価計算のためのコードを割り当て、勘定クラス9を決算書とするのである。第3に、シュマーレンバッハが原価計算プロセスを各勘定の関係においてコンテンラーメンと連動させて示したと同様に、各決算集合勘定から勘定クラス9に位置づけた決算書に至る過程をフローチャートとして示すことも必要となる。

このように設計されたコンテンラーメンは、「財務簿記中心・二元体系・決算集合勘定分類基準」という性格づけをすることができ、また、こうしたコンテンラーメンの設計によってこそ、初めにも示したように、決算書として作成する各計算書と勘定との関係を文字通り"会計システムの設計図"として掲げることができる。さらに、コンピュータ処理という実務的な勘定組織の設計という観点からしても有用な勘定分類が可能となるのである。

## 第6節　おわりに

20世紀の早い段階において展開されたコンテンラーメンは過程分類基準の考え方によるものが大勢を占めており、シュマーレンバッハによって提案されたものがその典型的な成果である。こうしたコンテンラーメンは、本質的に「原価計算を志向する勘定記入のフローチャート」としての機能をもっていたといえる。これに対して、第二次世界大戦後提唱されたコンテンラーメンは決算書分類基準によるものであり、これは「財務諸表作成を志向する決算勘定記入のフローチャート」の機能をもったものである。このようにコンテンラーメンのもつ機能は時代とともに変化しているが、会計システムの全体像を俯瞰的に表現する機能については変わらない。

公会計においても、そのシステム全体を俯瞰し、さらに「財務諸表作成を志向する決算勘定記入のフローチャート」としてのコンテンラーメンを示すこと

が考慮されるべきである。これは、勘定科目の本質的解釈による分類を考慮に入れながら、コンピュータ用の勘定科目のコード番号化と連動して設計することができるのである。このような考え方が受け入れられ、すべての新しい公会計システムの構築に際してコンテンラーメンが設計され公表されることが切望される。

（注1）安平昭二著『コンテンラーメンの理論』、千倉書房、1971年、p. 7参照
（注2）安平昭二前掲書、pp. 4 － 6 参照
（注3）安平昭二前掲書、p. 6 参照
（注4）亀井孝文著『公会計改革論―ドイツ公会計研究と資金理論的公会計の構築―』白桃書房、2004年、p. 315ff.
（注5）エ・シュマーレンバッハ著／土岐政蔵訳『コンテンラーメン－標準会計組織－』森山書店、1959年（1953年）、付録「勘定組織図解及勘定表」参照
（注6）Alexandra Fischer, Thomas Blank, Nicole Lemb, Kai Krüger, Grit Kulemann, Michael Spielman & Susanne Behmann, *Kommentierung zum bundeseinheitlichen Kontenrahmen（VKR）*, Version 2.11（Stand：04. 04. 2008）, S. 6
（注7）亀井孝文稿「（コーディネーターの論点整理）公会計改革の論点」、国際公会計学会『公会計研究』第9巻第1号（2007年9月）所収、同稿「公会計における簿記の考え方」、南山大学経営学会『南山経営研究』第23巻第1・2号（2008年10月）参照

# 第14章
# 地方自治体の再建法制と公監査

鈴木　豊
（青山学院大学大学院会計プロフェッション研究科教授）

## 第1節　地方公共団体のパブリックアカウンタビリティチェーン

　財政・財務状態の開示について、地方公共団体は、住民・納税者への図表1のパブリックアカウンタビリティ（公的説明責任）を履行する目的と、将来の財政負担を中長期的にマネジメントする目的で、従来のフロー面の財政指標の分析に加えて、企業会計的な手法を取り入れ、公的資金によって形成されたインフラ資産等や、将来負担となる地方債等の負債のストック情報を開示する為に、連結財政指標の作成が導入されている。

　平成20年6月施行の財政健全化では、地方公共団体全体を一体とした連結経営が求められている。地公体の事業は、経営業績が地公体全体に重要な影響を及ぼすことから、この連結経営の観点が不可欠である。ここにおいて連結公会計・公監査の改革が必要となる。

　連結経営の財務的基盤である公会計・公監査制度の構築には、①根拠法規、②目的設定のガイダンス、③会計・開示基準、④GAAP（会計基準）との関係、⑤GAAS（監査基準）との関係、⑥業績測度基準、⑦公監査人の独立性、⑧監査意見、⑨監査報告基準、⑩外部QC（品質管理）システム、⑪立法府との関係、⑫基準設定主体等の基礎的要素が確立されなければならない(注1)。これらが厳正に構築されることによってパブリックアカウンタビリティチェーンが完全に又は包括的に履行されることになる。

　地方公共団体等を含む政府部門に対する連結経営体の外部公監査のフレームは要約すると図表2のとおりと考えられる。すなわち法規準拠性のみでなく公会計制度の構築、言い換えれば発生主義・複式簿記に基づく財務諸表の監査そして公監査の究極目標である業績監査へと展開されなければならない。諸外国

## 図表1　公会計・監査のパブリックアカウンタビリティの類型と展開

| ①財政的アカウンタビリティ ➡ 管理的アカウンタビリティ ➡ プログラムアカウンタビリティ |
|---|
| ②誠実性・合法性アカウンタビリティ ➡ プロセスアカウンタビリティ ➡ 業績アカウンタビリティ ➡ プログラムアカウンタビリティ ➡ ポリシーアカウンタビリティ |
| ③準拠性アカウンタビリティ ➡ 倫理的アカウンタビリティ |
| ④事後的アカウンタビリティ ➡ 事前的アカウンタビリティ |
| ⑤行政的アカウンタビリティ ➡ 政治的アカウンタビリティ |
| ⑥手続的アカウンタビリティ ➡ 管理的アカウンタビリティ |
| ⑧客観的アカウンタビリティ ➡ 主観的アカウンタビリティ |
| ⑧量的アカウンタビリティ ➡ 質的アカウンタビリティ |

(出典：拙著「公監査基準」を修正)

## 図表2　政府監査（検査・審査・評価・監察）目的の基準の体系と展開段階

| 政府監査の類型区分 ||||| 監査判断の基準および測度 ||| 展開 |
|---|---|---|---|---|---|---|---|---|
| 包括監査または完全監査 | 財務監査 | 広義の合法性または準拠性ないしは法規準拠性監査 || 狭義の合法性監査 | 法規違反行為・不正・濫用の摘発 ||| 第1段階 |
| ^ | ^ | ^ || 合規性・準拠性監査 | 政策方針および予算の目的・手続・契約・要件の妥当性・適切性の検証・内部統制とガバナンスの有効性 ||| 第2段階 |
| ^ | ^ | 正確性または決算監査 || 財務諸表監査 | 財務諸表の適正性・決算の正確性の検証 ||| 第3段階 |
| ^ | ^ | ^ || 財務関連監査 | 財務関連事項の正確性・妥当性の検証 ||| 第4段階 |
| ^ | 業績（行政・3E・4E・5E・VFM）監査 | （業績監査の類型） | ^ | （測度の類型） | （主な測度又は指標） || （測度の特質） | ^ |
| ^ | ^ | 広義の効率性または生産性監査 | 経済性監査 | インプット測度 | インプットコスト、作業量、サービスニーズと量、プログラムインプット || (1)目的適合性<br>(2)有効性<br>　（有用性）<br>(3)反応性<br>(4)経済性<br>　（管理可能性）<br>(5)比較可能性<br>(6)明瞭性<br>　（理解可能性）<br>(7)互換性<br>(8)接近可能性<br>(9)包括性<br>(10)精選性<br>(11)正確性<br>(12)信頼性<br>(13)ユニーク性<br>(14)適時性<br>(15)完全性 | 第5段階 |
| ^ | ^ | ^ | ^ | アクティビティ測度 | サービス努力、活動プロセス、資源の利用プロセス || ^ | ^ |
| ^ | ^ | ^ | 効率性監査 | アウトプット測度 | 提供財・サービスの質、一定の質のサービス量、アウトプットプロセス || ^ | 第6段階 |
| ^ | ^ | ^ | ^ | 効率性測度 | プログラム効率性、ポリシー効率性 || ^ | ^ |
| ^ | ^ | 広義の有効性監査 | 狭義の有効性監査 | 目標達成度の監査 | 有効性測度 | プログラム有効性、ポリシー有効性、コスト有効性 | ^ | 第7段階 |
| ^ | ^ | ^ | 政策評価監査 | アウトカムの監査 | アウトカム測度 | コストベネフィット、コストアウトカム、サービスの質 | ^ | 第8段階 |
| ^ | ^ | ^ | ^ | ^ | インパクト測度 | 短期的インパクト、長期的インパクト | ^ | ^ |
| ^ | ^ | ^ | ^ | ^ | 説明測度 | 説明・記述情報 | ^ | ^ |
| ^ | ^ | ^ | ^ | 代替案の監査 | 代替案決定の条件・プロセスの評価 | 代替案の提示、代替コースのレイアウト | ^ | 第9段階 |
| ^ | ^ | ^ | ^ | 価値判断の監査 | 政策の功罪・政治的判断の評価 | 政策の根拠、政策目的の功罪、政治的意思決定の賢明性 | ^ | 第10段階 |

(出典：拙著「公監査基準」を修正)

においては第8、9段階まで既に展開されている。

　外部公監査のアプローチは、諸外国の展開過程から図表3のように、三つのアプローチがあると考えられ、範囲の類型から公監査、公会計監査、政府監査等のような監査対象の相違による類型である。次に、法令準拠、包括監査理論、保証理論かによる三つのアプローチがあると考えられ、包括監査が、本源的、一般的な公監査アプローチである。

　地方公共団体等政府監査の場合は、その依拠する法制度によって公監査目的が異なり、それゆえ第1～第10段階の公監査目的に対しては、一般の民間企業の財務諸表監査の保証機能アプローチの適用のみではなく、準拠基準を明定に

図表3　公（政府）監査アプローチの類型と概念

| |
|---|
| (1) ［公監査アプローチの範囲］<br>　①公監査アプローチ<br>　②公会計監査アプローチ<br>　③政府監査アプローチ |
| (2) ［政府監査アプローチ］<br>　①準拠性監査アプローチ<br>　②包括監査アプローチ<br>　③保証機能アプローチ |
| (3) ［包括監査モデル］<br>　①マネジメントシステム・プログラムの質の監査モデル<br>　②経営者業績報告書の保証の監査モデル<br>　③業績・実態に対する監査モデル |
| (4) ［保証機能アプローチ（高位と中位）］<br>　①監査アプローチ<br>　②レビュー（検証）アプローチ<br>　③合意された手続アプローチ<br>　④直接報告書業務アプローチ |
| (5) ［業績管理統制の位置付け］<br>　①コーポレートガバナンス<br>　②業績（行政成果・政策成果）管理統制<br>　③内部統制 |

（出典：拙著「公監査基準」を修正）

した上で外部公監査、この場合は図表3の最上欄①の公監査アプローチによって実施しなければならない。

市民・納税者のパブリックアカウンタビリティの視点からは包括監査及び業績管理統制のアプローチで公監査制度が構築されることが望ましいと考えられる。近年は営利組織の企業監査に保証水準による監査人の責任限定が論じられるため、公監査においても図表3中の(2)③の保証業務との関連で基準設定される場合がある(注2)。

## 第2節　財政健全化と連結経営

財政健全化のための法制を連結経営と公会計・公監査改革の視点において連関図を作成すると図表4のとおりである。ここでは健全化計画の策定にあたっては、議会の議決を経ること、財政改善計画の内容では、経営悪化の要因、経営健全化の方策、指標の改善の見通しを明示すべきとされている。また計画全体を公表し、実施状況も毎年度公表し、他団体や民間企業と比較できることが促進されている。さらに健全化計画の実施状況が目標から大きく乖離した場合、国や都道府県が勧告できることとされている。このような体制を地方公共団体のガバナンスの中心にある首長・管理者及び議会は、十分理解し連結経営に当たらなければならない。

図表4で示される左側の公会計・公監査改革と右側の業績指標の測定と開示のシステムが、統合されることがパブリックアカウンタビリティの完全履行に資するが、これは将来の課題となっている。

地方公共団体は、毎年度、以下の健全化判断比率を監査委員の審査に付した上で、議会に報告し、公表しなければならないとされる。

① 実質赤字比率（一般会計等を対象とした実質赤字の標準財政規模に対する比率）

$$\frac{一般会計等の実質赤字額}{標準財政規模}$$

② 連結実質赤字比率（全会計の実質赤字等の標準財政規模に対する比率）

$$\frac{連結実質赤字額}{標準財政規模}$$

図表4　地方公共団体の財政健全化法制・連結経営と公会計・公監査改革の連関

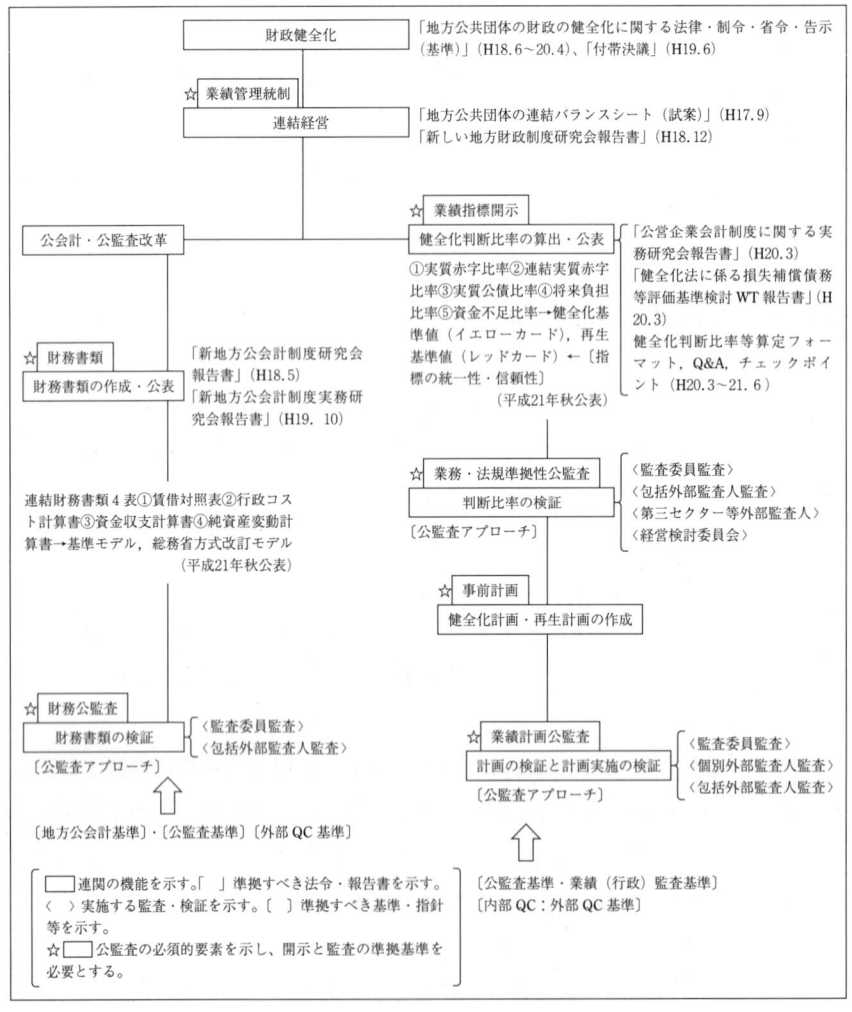

```
                    ┌──────────┐    「地方公共団体の財政の健全化に関する法律・政令・省令・告示
                    │ 財政健全化 │    （基準）」（H18.6～20.4）、「付帯決議」（H19.6）
                    └─────┬────┘
               ☆ 業績管理統制
                    ┌─────┴────┐    「地方公共団体の連結バランスシート（試案）」（H17.9）
                    │  連結経営 │    「新しい地方財政制度研究会報告書」（H18.12）
                    └──────────┘

                              ☆ 業績指標開示                  ┌「公営企業会計制度に関する実
  ┌──────────────┐        ┌─────────────┐                   │ 務研究会報告書」（H20.3）
  │公会計・公監査改革│        │健全化判断比率の算出・公表│       │「健全化法に係る損失補償債務
  └──────────────┘        └─────────────┘                   │ 等評価基準検討WT報告書」（H
                            ①実質赤字比率②連結実質赤字        │ 20.3）
                            比率③実質公債比率④将来負担        │ 健全化判断比率等算定フォー
  ☆ ┌──────┐                比率⑤資金不足比率→健全化基       │ マット、Q&A、チェックポイ
     │財務書類│  「新地方公会計制度研究会       準値（イエローカード）、再生        │ ント（H20.3～21.6）
     └──┬───┘   報告書」（H18.5）            基準値（レッドカード）←［指      └
  ┌──────────┐「新地方公会計制度実務研       標の統一性・信頼性］
  │財務書類の作成・公表│究会報告書」（H19.10）
  └──────────┘                   （平成21年秋公表）

  連結財務書類4表①貸借対照表②行政コス      ☆ 業務・法規準拠性公監査         〈監査委員監査〉
  ト計算書③資金収支計算書④純資産変動計        ┌─────────────┐         〈包括外部監査人監査〉
  算書→基準モデル、総務省方式改訂モデル        │  判断比率の検証   │         〈第三セクター等外部監査人〉
           （平成21年秋公表）                  └─────────────┘         〈経営検討委員会〉
                                             〔公監査アプローチ〕

                                         ☆ 事前計画
                                             ┌─────────────┐
                                             │健全化計画・再生計画の作成│
                                             └─────────────┘

  ☆ ┌──────┐                               ☆ 業績計画公監査              〈監査委員監査〉
     │財務公監査│                              ┌─────────────┐           〈個別外部監査人監査〉
     └──┬───┘  〈監査委員監査〉              │計画の検証と計画実施の検証│    〈包括外部監査人監査〉
  ┌──────────┐〈包括外部監査人監査〉           └─────────────┘
  │財務書類の検証 │                             〔公監査アプローチ〕
  └──────────┘
  〔公監査アプローチ〕

  〔地方公会計基準〕・〔公監査基準〕〔外部QC基準〕    〔公監査基準・業績（行政）監査基準〕
                                                  〔内部QC：外部QC基準〕

  ┌─□連関の機能を示す。「」準拠すべき法令・報告書を示す。─┐
  │ 〈　〉実施する監査・検証を示す。〔　〕準拠すべき基準・指針│
  │ 等を示す。                                          │
  │ ☆□公監査の必須的要素を示し、開示と監査の準拠基準を    │
  │ 必要とする。                                        │
  └────────────────────────────┘
```

（出典：拙著「自治体の会計・監査・連結経営ハンドブック」を修正）

③ 実質公債費比率（一般会計等が負担する元利償還金等の標準財政規模に対する比率）

$$\frac{\left[\begin{array}{l}\text{地方債の元利償還金＋}\\\text{準元利償還金}\end{array}\right] - \left[\begin{array}{l}\text{特定財源＋元利償還金・}\\\text{準元利償還金に係る基準}\\\text{財政需要額算入額}\end{array}\right]}{\text{標準財政規模} - \left[\begin{array}{l}\text{元利償還金・準元利償還金に}\\\text{係る基準財政需要額算入額}\end{array}\right]}$$

④ 将来負担比率（一般会計等が将来負担すべき公営企業、出資法人等を含めた普通会計の実質的負債の標準財政規模に対する比率）

$$\frac{\text{将来負担額} - \left[\begin{array}{l}\text{充当可能基金額＋特定財源見込額＋}\\\text{地方債現在高に係る基準財政需要額算入見込額}\end{array}\right]}{\text{標準財政規模} - \left[\begin{array}{l}\text{元利償還金・準元利償還金に係る}\\\text{基準財政需要額算入額}\end{array}\right]}$$

⑤ 公営企業の資金不足比率

$$\frac{\text{資金の不足額}}{\text{事業の規模}}$$

　この比率の算出には、見積・予測数字、対象範囲及び測定について判定を要するもの等が含まれており、算出過程の客観性が求められている。これら算出過程の信頼性については包括外部監査人の監査も必要とされている。
　例えば公営企業の場合、資金不足額から事業開始後一定期間構造的にやむを得ず生ずる赤字額として控除出来る解消可能資金不足額の算定基準は、下記のとおりとなっている。

　a．累積償還・償却差額（元金償還金が減価償却費を上回る額の累積額）算定方式・・・累積償還・償却差額は、広く各事業を通して解消可能資金不足額として法非適用事業でも簡明に算定可能であるが、企業債元金償還金への一般会計等からの繰入相当額は除外して算定する。

　b．減価償却前経常利益等による負債償還可能額算定方式・・・これは施設の利用及び料金収入が平年度化（安定）し、減価償却前経常利益がある場合、既に発生した資金不足額について、耐用年数期間内に解消しうる額を客観的に算定し控除する。この場合固定負債・借入資本金と流動負

債の残高割合に応じ、比例（プロラタ）で配分する。
　ｃ．個別計画策定算定方式・・・対象事業は公共下水道事業（法適用及び非適用企業）で対象期間は15年以内である。この収支計画のチェックポイントは、水洗化率、有収率、使用料単価、汚水処理原価、使用料回収率、処理人口１人当たり維持管理、資本費、管理運営費等の効率性により評価される。
　ｄ．基礎控除方式・・・これは、過大投資がなく、相当程度効率的な経営を行ったとしても、一定期間は発生する資金不足で将来的に解消可能と考えられるものについて控除する。
　地方公共団体は、以上の財政健全化判断比率のいずれかが基準値以上になると、財政健全化団体（イエローカード）及び財政再生団体（レッドカード）となる。健全化判断比率のうちいずれかが早期健全化基準（イエローカード）以上の場合には、財政健全化計画を、再生判断比率のいずれかが財政再生基準（レッドカード）以上である場合には、財政再生計画を定めなければならない。公営企業は、企業毎に経営健全化基準で判定する。健全化基準以上になると経営健全化計画を作成し、改善に向けて実施しなければならない。
　この経営健全化計画は、経営の状況が悪化した要因の分析の結果を踏まえ、健全化を図るため必要な最小限度の期間内に、資金不足比率を経営健全化基準未満とすることを目標として、経営健全化計画策定報告書を作成する。この計画の中には①資金不足比率が経営健全化基準以上となった要因の分析、②計画期間、③経営の健全化の方針、④資金不足比率を経営健全化基準未満とするための方策、⑤各年度の④の方策に係る収入及び支出に関する計画、⑥各年度の資金不足比率の見通し等と健全化に必要な事項を記載、実施し、その後は実施状況報告書を作成・公表することとなる。それゆえ公営企業は業種ごとに投資額の特徴、利用者・需要の伸びの特徴、資金不足要因を慎重かつ早急に分析しなければならず、例えば、上下水道、地下鉄等の場合であれば、減価償却費を上回る地方債元金の償還、経営努力不足による収入の低さは、使用料水準の低さ（単価）、利用率の低さ(売上量)、運営コストの高さ、一般会計の繰入不足、過大投資（規模とコスト面）等の要因を分析し、構造的なやむを得ない赤字を

算出し市民・住民の信頼性を得た計画を作成しなければならない。そしてこれら健全化計画等には、個別外部監査人等の監査が求められている。

## 第3節　財政健全化指標の公監査

　財政健全化法に基づく財政状況によって、健全段階、早期健全化段階、財政の再生段階に区分することは、公監査でいう早期警報体制と計画的な財政再建を進める仕組みである。ここで用いられる判断指標である比率やこれに基づく健全化計画・再生計画に対して監査委員の審査や個別外部監査が実施されるが、これはまさに公監査の領域であり、図表2の展開段階の第3・4段階の財務関連監査やゴーイングコンサーン監査、第2段階の準拠性監査及び第5・6・7段階の業績監査に類似又は関連した公監査である。保証水準については、監査水準とレビュー水準を含むことになる。この監査の特徴は「指標の監査」であり、後述の業績監査の第3次パラダイム変革の展開方向に一致する。

　業績監査対象のアサーションとしての業績（政策評価）報告書であるが、業績報告書に記載され開示すべき重要な情報は、業績測度（performance measures）または指標（indicators）である。業績監査手続は、この業績測度・指標に対して実施される。業績測度・指標の妥当性が業績監査の第一次的監査要点となる。すなわち業績測度・指標の量と質に対して業績監査が行われる。そこで業績監査を有効に実施するためには、この業績測度・指標が業績報告書および業績監査にとって有用であるための特質とその態様又は類型を認識しておかなければならない。

　業績測度・指標の不適格すなわち欠陥のあるものの特質は図表5のとおりであり、不良の業績測度・指標は誤った業績報告書となり、業績監査の信頼性を失わせることになるのであるから欠陥測度・指標の特質を認識していなければならない[注3]。また近年の行政（政策評価）監査にとって重要な監査要点は、プログラム（政策）の必要性、優先性、陳腐性、継続性、代替性のいかんやプログラムなしの場合の評定であり、それらが可能である測度・指標の性質が保持されていなければならない。ここでいう業績の測度・指標は、「財政健全化法」の指標と同様である。

図表5　欠陥指標の特質

> 信頼性のないもの、適時性のないもの、遠回しのもの、類似したもの、反復的なもの、間接的なもの、自己矛盾のもの、不明瞭なもの、漠然としたもの、故意的なもの、あいまいなもの、ゆがめられているもの、誤導するもの、平凡なもの、過大視しているもの、不正確なもの、抑制的なもの、強力すぎるもの、付随的なもの、寛大なもの、単純化すぎるもの、曲解しているもの、つまらないもの、あまりに技術的なもの、あまりに詳細なもの、専門的すぎるもの、学者的な用語のもの、個人的プライバシーに関するもの、不本意のもの、あまりに複雑なもの、混乱させるもの、わかりにくいもの、事実上の意味がないもの、遅いもの、適合性を失っているもの、早すぎるもの、ジレンマをもたらすもの、部分的すぎるもの、消極的なもの、歪曲するもの、リスクのあるもの

（出典：拙著「公監査基準」を修正）

　財政健全化の度合いを測定するためのこれらの指標の開示を平成21年から求めており、これはまさに業績（行政成果）測定と公表の第一ステップであり、また、これに対して外部監査が行われることとされているため、その検証可能性の検討が重要である。ここでは、以下に指摘される指標の信頼性すなわち正確性・客観性を担保し、粉飾や操作の余地を排除するための計算過程の規準の明示が必要となる。また経営計画や業績目標の設定プロセスの明確化が必要である。

　公監査の観点において監査機能が関連するのは、外部監査として個別外部監査、包括外部監査及び監査委員の審査である。当該監査は業績監査に相当するものであり、業績報告書の作成基準と業績監査の準拠基準の明確化が必要である。また公営企業の資金不足額の計算上控除すべき解消可能資金不足額とされる計画赤字は、各団体の判断で、上述の3つの算定方式から選択して算定することを予定している。ここでは控除されるべき金額の根拠及び検証可能性と信頼性が課題となる。

　開示及び公監査として実施される場合の検証可能性の課題は次のとおりと考えられる。

① 健全化判断比率の指標としての検証可能性

　かかる監査は前述の業績監査における指標の監査に相当するものであり、監

査可能性を高める為には指標の信頼性が担保出来得る過程が明定されなければならないが、財務書類から誘導法で導かれるものではないこと、一方算定過程の検証可能性をいかに高めるかが監査の成否にかかっている。特に損失補償額、保証債務、退職手当引当金等の算出根拠の合理性である。
② 健全化計画・再生計画の検証可能性
　この監査は業績監査に相当し、かかる監査が実効性有るものとなる為には計画書作成のための準拠規準の設定と監査の準拠基準が必要である。
③ 公営企業の健全化指標の検証可能性
　公営企業の指標及び健全化計画の信頼性は前述と同じ課題があるが、また特に公営企業の多様な業務活動から、解消可能な資金不足額を算出する過程には首長、議会及び行政側の恣意性が介入する余地があり、計算式に算入すべき勘定科目や明確な作成過程と過程に対する内部・外部監査体制を整備する必要がある。

## 第4節　新財務書類の検証可能性

　平成19年10月に公表された「新地方公会計制度実務研究会報告書」では、財務書類の作成基準として「基準モデル」と「総務省方式改訂モデル」が提示されている。ここでは新財務書類モデルが前述のパブリックアカウンタビリティの履行に合致しているかどうか、また今後外部公監査の対象になる可能性があり、元来会計情報は検証可能性がなければならず両モデルの監査可能性の検討も課題となる。これらの視点での検討が制度確立の為には不可欠である。
　両モデルは、地方公共団体の資産の実態と財政状態を的確に把握し、財務情報のわかりやすい開示・提供を行うことを目的とする。このことは公会計目的に妥当し、これは官庁会計の単式簿記から複式簿記への転回を示している。しかし、検証可能性の観点からは開始B/Sの残高と資産評価の算定根拠及び過程の信頼性に関して課題がある。
　基準モデルの場合は、誘導法による財務書類の作成を求めているが、統一的完全的とはいえずさらなる整備・改善が必要となる。また、公正価値や減価償却累計額等を記載した網羅的な固定資産台帳の整備は、地方公共団体の財政状

態の正確な把握のため、必要不可欠であると同時に、基準モデルに基づく財務書類作成の大前提とする。ここでは公正価値評価、資本的支出、棚卸資産評価の検証可能性に課題がある。

　土地は原則として3年ごとに再評価を行う。ただし、当該年度の期末において時価変動が5％以上になることが明らかな場合は再評価を行い、当該年度末の帳簿価格に反映させる。ここでの検証可能性の課題は、減価償却方法及び土地の再評価である。

　土地の開始時簿価は、有償・無償取得を問わず、固定資産税評価額を基礎として算定する。底地とその上部構造の工作物等が不可分一体とみられる場合、原則として底地の取得価額を開始時簿価とし、取得価額が不明な場合、再調達価額とする。ここでの検証可能性の課題は計上の網羅性と再調達価額の算定である。

　建物の取得価額が判明している場合の開始時簿価の算定は、原則は再調達価額であり、取得価額が不明の場合の価額算定は、保険単価を利用する。ここでの検証可能性の課題は再調達価額と保険単価である。

　改訂モデルでは、既存の決算統計情報を活用して作成する。ここでの検証可能性は決算統計の信頼性の担保、公有財産、固定資産台帳の網羅性と債権の評価が課題となる。

　効果的かつ効率的な方法としては売却可能資産に関する台帳を整備して売却可能価額による評価を行い、その後、順次範囲を広げていく方法をとっている。ここでは基準モデルと改訂モデルの評価の統一性を目指しているが、評価方法、特に売却可能資産の判断規準と売却可能価額には検証可能性の問題がある。

　売却可能資産は売却可能価額で評価し、有形固定資産から売却可能資産に振替処理を行うものとする。ここでの検証可能性は売却可能資産における評価方法の選択の合理性を含むか否かである。

　退職手当引当金は、原則として一人ごとの積上げ方式により算定することとするが、作業負担等の観点から、実務上困難な場合は、推計値によることができる。ここでの検証可能性は引当金の積上げの推計値の信頼性である。

　以上の両財務書類モデルにおいてさらにパブリックアカウンタビリティから

検討すべき課題は、①税収の処理として収益か純資産（出資）か、②固定資産の目的別分類の必要性、③損失補償契約の引当金計上の要否又は注記、④未実現財源消費の計上方法、⑤債務負担行為の処理、⑥継続費の処理、⑦公正価値計算の評価・換算差額の処理、⑧減価償却の残存価額、⑨市場価格のない有価証券の評価基準の妥当性、⑩引当金の計上、⑪出納整理期間の処理、⑫資産形成充当財源の部の処理方法、⑬期末利益剰余金残高の計算過程、⑭純資産変動額の計算過程等がある。

## 第5節　連結対象団体の財務業績評価

　新たなストック指標である将来負担比率は、地方公共団体の支配力の及ぶあるいは将来において一般会計すなわち税収が負担しなければならない負担額のすべてを指標に取り込まなければならない。特に第三セクター等の損失補償付債務の実行可能性の評価は、財務諸表評価方式、外形事象評価方式、格付け評価方式、資産債務個別評価方式、経営計画個別評価方式、損失補償付債務償還費補助評価方式があり、それゆえ、ここでは企業会計における引当金やゴーイングコンサーン（GC）問題と同じく将来予測額の見積りが重要な論点となる。ここでは公表された財務諸表等から債務者区分等を判定する方法として、法人を純粋民間企業とほぼ同様の事業を行っている一般法人、インフラ型地方公営企業に準ずる第三セクター、不動産取引型第三セクターに区分し、純資産及び経営損益の状況等に応じて、金融機関などからの損失補償債務を5段階に区分し、損失補償債務算入率を次のように規定する。A．正常償還見込債務（10％）B．地方団体要関与債務（30％）C．地方団体要支援債務（50％）D．地方団体実質管理債務（70％）E．地方団体実質負担債務（90％）として、最低でも損失補償がある場合は10％以上の算入をすることになる。

　また地方公共団体の連結会計は、平成17年9月の「連結バランスシート（試案）」により開始され、連結対象範囲は、地方公共団体の関与及び財政支援の下で、当該団体の事務事業と密接な関連を有する業務を行っている地方独立行政法人、一部事務組合、広域連合、地方三公社及び第三セクターである。第三セクターについては、民間企業会計に準じて、地方公共団体からの出資比率50％

以上を連結対象とし、出資比率25％以上50％未満についても役員派遣や財政支援等の実態に応じて連結対象とされた。ここでの検証可能性は、連結の範囲、関連公益法人の取扱い、会計処理の不統一性に課題がある。

## 第6節　健全化判断比率・健全化計画の検証可能性

公監査として実施される場合の検証可能性の課題をまとめると、次のとおりと考えられる。

① 健全化判断比率の指標に対する検証可能性

かかる監査は、図表2の公監査における業績及び法規準拠性監査の指標の監査に相当する性質をもち、監査可能性を高める為には、指標の信頼性が担保出来る過程が設定されなければならないが、財務書類から誘導法で導かれるものではないこと、それゆえ算定過程の検証可能性をいかに高めるかが監査の成否にかかっている。

② 健全化計画・再生計画に対する検証可能性

この監査は、業績監査における英国のBVPP（ベストバリュー計画書）の監査に相当するものであり[注4]、また公監査における事前監査及びGC監査というプログラム評価を伴う将来予測監査の性質をもつものである[注5]。それゆえ、英国公監査と同様に監査手続・判断規準・報告基準を明定しておく必要がある[注6]。

③ 公営企業の健全化指標に対する検証可能性

特に公営企業の多様な業務活動から解消可能赤字額を算出する過程には、首長、議会及び行政側の恣意性が介入する余地があり、明確な作成過程と過程に対する監査体制を整備する必要がある。

④ 個別外部監査人、包括外部監査人、監査委員の責任

個別・包括外部監査人は、法の趣旨と規定に則り監査等を進めることになるが、公監査の業績監査領域を対象とすることになるので準拠基準等を明確にして実施しなければならない。

　a．健全化比率及び、算定基礎の包括外部監査人の調査（法3条7項）

　　必要と認めた場合、健全化比率の算出過程の信頼性を調査する。

b．健全化判断比率の監査委員の査定に対する包括外部監査人の調査（3条7項）

監査委員の審査過程及び審査資料の信頼性について調査する。

c．早期健全化及び財務再生化が困難の場合の勧告に対する包括外部監査人の対処（7条4項、20条2項）

通知を受けた勧告内容を吟味し、監査テーマの選択を検討する。

d．健全化計画等の個別外部監査人の監査（26条1項）

健全化計画の妥当性ではなく、計画の基礎又は作成過程の信頼性の監査となる。

e．財政健全化団体等への包括外部監査人の監査（26条2項）

財政健全化計画の策定・実施過程から財政健全化のための障害となる、又はなっている事項を特に意を用いて監査する。

f．財政健全化団体等になった場合の包括外部監査人の監査（26条2項）

健全化計画の発表の時期に合わせて、健全化計画設定過程の信頼性を監査する。

g．財政の健全化リスク分析の包括外部監査人の監査の必要性

財政の健全化への姿勢について常に分析し、リスクの高いものをテーマに選定しなければならない[注7]。包括外部監査のリスクアプローチによる留意点は次のとおりとなる。

・財政健全化法の趣旨による経営を行なっているかの観点

・監査委員審査の妥当性

・健全化指標の悪化又は改善されない場合の原因分析

・健全化指標の基準値と乖離の妥当性

・検証可能水準の判断の妥当性

・特定の事件のテーマ選定の妥当性

・事務事業のPDCAサイクルからの適切性

次に健全化法の趣旨と規定により監査委員に求められる任務は、次のように独立的に判断比率及び健全化計画の目標適合性や客観性について意見を述べるが以下の課題がある。

① 監査の信頼性

健全化比率及び健全化計画等の信頼性を検証可能な証拠資料によって審査する。

② 審査意見（2条1項、22条1項）

健全化比率及び健全化計画等の信頼性及び欠陥について意見を述べる。その際比率数字のみではなく、その財政状況の原因等について意見を述べるかを明確にしなければならない。

③ 日程

議会提出に合わせて事前及び事後の監査計画及び監査を実施する。

④ 準拠基準

監査委員監査実施の準拠基準を設定して、行政側管理責任との区分を明確にしなければならない。

⑤ リスクアプローチの必要性

比率計算及び健全化計画のリスクを分析して監査を実施する。リスクアプローチによる留意点は次のとおりとなる。

・比率算出過程における取引高総計の正確性
・比率算出過程における見積・予測数値の妥当性
・各取引の証拠資料の妥当性
・出納整理期間における貸借の妥当性
・財務書類作成過程の適切性
・事務事業にかかわる帳票管理の妥当性

## 第7節　結びにかえて

財政健全化の方向に伴って公会計改革と公監査改革が動きだしたものと考えられるが、両領域についての課題を要約すると下記のとおりとなる[注8]。

① 財政健全化法の公会計・公監査の観点からの特質は、実質性（妥当性・適切性）連結会計、発生主義、監査・審査（検証可能性）、指標・尺度、期間計算、独立性、3E、ガバナンス（財政規律）、予算と決算、コスト計算、政治・行政責任、将来志向、包括性、世代間の公平、公表・公開、比較可能

性、格付、時価評価、議会の監視、業績監査へのパラダイム変革等が強調されているとみられる。

② ①のことから地方公共団体は、公会計、公監査改革を行わなければならない理論的根拠が、パブリックアカウンタビリティチェーンの履行にあることを、特に、地公体の議員・首長及び行政の責任者を含むすべての利害関係者が認識することが必要である。

③ 監査可能性を前提にした地公体の公会計基準が、アメリカ GASB、イギリス AC のような独立性のある機関で設定されなければならない。

④ 健全化指標は、各地公体の財務的格付けを結果するものであり、この信頼性すなわち粉飾の可能性は、排除されるべきであり、その為の指標算出過程の検証可能性を高める措置及び外部・内部監査可能性（図表2の第2～4段階等）を高める必要がある。

⑤ 健全化計画及び再生計画の作成とその信頼性を保証することは、公監査における業績監査機能（図表2の第5～7段階）に相当するものである。したがって3E又は5E監査及びVFM監査対象として、業績報告書作成基準を、健全化比率算出報告書及び健全化・再生計画書について厳密に設定することと、公監査基準の設定が不可欠である。

⑥ 地公体の財政健全化の展開方向として、法規準拠性、財務書類の適正性、業績（行政成果）の経済性・効率性・有効性（3E～5E又はVFM）が求められており、これは諸外国の一般的展開である。しかしわが国においては遅れていたものの、この財政健全化法の施行によって、一歩前進することが期待される。特にこの立法趣旨・意図を明確に議会・首長・行政の担当責任者は識別し、健全化指標及び計画を厳密に客観的にかつ包括的に作成し公表しなければならない。このため市民・納税者の信頼性を得るには、パブリックアカウンタビリティチェーンに基づく公会計・公監査制度の構築が喫緊の課題となっており、特に図表4で示した☆印の準拠基準の設定に向けて会計プロフェッションは理論的、実践的な解決に向けた努力が急務である。

(注1) CIPFA, *"Public Audit Law"*, CIPFA, 1992. pp. 2 −22
(注2) GAO, *"Government Auditing Standards*-July 2007 Revision"pp. 98−121, GAO, 2007
(注3) CAP, *"Case Study-Development and Use of Outcome Information in Government"*, pp. 10−12, CAP, 1999
(注4) AC, *"Code of Audit Practice* 2008", p. 12. AC. 2008
(注5) NAO, *"State Audit in the European Union"*, p. 246. NAO. 1996
(注6) AC, *"Annual Audit and Inspection Letter-City of Westminster Council"*, pp. 4 −15. AC, 2008
(注7) AC, *"Key lines of enquiry for use of resources*−2008 *assessments"*, pp. 5 −14. AC, 2008
(注8) 参考文献
　拙著『公監査基準』中央経済社，2004年
　拙訳著『アメリカの政府監査基準』中央経済社，2005年
　拙稿『地方公共団体のパブリックアカウンタビリティ―公監査の必要性』「公営企業」(財) 地方財務協会，2007年10月
　拙稿『地方公共団体の公会計・公監査改革の論点』「地方財政」(財) 地方財務協会，2008年2月
　拙稿『公営企業の財政健全化』「自治フォーラム」自治研修研修会，2008年6月
　拙著『自治体の会計・監査・連結経営ハンドブック―財政健全化法制の完全解説』中央経済社、2008年
　拙著『地方自治体の財政健全化指標の算定と活用』大蔵財務協会、2009年

# 第15章
# 地方公共団体における内部統制

徳江　陞
(公認会計士)

## 第1節　内部統制の基礎的理解
### 1．内部統制への取組み
(1)　内部統制への理解

　地方公共団体において内部統制が論議され、行政経営に生かされ始めてからは日はまだ浅い。外部監査制度が本格的に導入されたのは平成11年4月からであるが、この準備のために日本公認会計士協会は、会員、自治体職員向けに研修を開始した。研修用教材作成の任に当たった筆者としては、外部監査の対象が財務事務であることに注目し、企業の財務諸表監査においては内部統制の整備・運用状況を評価することが当然であることを前提に、外部監査においても内部統制の評価を加えるべきであると考えたが、内部統制は財務事務以外の事務であるとの反論もあり、教材には取り入れなかった。しかし財務事務が内部統制に支えられていることは事実であり、これを否定することはできない。

　日本公認会計士協会は、前述したとおり、研修用教材には取り入れなかったが、地方公共団体における内部統制の必要性を理解し、行政組織への浸透を図ることを目指し、研究を続けた。

　研究成果は「地方公共団体における内部統制（平成13年5月14日）（以下研究報告書という）」(注1)として公表した。続けて座談会「『地方公共団体における内部統制』をめぐって＝ガバナンス、監査を視野に入れて」（「地方財務」No.571）(注2)において、研究報告書作成者、研究者、自治体職員が、研究報告の意図するところ、自治体のガバナンス（統治力）の強化、監査委員監査との関連等について議論している。こうした刊行物を通して、従来「内部統制」とは無縁あるいは意味不明といった感覚で対応していた自治体職員に対し、若干でも

刺激を与えたのではないかと考えられる。

(2) 内部統制の行政経営における位置づけ

　企業における内部統制の必要性については、平成19年2月15日企業会計審議会が公表した意見書(注3)に、以下のとおり明記されている。

　「証券市場がその機能を十全に発揮していくためには、投資者に対し企業情報が適正に開示されることが必要不可欠となる。昨今、有価証券報告書の開示内容など証券取引法上のディスクロージャーをめぐり不適正な事例が発生している。…略…ディスクロージャーの信頼性を確保するため開示企業における内部統制の充実を図る方策が真剣に検討されるべきであると考えられる。開示企業における内部統制の充実は、個々の開示企業に業務の適正化・効率化を通じた様々な利益をもたらすと同時に、…略…開示企業を含めたすべての市場参加者に多大な利益をもたらすものである。」

　ここで明記していることは、財務報告に係る内部統制に限定しているが、基本的考え方は地方公共団体にも適用される。現在財務諸表監査が導入されていない地方公共団体にとっては、単に財務報告に係る内部統制に限定する必要はない。地方自治は、住民が政治に参加することが不可欠であり、そのためには自治の原則でもある「情報の共有」が住民に対して徹底していなければならない。住民が共有する情報の信頼性を確保すると同時に行政経営の充実強化につながる手立ては何か。意見書に明記されていることは、そのまま地方公共団体に適用される。内部統制の充実強化は、情報の信頼性を確保し、経営力強化につながる。ここで経営力とは、住民の福祉増進に資するため、行政サービスを常に行政需要に合致した品質水準に維持するとともに最少の経費で最大の効果を挙げるように経営資源を調達し、配分する能力と定義したい。

(3) 内部統制の行政組織への浸透

　行政組織への浸透にどう智恵を絞るべきか。筆者が20年間にわたり務めていた藤沢市監査委員という狭い範囲での経験に基づくものではあるが、次項でも後述するように、まず内部統制の内容は、市の職員が長い行政経営の中で、無

意識の中に経験し、身につけて来た事ばかりであり、それらを一つの考え方の基に体系化したものであること、第2に職員が業務を遂行する上で不可欠な事ばかりであり、ここに定められていることを遵守すれば、組織内における自己の位置と役割、そして相互関係を理解でき、業務遂行上成果を得ることができる、と説明して来た。内部統制という言葉には馴染みはないが、その中味には職員自身が既に経験している、身につけていることを強調し、「用語＝言葉」に対する抵抗感をまず排除することを心掛けて来た。

## 2．内部統制の仕組み

(1) 内部統制の概念

　研究報告書では、内部統制の概念として次の通り定義している。地方公共団体における内部統制は、住民の福祉を増進するために、地方公共団体の事務が、地方自治法第2条第14項から第16項までに定めるところに従って、適法かつ正確に行われるのみならず、経済性、効率性及び有効性の観点からも適切に執行され、その資産が適切に管理されるように、管理責任者[注4]によって構築される組織及び事務執行におけるすべての手続又は手段並びに記録から構成されている制度である。

　ここで参考までに、「財務報告に係る内部統制の評価及び監査の基準（以下「内部統制基準」という）」[注5]に記述されている内部統制の定義と研究報告書に記述されている内部統制の概念を図表示してみる。

　この図表示は、日本公認会計士協会公表の「統制リスク」[注6]に記載されている図を参考に作成した。

　地方公共団体は住民福祉の増進を図ることに存在意義がある。福祉を増進するためには、aからeに掲げた内部統制の目的を達成することが不可欠であり、この目的が達成されることの合理的な保証を得るために、内部統制は政策―施策―事務事業活動に組み込まれ、組織を構成するすべての者によって遂行される。

　「内部統制基準」中の内部統制の定義の表現の一部を取り入れて前述のように記述したが、基本的な考え方は企業の場合と同一と考えてよい。

図表1 地方公共団体の内部統制

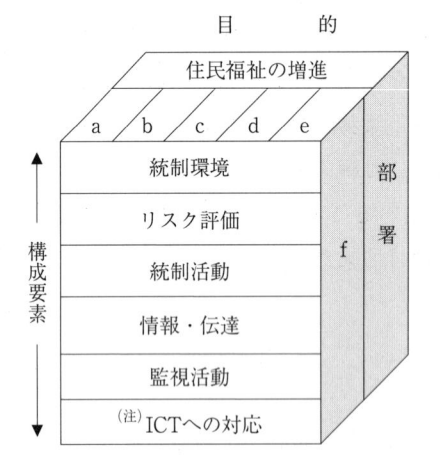

目的：住民福祉の増進

構成要素：統制環境／リスク評価／統制活動／情報・伝達／監視活動／(注)ICTへの対応

目的区分：a／b／c／d／e

部署：f

a. 地方自治法第2条第14項
　　最少の費用で最大の効果
　　（経済性・効率性・有効性）
b. 地方自治法第2条第15項
　　組織及び運営の合理化
c. 地方自治法第2条第16項
　　法令の遵守
d. 情報の信頼性
e. 資産の適切な保全と管理
f. 政策―施策―事務事業
(注)ICT は Information&Communication Technology （情報と通信技術）
(出典：日本公認会計士協会「統制リスクの評価」を参考に筆者作成)

図表2 企業における内部統制

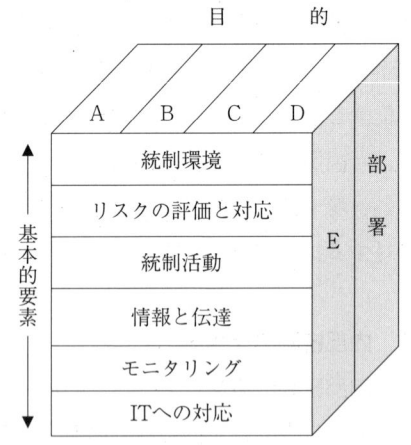

目的

基本的要素：統制環境／リスクの評価と対応／統制活動／情報と伝達／モニタリング／ITへの対応

目的区分：A／B／C／D

部署：E

A. 業務の有効性及び効率性
B. 財務報告の信頼性
C. 事業活動に関わる法令等の遵守
D. 資産の保全
E. 事業活動等
(出典：図表1に同じ)

研究報告書を作成した時点においても、豊富な経験と実績を積み上げて来た企業の内部統制を参考にしており、基本的考え方、枠組みは企業と変わらない。

(2) 内部統制の目的

内部統制の目的は、図表1と図表2を比較すると明らかなように、地方公共団体は地方自治法に明記されているa、b、cを列記している。aとbは企業の

Aと共通しており、cとCは同一と考えてよい。dは情報の信頼性とし、財務報告には限定していないところが、Bと異なる。自治の原則の一つとして「住民が情報を共有する」ことが挙げられるから、地方公共団体が提供する情報の信頼性確保は必須条件である。eとDは共通している。

内部統制は、企業ではすべての事業活動等に組み込まれ、地方公共団体においても政策から施策そして事務事業と展開するすべての事業活動に組み込まれる。fとEも共通している。

(3) 内部統制の構成要素

図表1に示したとおり、地方公共団体における構成要素は企業のそれに準ずる。

① 統制環境

統制環境は、組織風土（市に例えれば、市風ともいえる）を決定することになる。首長を頂点にした組織を構成する"人"が中心的役割を果たす。

管理責任者の経営理念や基本的経営方針、誠実性、倫理観、経営戦略会議、局・部長会議、組織構造と慣行、職務遂行能力、人的資源の確保と育成の方針と管理、組織風土等が統制環境を形成すると考えられ、他の構成要素にも多大な影響を与える。

② リスク評価

企業における「リスクの評価と対応（図表2）」では、組織目標の達成に影響を与える事象について、組織目標の達成を阻害する要因をリスクとして識別、分析及び評価し、当該リスクへの適切な対応を行う一連のプロセスをいう、としている[注7]。リスクを広範囲にとらえ、組織全体の目標達成を阻害する要因としていることに注目すべきである。他方、地方公共団体におけるリスクも、行政組織全体の目標達成を阻害する要因、すなわち住民の安全・安心を阻害する要因としてとらえたい。

地方自治法第2条第14項では、「地方公共団体は、住民の福祉の増進を図ることを基本として…略…」と規定していることから、「福祉」に注目すべきである。福祉には積極的意味として、生命の繁栄が、消極的意味としては危急か

らの救いがある。「住民が一生安全・安心に暮らせる環境を提供する」ことが積極的意味であり、「安全・安心を阻害することを予防し、阻害要因が発生したら直ちに修復し、再発防止に生かす」ことが消極的意味と理解できる。

ここでリスクという用語については、筆者の経験からすると、暗いイメージ、恐怖心を与えることから、リスク（危険、危機）は回避し、「安全・安心を妨げる要因」とし、リスクマネジメントを「安全・安心への備え」としたい。

住民等の生命又は財産に影響を与えるすべてのリスク、すなわち安全・安心を妨げる要因（危険・危機）を認識し、その性質を分類し、発生の頻度や影響を評価し、安全・安心への備えをすることである（予防）。危険・危機の発生時以降の速やかな損害の回避、解消、回復措置を取り、こうした対策がまた次の予防策に反映されるように、安全・安心への備えに係る管理サイクルの確立とその的確な運用を図ることが「福祉」の意味に含まれていることを決して忘れてはならない。安全・安心への備えについて、自治体職員は、日常意識的に行動することは少なく、積極的に取り組むことが少ないと筆者は感じている。したがって、積極的意味の福祉と同水準（質・量ともに）で安全・安心への備えに取り組むことが不可欠である。

安全・安心を妨げる要因は、大きく三つに分けられる。
　　Ⅰ．災害要因―風水害、火災、地震等
　　Ⅱ．外的要因―自治体がサービスを提供する際の事故（学校、病院の感染症の発生等）、第三者の行為による危害
　　Ⅲ．内的要因―職員の法令・規程等の違反、公有財産の毀損、個人情報の流出、情報通信システムの停止等

安全・安心への備えを考えるに当たっては第2節の2で挙げる〈地方公共団体における内部統制（チェックリスト）―藤沢市の事例―〉（以下、チェックリストという）記載の「危険／発生原因・環境関連表」を参考することにしている。

③　統制活動

統制活動は、権限や職責の付与及び職務の分掌等を含む一連のプロセスである。

組織のあらゆる階層、部署等の事業活動に組み込まれている。予算制度を含めた会計システム、承認、権限の付与、査閲、照合、調整手続、業績評価、資産の保全、事務分掌等の広範な方針と手続きが含まれる。

統制活動は、事業活動が、法令、命令、指示等から逸脱することを防止する防止的統制活動及び当該逸脱を発見して修正する発見的統制活動に分類される。情報の識別、収集、処理及び報告をするためのシステムにICTが利用されている場合は、当該システムに統制活動（手続）が組み込まれている。ICTについては⑥ICTへの対応の項でふれる。

④　情報・伝達

職務遂行、事業活動目的等の達成に必要かつ適切な情報を適時入手し、当該情報を必要とする部署等に伝達しなければならない。情報は、識別、把握及び処理されるとともに、それを必要とする部署等へ伝達され、そこで活用されなければ価値はない。情報とその伝達は切り離して考えることはできない。情報は人手による処理、ICT利用システムによる処理いずれのものであっても、これを区別して取り扱う必要はない。情報の伝達は、組織のトップから下の層へ、またその逆の双方向、部署等相互間と情報の伝達経路に障害があってはならない。情報は組織内にとどまらず、住民へはもちろんのこと、当該自治体における勤務者、通過者、国、他自治体、関係法人・団体等へも伝達される。

⑤　監視活動

監視活動（モニタリング）は、内部統制の有効性及び効率性を継続的に評価し、是正するプロセスであり、日常的監視活動、独立的評価活動又はこれらの組合せにより実施される。具体的には、日常的監視活動は、事業活動における反復的な日常業務の管理・監督に組み込まれ、独立的評価活動は、一般的に議会、監査委員又は内部監査部門によって実施される。また、市民その他関係者以外からも監視されている。

⑥　ICTへの対応

ICTは図表1（地方公共団体の内部統制）で示したとおり、情報と通信技術を意味する英語の頭文字からからとっており、情報と通信技術を融合して活用することは、既にわが国はもとより、国際的にも年々普及し、IT（情報技術）

よりはむしろ一般化された用語になりつつある、と考えられる。

ICTへの対応とは、地方公共団体が、その目的を達成するために、あらかじめ利用に係る方針及び具体的利用手続を定め、ICT利用に伴う関係者等への影響も十分配慮し、ICTを利用した業務を適切に実施することである。

「内部統制基準」[注8]の区分に従って、ICT環境への対応とICTの利用及び統制に分けて若干追加して考察しよう。

a．ICT環境への対応

　地方公共団体が政策―施策―事務事業を進める上で、必然的にかかわる組織内外のICTの利用状況のことであり、既に社会基盤として確立されているインターネットの利用、藤沢市の例でいえば行政の取組みに対し市民の参加を求める「市民参加」に加え、既に行われている市民やNPO、企業などの活動を支援し、行政がその活動に参加して共に公共サービスを担う「市民中心の地域情報化」、住民基本台帳ネットワークの利用、事務事業、例えば住民税賦課、徴収等への利用等一連のICTの利用状況である。ICTは図表1で表示されているように、他の5つの構成要素とも密接不可分の関係にあり、ICTの存在抜きでは、行政経営は成り立たないといっても過言ではない。

b．ICTの利用及び統制

　ICTは内部統制を構成する他の要素の有効性を確保するために、有効かつ効率的に利用されること、そして事務事業処理の中に様々な形で利用されているICTに対し、適切な方針及び具体的推進手続を定め、内部統制の他の要素をより一層有効に機能させることである。ICTは第2節の4で詳述するが、ICTを利用するシステムには、ICTの特性を生かした統制活動（手続）を組み込むことができるとともに利用している組織の安全・安心な運用やその他関係者等が安全・安心を妨げる要因に基づき多大な影響を受けることがあることにも留意すべきである。

(4) 内部統制の限界

「内部統制基準」[注9]に明記されていることは地方公共団体の場合にも適用されるので要約して掲記する。

内部統制には固有の限界があるため、絶対的な性格のものではないが、構成要素が有機的に結合し一体となって機能する。
① 　判断の誤り、不注意、複数の担当者による共謀により有効に機能しない場合がある。
② 　内部統制は、当初想定していない組織内外の環境変化等には必ずしも対応しない場合がある。
③ 　内部統制の整備及び運用に際し、費用と便益との比較衡量が求められる。
④ 　経営者―地方公共団体では首長以下管理責任者が不当な目的のために内部統制を無視ないし無効ならしめることがある。

(5)　内部統制に関係を有する者の役割と責任
　「研究報告書」(注10)を参考に検討してみる。
① 　管理責任者
　地方公共団体における首長、副知事、副市長、副町村長のほか、各部門の管理に責任を有する局長、部長等の職にある者。
　特に首長は行政経営の最高責任者として、組織内のいずれの者よりも統制環境に関係する諸要因と内部統制の構成要素に影響を与える組織の風土の決定に多大な影響を与える。
　副知事等、各部門の管理責任者も、それぞれが権限を付与された業務範囲、部門では最高責任者の地位にあることから、当該業務範囲内、当該部門内における統制環境に関係する諸要因と組織の風土に大きな影響を与えることも考えられる。
② 　責任者
　事務決裁規程等によって決裁権限が与えられている職員その他一つの事務について事実上責任を有する職員として位置づけられる。
　付与された権限の範囲内における職務遂行の義務と責任を有し、内部統制の整備と運用に直接責任を有する立場にある。
③ 　監督者
　通常、担当者の直近の上司として、担当者と責任者の間にあって担当者の事

務を直接監督する立場にある職員、日常的監視活動の任に当たると考えられる。
④　独立的監視活動を担う者
　内部統制の構成要素の一つである監視活動を担う者としては、第1節2(3)⑤で説明しているように、一般的に、議会、監査委員、外部監査人、内部監査部門である。そのほか住民、在勤者等も担う。国の機関、他の地方公共団体も該当する。

## 第2節　内部統制の整備と運用への具体的展開

　内部統制は、首長をはじめとする組織構成員全員が理解し、整備し、運用しなければ効果を挙げられない。筆者は、「研究報告書」[注1]が公表された平成13年5月以降、藤沢市における具体的適用を検討し続け、既に定期監査の監査項目に「内部統制の整備・運用状況の評価」を加えるとともに、各部署への浸透に努めて来た。試行錯誤を繰り返しながらの結果であり、開発途上の部分が多くあるが、本節で紹介したい。

### 1．財務事務事業とその他の事業に区分

　第1節2(3)②で示したとおり、福祉が意味する「危急からの救い」すなわち「安全・安心を妨げる要因」への対応は、地方公共団体の使命である。チェックリスト中「危険／発生原因・環境関連表」に記載された例示のとおり、危険は、行政経営において広範囲にわたり発生する可能性がある。そこで、危険が発生する原因、発現する場所等、発生した後の修復方法等の視点から、地方自治法第9章財務に規定されている事務事業とそれ以外の事務事業に分けて、それぞれの内部統制を構築した方がその整備と運用上有効に機能するのではないかとの結論に達した。

### 2．チェックリストの作成と活用

　各部署が内部統制の整備と運用状況を検討する場合、監査委員が内部統制の評価をする場合の利便性を考慮して、内部統制の構成要素に沿って、整備・運用上の着眼点を、質問書の形式に整理し、質問に対し、合致（Yes）、不一致

(No)、質問内容には該当しない、といった様式を採用した。

質問書形式によるチェックリストの構成は以下のとおりである。

---

地方公共団体における内部統制
—藤沢市の事例—

はじめに
1．内部統制の概念
2．内部統制の構成要素
第1部　共通事項
　Ⅰ　統制環境、Ⅱ　安全・安心への備え（リスク評価）、Ⅲ　統制活動、
　Ⅳ　情報・伝達の機能、Ⅴ　監視活動
第2部　事務事業の執行に係る内部統制
第3部　財務に関する事務の執行に係る内部統制
1．財務事務の構成図
2．内部統制〔特に統制活動（手続）〕評価に当たっての着眼点（質問書形式）

---

「2．内部統制の構成要素」の「第1部　共通事項」については藤沢市の事務事業担当部署のいかんにかかわらず共通した内部統制を対象とする。

また、ICTへの対応はチェックリストとしては完成されていないが、作成準備段階における基本的考え方等について本節4で述べる。

本節1で明らかにしたとおり、財務に関する事務の執行に係る内部統制と財務に関する事務を除くその他の事務事業（以下、事務事業という）に分けて、内部統制を検討する。したがって、内部統制の評価の際、事務事業の執行については、適法かつ適正に行われているかどうかの観点にとどまらず、経済性、効率性、有効性の観点からも、適切に執行されているか否かに特に留意しなければならない。

以下チェックリストの一部を掲記する。

〈地方公共団体における内部統制(チェックリスト)〉
―藤沢市の事例―

はじめに

　一般的には、公務員は「公僕」の名に恥じない高い人格と倫理観を持つことが当然のことと考えられ、行政組織は企業と比べ、マネジメント体制に関心が薄かった。ところが、近年の公務員の不祥事や不適切な事務は国民・市民の不信感を招き、行政運営での説明責任、透明性の確保はますます重要な課題となってきている。

　これらに対処するためには、民間企業と同様に不正防止を始めとする、種々の行政目的達成のための組織を管理する仕組みが必要なことから、そのプロセスである内部統制の確立を図るものである。

１．内部統制の概念

　地方公共団体における内部統制は、住民の福祉を増進するために、地方公共団体の事務が地方自治法第２条第14項から第16項までに定めるところに従って、適法かつ正確に行われるのみならず、経済性、効率性及び有効性の観点からも適切に執行され、その資産が適切に管理されるように管理責任者（市長、副市長、会計管理者、各部門責任者等）によって構築される組織及び事務執行におけるすべての手続又は手段並びに記録から構成されている制度である。

　内部統制の概念は、広狭様々に解されており、必ずしも明瞭ではないが、一般的に言えば、予算の執行における法規の遵守を図るとともに、その資産を適切に管理し、その行政活動を適切に遂行することである。それらの目的を達成するために、地方公共団体の首長等が自ら設定し、その有効性を維持する責任を負う仕組みであり、具体的には組織と統制手続が一体となって機能するものである。

２．内部統制の構成要素

　内部統制は、次の五つの要素から構成される。

(1) 統制環境は、管理責任者の経営理念や基本的経営方針、倫理、職務遂行能力、組織風土（市風）、慣行等から成る。

(2) 住民等の生命又は財産に影響を与えるすべてのリスク、すなわち安全、安心を妨げる要因（危険、危機）を認識し、その性質を分類し、発生の頻度や影響を評価する<u>安全、安心への備え</u>

(3) <u>統制活動</u>は、権限や職責の付与及び職務の分掌等を含む一連のプロセスから成る。

(4) 必要な情報が、関係する責任者に適宜、適切に伝えられることを確保する<u>情報・伝達の機能</u>

(5) これらの機能の状況が常に監視され、評価され、是正されることを可能とする監視（モニタリング）活動

以上の要素は、相互に影響し合い経営管理の仕組みに組み込まれ、一体となって機能することで目的が達成される。

～～内部統制評価に当たっての着眼点（質問書形式）～～

## 第1部　共通事項

本市の事務事業担当部署のいかんにかかわらず、共通した内部統制を対象とする。

Ⅰ　統制環境

首長等の理念や基本的な方針は全庁的に共通する事項であるが、部局、部署には特有の組織風土（市風）や慣行といったものがある。全庁的な経営環境の評価を行うとともに、各部門固有の統制環境を評価する必要がある。

※　以下のチェック項目について、「Yes」、「No」、「該当なし」のいずれかにチェックし、その理由を説明欄に記入してください。

【チェック項目】

1．職員が遵守すべき倫理規程や行動規範（行動マニュアル）はあるか

| Yes | 説明； |
|---|---|
| No | |
| 該当なし | |

2．管理責任者が内部統制の考え方を理解して運用しているか
　(1)　運用していない　(2)　運用している　(3)　積極的に運用している

| (1) | |
|---|---|
| (2) | 説明； |
| (3) | |

3．経営理念と基本的な経営方針はあるか（課等の運営に当たっての基本的な姿勢等）

| Yes | |
|---|---|
| No | 説明； |
| 該当なし | |

4．事業遂行の目的に適合した組織が確立され、権限及び職責は明確に付与されているか

| Yes | |
|---|---|
| No | 説明； |
| 該当なし | |

5．事業遂行に当たり決められた手順を省略していないか

| Yes | |
|---|---|
| No | 説明； |
| 該当なし | |

6．特定の職員に過大な業務量を課していないか

| Yes | |
|---|---|
| No | 説明； |
| 該当なし | |

7．所属長等（課長、主幹、課長補佐等）のモニタリングは定期的に行われているか

| Yes | 説明； |
|---|---|

| No | |
|---|---|
| 該当なし | |

(以下略)

Ⅱ 安全、安心への備え（リスク評価）

　福祉には二つの意味がある。一つは安全、安心の実現。二つはそれらを妨げる要因（危険、危機）から救うことである。安全、安心を妨げる要因が数多く発生するので、これに対する予防（防止）、発生時以降の速やかな回避、解消、回復措置を考えておく必要がある。

　＊　リスクの分類
　①災害に関するリスク……風水害、地震など
　②外的リスク………………自治体がサービスを提供する際の事故（学校、病院の感染症の発生等）、第三者の行為による危害
　③内的リスク………………職員の法令、規程等の違反、公有財産の毀損、個人情報の流出、電算システムの停止など

【チェック項目】
1．安全、安心の実現に関する基本方針はあるか

| Yes | 説明； |
|---|---|
| No | |
| 該当なし | |

2．安全、安心を妨げる要因の把握及び分析とそれに対する十分な対応がなされているか（要因を発生する「人」＝利害関係者を広く捉える。（例）市外への残土、焼却灰等の最終運搬先までの確認）

| Yes | 説明； |
|---|---|
| No | |
| 該当なし | |

３．安全、安心のマネジメントサイクル（計画、実施、監視、評価及び改革）が整備、運用されているか

| Yes | 説明； |
| --- | --- |
| No | |
| 該当なし | |

４．安心、安全を妨げる要因が発生したときの損失額は算出されているか。保険的な対応措置はしてあるか

| Yes | 説明； |
| --- | --- |
| No | |
| 該当なし | |

５．定期的にリスクの把握（内部通報・相談制度）及び見直しがされているか

| Yes | 説明； |
| --- | --- |
| No | |
| 該当なし | |

（以下略）

Ⅲ　統制活動

　統制活動は、あらゆる階層、部署等の事業活動に組み込まれている。承認、権限の付与、査閲、照合、調整手続、業績評価、資産の保全、事務分掌等の広範な方針と手続が含まれる。

　統制活動は事業活動が法令、命令、指示等から逸脱することを防止する防止的統制活動及び当該逸脱を発見して修正する発見的統制活動に分類される。

　情報の識別、収集、処理及び報告をするためのシステムにICTが利用されている場合は、ICTに関連する統制活動は業務処理統制、全般統制の二つに大別される。

【チェック項目】

1．組織図（フローチャート）は体系化されているか

| Yes |  | 説明； |
| No |  |  |
| 該当なし |  |  |

2．現在の分掌事務が事務分掌条例及び行政組織規則に適合しているか

| Yes |  | 説明； |
| No |  |  |
| 該当なし |  |  |

3．事務決裁規程に基づいて決裁行為が適切に行われているか

| Yes |  | 説明； |
| No |  |  |
| 該当なし |  |  |

4．事務事業に関連する法令等規程は整備されているか（例規集、規程集等の具体的文書で）

| Yes |  | 説明； |
| No |  |  |
| 該当なし |  |  |

5．事務事業と関連法令等の関係は明らかにされているか

| Yes |  | 説明； |
| No |  |  |
| 該当なし |  |  |

（以下略）

Ⅳ　情報・伝達の機能

　本市は、人手によるものかICTを利用したものかを問わず、事業活動目的等

の達成に必要、適切な情報を適時入手し、当該情報を必要とする部署等に伝達するために情報システムを構築している。情報システムは、本市内部情報のみならず、必要な外部情報も処理している。

　情報システムによって処理された情報は、管理責任者等から職員へ伝達されるだけでなく、職員から逆に伝達されなければならない。また、部門間においても、双方向に適時、効果的に伝達されなければならない。

【チェック項目】

１．有効な情報は、すべて識別し、収集、処理及び報告がされているか

| Yes | | 説明； |
|---|---|---|
| No | | |
| 該当なし | | |

２．適時（タイムリー）、詳細に情報の収集、処理及び報告がされているか

| Yes | | 説明； |
|---|---|---|
| No | | |
| 該当なし | | |

３．報告に必要なデータを適切に記録しているか

| Yes | | 説明； |
|---|---|---|
| No | | |
| 該当なし | | |

４．広く市民に必要な情報の発信及び周知をしているか

| Yes | | 説明； |
|---|---|---|
| No | | |
| 該当なし | | |

５．住民の意向が適切かつ公正に反映できる制度が定められているか

| Yes | | 説明； |
|---|---|---|

| No | |
| 該当なし | |

(以下略)

## V　監視活動

　監視活動は、内部統制の有効性及び効率性を継続的に評価するプロセスであり、日常的監視活動、独立的評価活動又はこれらの組合せにより実施される。具体的には、日常的監視活動は、事業活動における反復的な日常業務の管理・監督に組み込まれ、独立的評価活動は、一般的に議会、監査委員又は内部監査部門によって実施される。また、市民その他関係者以外からも監視されている。

【チェック項目】

1．予算執行の事務を担当する者の予算執行に際し、その事務手続きに対して適切な監視機能を果たしているか（委託先、出資団体等も含む）

| Yes | | 説明； |
| Yes | | |
| No | | |
| 該当なし | | |

2．市民その他利害関係者からの苦情又は意見の受入れ及びそれらへの対応の仕組み（マニュアル及び処理記録等）はあるか

| Yes | | 説明； |
| No | | |
| 該当なし | | |

3．課等における内部監（考）査が行われているか

| Yes | | 説明； |
| No | | |
| 該当なし | | |

4．部内（調整課等）における内部監（考）査が行われているか

| Yes | 説明； |
|---|---|
| No | |
| 該当なし | |

5．関係機関からの改善勧告又は意見への対応は適切に行われているか

| Yes | 説明； |
|---|---|
| No | |
| 該当なし | |

## 第2部　事務事業の執行に係る内部統制

　本市の事務事業の執行に係る内部統制は、事務事業（財務に関する事務を除く。以下「事務事業」という）の執行に係る内部統制と財務に関する事務の執行に係る内部統制とに分けた構成となっている。後者を分けた理由は、財務事務は地方自治法においても第9章を設けているほど、重要な事務であり、また安全面でも十分保証されているか否か点検（危険＝リスク、損害発生の可能性が高い）をしなければならないからである。

　評価の際、事務事業の執行については、適法かつ適正に行われるのみならず、経済性、効率性及び有効性の観点からも、適切に執行されているかに留意しなければならない。

　財務に関する事務執行については、基本的には地方自治法第9章財務に定める事務区分に従い、特に安全面（危険＝リスク、損害発生の可能性が高い分野での対応）からの評価を重視している。

【チェック項目】

1．事務事業に関連する法令等について

　(1)　法令等はすべて把握し、整理されているか

| Yes | 説明； |
|---|---|
| No | |
| 該当なし | |

(2) 法令等の改廃を常にチェックし、最新の状態が維持されているか

| Yes | | 説明； |
| No | | |
| 該当なし | | |

2．総合計画は、その他の関係する計画との整合性が図られているか

| Yes | | 説明； |
| No | | |
| 該当なし | | |

3．事務事業の目的及び目標が明確に設定され、その達成の程度が測定できるように管理されているか

| Yes | | 説明； |
| No | | |
| 該当なし | | |

4．事務事業は、行政評価システムの中に位置付けられているか

| Yes | | 説明； |
| No | | |
| 該当なし | | |

5．事務事業の執行に当たっては、適材適所の人員配置か

(1) 資格要件は必要か

| Yes | | 説明； |
| No | | |
| 該当なし | | |

(以下略)

この表は II安全・安心への備え予想されるリスク の調査に利用します

危険／発生原因・環境関連表

| 危険発現体(要素) | | | 危険発生原因・環境<br>自然災害、人的災害(火災企業災害等) | 犯罪、濫用(例えばコンピュータ・器物等濫用) | 交通事故 | 公害、感染、汚染 | 公共建造物(施設、設備、道路、橋、港湾、ダム、上下水道、交通、河川) | 教育環境(学校・学童保育・幼稚園、保育園、生涯教育、家庭) |
|---|---|---|---|---|---|---|---|---|
| 人 | 自然人 | 身体(住民・滞在者(職員も含む)) | 死亡・怪我(障害) | 死亡・怪我(障害)薬物乱用 | 死亡・怪我(障害) | O-157、ダイオキシン、環境ホルモン、エイズ、院内感染、B型肝炎、光化学スモッグ、フロン | 死亡、怪我(障害)汚染などによる発病 | 幼児虐待、家庭内暴力、校内暴力 |
| | | 心(住民・滞在者) | 精神不安 | 薬物乱用、精神障害 | | 精神不安 | | いじめ、登校拒否 |
| | 法人 | | 事業規模縮小・撤退 | | | | 事業規模縮小、撤退 | |
| 物 | 公有財産(公用・公共用・普通財産、物権、出資による権利、物品等) | | 損壊、破壊、消失、流失 | 損壊、破壊、破損、盗難、紛失、消滅 | 損壊、破壊、破損 | 土壌汚染(カドミウム、銅、砒素とそれら化合物、ダイオキシン等特定有害物による) | 損壊、破壊、破損、流失 | 損壊、破壊、破損 |
| | 団体の事業遂行過程にあってかかわる私有財産 | | 損壊、破壊、消失、流失 | 損壊、破壊、破損、盗難、紛失、消滅 | 損壊、破壊、破損 | 同上 | 同上 | |
| 金(費用拡大・損害を含む) | 団体が所有・管理する現金・有価証券、基金 | | 金銭的損失 | 盗難、詐欺 | | | | |
| | 団体が事業遂行過程においてかかわる雌雄金銭等 | | 金銭的損失 | 盗難、詐欺 | | | 工事による営業への影響 | |
| 情報 | 団体(行政機関の職員が職務上作成し又は取得した文書等で機関が保有し管理している)の情報 | | 消滅、紛失、損傷 | 漏洩、盗難、破壊、改ざん | | | | 情報非公開化への傾斜 |
| | 団体が事業遂行過程においてかかわる個人・法人情報 | | 消滅、紛失、損傷 | 漏洩、盗難、破壊、改ざん | | | | |
| 信用 | 信用(信頼関係)(住民との信頼関係、国、他団体からの信用) | | | 個人・企業情報漏洩、改ざん等による信用失墜 | | | | 家庭・地域と学校等との信頼関係が損なわれる |
| 環境 | 自然環境(動植物)居住環境 | | 悪化、死滅、生態系破壊 | 暴走族等による環境悪化 | | 営巣・繁殖不能 生態系破壊 CO$_2$(温暖化)、フロン、代替フロン、光化学スモッグ | 生態系破壊、損傷 日照阻害、騒音、移住(転) | |

注1 団体において、ここ数年間に発生している危険—予算の不適切な執行、契約事務に係る法令等違反行為、不適切な上の組織、制度(仕組)上の欠陥に集中しているものと考えられる。
注2 本表に危険発生原因・環境として掲載している内部統制は、財務諸表監査に際して、その整備・運用状況を検証し定している。

出所：日本公認会計士協会著「地方公共団体外部監査実務の手引(その2)」平成10年6月

第15章 地方公共団体における内部統制

〈凡例〉団体＝地方公共団体

| 情報の開示（情報公開） | 社会・経済環境変化（構造的変化、国際的変化、制度の行きづまり、目的達成） | 内部統制 ||||
|---|---|---|---|---|---|
| | | 組織 | 制度（仕組）（各種経営管理制度も含む） | 設備・機器（情報システムも含む） | 手続・記録 |
| | ・変化に対し適格な対応を欠く<br>・変化を取り込んだ政策立案能力が不十分<br>・就業者の変化 | ・事務事業開始・停滞・終了等による定員見直し<br>・外部委託、非常勤職員採用 | | 不十分な保守点検による事故の発生 | |
| 人権侵害 | | 精神障害（職員） | ・住民等接遇管理の不備による不満<br>・精神障害（職員） | | |
| 企業秘密の漏洩 | 企業業績の低下 | | | | |
| | 財産運営の非効率化―運営維持費の増大、不要資産の発生 | | 制度制定時の目的を達成したあるいは現状に合わずに不要資産が発生 | 公有財産を私用に供する | 財産利用の手続が制定されているが手続自体が現状に合わない。特に目的外使用 |
| | | | | | |
| | ・歳入減少・収入未済・不能欠損の増大<br>・長期継続事業における収入見込困難、費用増加、当該事業の必要度の低下<br>・補助金事業の効果減少（消滅） | ・縦割行政の結果効率悪く費用増大<br>・組織ぐるみによる補助金委託料の不適切な執行<br>・内部牽制組織の不備 | 制度制定時の目的を達成あるいは現状が合わずに施行されている食料費、交際費、補助金委託料、負担金、出張旅費、各種手当、決済規程等 | 情報システム濫用による金銭横領 | 内部牽制組織の整備並びに運用手続・記録の不備 |
| | | | | | |
| 情報開示の要否の基準が確立されていない | ・情報非公開化への傾斜<br>・住民による情報公開請求の増加 | ・縦割行政の結果情報伝達が悪い<br>・情報の共有化が進まない | | 情報の漏洩、窃取、濫用 | 記録の消滅（失）改ざん等により情報開示の不可能 |
| 個人情報に対する自己開示 | | | | 個人・法人情報の漏洩、窃取、濫用 | 記録の消滅（失）改ざん等により情報開示の不可能 |
| 住民等と団体との信頼関係が損なわれる | ・住民等への情報開示度が低下することにより信頼関係が損なわれる | ・たらいまわしによる住民サービスの低下 | | 住民、他団体、国からの信用失墜 | |
| | 産業、住宅、福祉施設、文化教育施設等の配置の不均衡 | | | | |

行為は、主として金（費用増大、損害）の面に現れ、その発生原因・環境としては、社会・経済環境変化、内部統制る場合より範囲が広く、危険管理を含めた経営管理全般を支える組織、制度（仕組）設備・機器及び手続、記録を想

239

# 第3部 財務に関する事務の執行に係る内部統制

## 1 財務事務の構成図

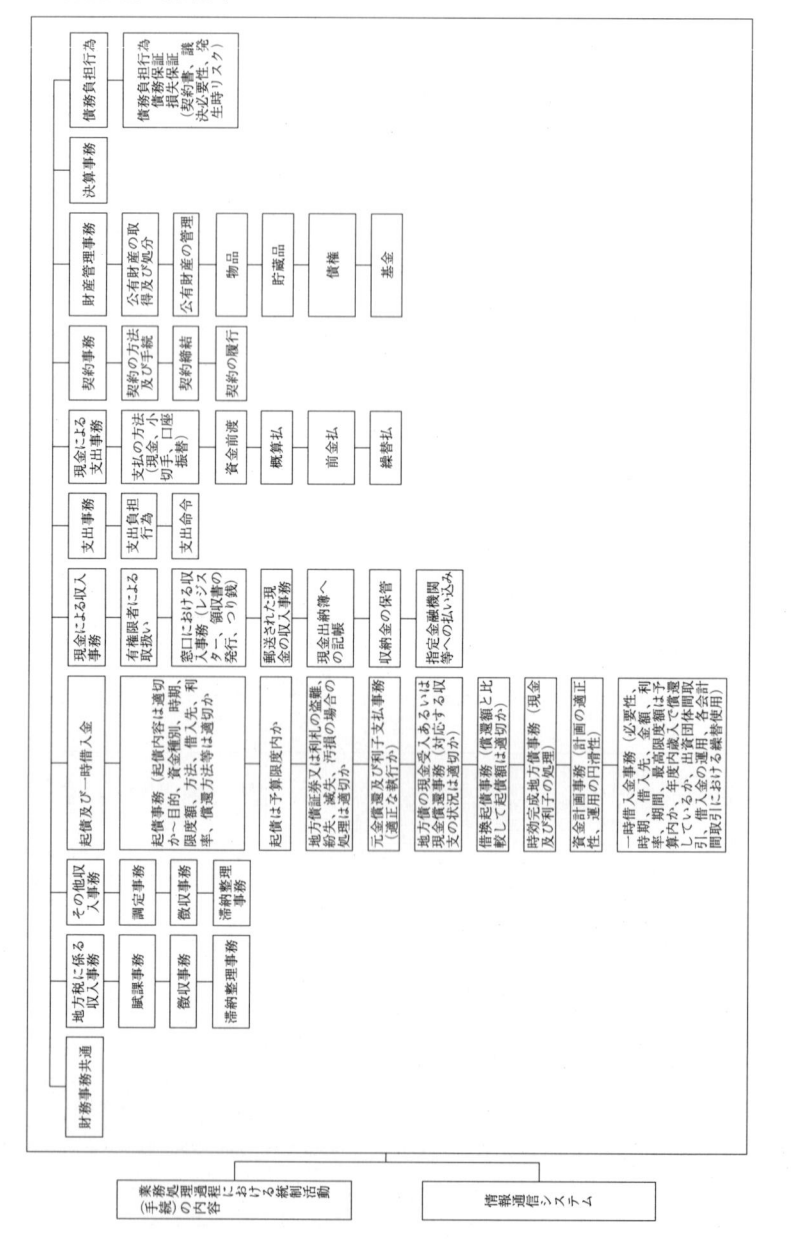

## 2　内部統制〔統制活動（手続）〕評価に当たっての着眼点（質問書形式）

| 質問（項目） \ 監査要点 | 法令等への準拠性 | 実在性 | 網羅性 | 権利（責任）の帰属と義務 | 期間配分の適切性 | 表示の妥当性 | 計数の正確性 | 評価の妥当性 | 情報・通信システムの妥当性 |
|---|---|---|---|---|---|---|---|---|---|
| 1　財務事務共通 | | | | | | | | | |
| （1）財務に関する事務は、内部牽制を考慮して適切に分離され、異なる者によって担当されているか | | | ○ | ○ | | | | | |
| （2）財務に関する事務の決裁権限は適切に定められているか | | | | ○ | | | | | |
| （3）財務に関する事務に係る決裁文書等の様式及び決裁手続は適切に定められているか | ○ | | | | | | | | |
| （4）決裁文書は適切に連番管理が行われているか | | | ○ | | | | | | |
| （5）予算の執行は計画的かつ効率的に行われているか | ○ | | | | | | | | |
| （6）予算計画に対する実績は妥当であるか | ○ | | | | ○ | | | | |
| （7）総計予算主義の原則は守られているか | ○ | | | | | | | | |
| （8）会計区分、年度区分及び予算科目に誤りはないか | ○ | ○ | ○ | | ○ | | | | ○ |
| （9）継続費、繰越明許費の繰越扱い、使用手続きに誤りはないか | ○ | ○ | | | | | | | |
| （10）債務負担行為及び公営企業における棚卸し資産の購入は、予算に定められた限度内でなされているか | ○ | | ○ | | | | | | |
| （11）収支の振替及び更正手続は適正に行われているか | ○ | | | | ○ | | | | |
| （12）弾力条項の適用、事故繰越等の理由、金額及び手続は適正か | ○ | | | | ○ | | | | |
| （13）会計担当部署（審査機能）の支出負担行為の審査は適切に行われているか | ○ | | | ○ | | | ○ | | ○ |
| （14-0）許可、認可、承認等の事項が法定の要件に適っているか | ○ | | | ○ | | | | | |

| 質問（項目）＼監査要点 | 法令等への準拠性 | 実在性 | 網羅性 | 権利（責任）の帰属と義務 | 期間配分の適切性 | 表示の妥当性 | 計数の正確性 | 評価の妥当性 | 情報・通信システムの妥当性 |
|---|---|---|---|---|---|---|---|---|---|
| （14－1）議会の議決事項でないか、また議会の議決を経ているか | ○ | | | ○ | | | | | |
| （14－2）期限及び条件などが適切か | ○ | | | | ○ | | | | |
| （14－3）時効との関係はどうか | ○ | | | | ○ | | | | |
| （14－4）法定の経由機関を経由しているか | ○ | | | | | | | | |
| （15）計数の違算はないか　特に各種の帳簿、証拠書類等の計数は各種帳簿類の計数と符合しているか | | ○ | ○ | | | | ○ | | ○ |
| （16）各種の帳簿及び書類は、法令等に定められた様式が使用されているか　また帳簿等の整備記帳、各種証拠書類の整理保存等は適正に行われているか | ○ | ○ | ○ | | | | | | ○ |
| （17）出納員その他の会計職員の任命手続きは適正に行われているか　また設置は事務の実情に合致しているか | ○ | | | | | | | | |
| （18）出納員の事務引継は適正に行われているか | ○ | | | | | | | | |
| （19－0）現金（前渡金、概算払金、釣銭及び窓口保管金）、有価証券等の保管及び取扱いが適正か | ○ | ○ | ○ | ○ | | | ○ | | ○ |
| （19－1）同上に係る取扱い規程はあるか | ○ | ○ | ○ | ○ | | | ○ | | ○ |
| （20－0）現金保管のための預金通帳は、会計別、基金別等に区分されているか | ○ | ○ | ○ | | | | ○ | | ○ |
| （20－1）預金は非課税扱いとなっているか | ○ | | | | | | | | |
| （21）資産運用基準はあるか | ○ | | | | ○ | | | ○ | |
| （22）歳入歳出外現金の取扱いは適正か | ○ | ○ | ○ | | | ○ | ○ | | |
| （23－0）歳入の徴収または収納事務の委託及び支出事務の委託は適正に行われているか | ○ | | | ○ | | | | | |

# 第15章 地方公共団体における内部統制

| 質問（項目） \ 監査要点 | 法令等への準拠性 | 実在性 | 網羅性 | 権利（責任）の帰属と義務 | 期間配分の適切性 | 表示の妥当性 | 計数の正確性 | 評価の妥当性 | 情報・通信システムの妥当性 |
|---|---|---|---|---|---|---|---|---|---|
| （23-1）同上の場合、所定の告示及び公表を行っているか | ○ | | | | | | | | |
| （24）会計事務について、執行機関における管理点検体制（自己点検、内部監査等）が確立され有効に機能しているか | ○ | | | ○ | | | ○ | | ○ |
| （25-0）寄付収受の手続きは適正に行われ、議決を必要とするものについては、その手続きがとられているか | ○ | ○ | ○ | ○ | | ○ | ○ | ○ | |
| （25-1）物品受贈の場合は適正に評価しているか | | | | | | | | ○ | |
| （25-2）保管は適正に行われているか（現物と記録との照合） | | ○ | ○ | | ○ | | | | |
| （26）事務処理の手続きまたは組織に改善の余地はないか | ○ | | | ○ | | | | | ○ |
| 2　地方税に係る収入業務 | | | | | | | | | |
| （1）賦課事務 | | | | | | | | | |
| ①台帳、帳簿、証拠書類等は整備・保存されているか　記帳は適正に行われているか | ○ | ○ | ○ | | ○ | | ○ | | ○ |
| ②納税義務者、課税客体等は的確に把握されているか（課税漏れ、誤びゅう発見後の処理、賦課事務遅延） | ○ | ○ | ○ | | | | ○ | | ○ |
| ③調定漏れ、調定誤はないか | ○ | ○ | ○ | | | | ○ | | |
| ④固定資産税等課税標準が資産等の評価による地方税の賦課事務について、資産等の評価は複数の職員によって行われるか | ○ | | | | | | ○ | ○ | ○ |
| ⑤上記の評価結果については、監督者によって検閲され検印されるか | ○ | | | ○ | | | ○ | ○ | ○ |
| ⑥ICT処理による場合は、課税標準等を入力する職員は限定されており、パスワード等により識別されているか | | | | ○ | | | | | ○ |

243

| 質問（項目） \ 監査要点 | 法令等への準拠性 | 実在性 | 網羅性 | 権利（責任）の帰属と義務 | 期間配分の適切性 | 表示の妥当性 | 計数の正確性 | 評価の妥当性 | 情報・通信システムの妥当性 |
|---|---|---|---|---|---|---|---|---|---|
| ⑦⑥によって出力された課税台帳は、入力担当職員以外の職員によって検査され、検印が押された上で、責任者によって承認されているか | | | | ○ | | | | | ○ |
| ⑧税額変更に係る調定は、監督者によって十分検討され、検印が押された上で、責任者によって承認されているか | ○ | | | ○ | | | ○ | | ○ |
| ⑨非課税、減免、課税免除、不均一課税、納期限延長の取扱い及び手続は法令等の規定に基づいて適正に行われているか | ○ | | | ○ | | | | | ○ |
| ⑩減免等の処理は、書類によってその理由が明らかにされており、監督者によって十分検討され、検印が押された上で、責任者によって承認されているか | ○ | | | ○ | | | | | ○ |
| ⑪税額変更、減免等による調定額の変更があった場合は、課税台帳が直ちに修正され、修正が正確に行われたことが記録されているか | ○ | | | | | | ○ | | ○ |
| ⑫申告納税に伴う手続は適正に行われているか | ○ | | | | | | | | ○ |
| ⑬申告書の提出は適正に行われているか、また受理の際、必要事項の点検が行われているか | ○ | | | | | | | | |
| ⑭更正決定及び加算金の処理は適正に行われているか | ○ | | | | | | ○ | | |
| ⑮不申告、過少申告に対する処理は適正に行われているか | ○ | | | | | | ○ | | |
| （2）徴収事務 | | | | | | | | | |
| ①-0　納入の通知は適正に行われているか | ○ | ○ | ○ | | ○ | ○ | ○ | | ○ |
| ①-1　納入通知書は必要事項をすべて記載し、発行されているか | ○ | ○ | ○ | | ○ | ○ | ○ | | ○ |
| ①-2　納期限の設定は適切か | ○ | | | | ○ | ○ | ○ | | ○ |

第15章 地方公共団体における内部統制

| 質問（項目） \ 監査要点 | 法令等への準拠性 | 実在性 | 網羅性 | 権利（責任）の帰属と義務 | 期間配分の適切性 | 表示の妥当性 | 計数の正確性 | 評価の妥当性 | 情報・通信システムの妥当性 |
|---|---|---|---|---|---|---|---|---|---|
| ①－3 納入通知書の発行が遅延しているものはないか | ○ | | | | | | | | ○ |
| ①－4 納入通知書を発行すべきものを発行せずに口頭その他正規手続によらず収納しているものはないか | ○ | ○ | ○ | | | | ○ | | ○ |
| ①－5 納入通知書紛失による納付書の発行は適正に行われているか | ○ | ○ | ○ | | | | | | ○ |
| ①－6 不着納入通知書等の調査と事後手続は適正に行われているか | ○ | ○ | ○ | | | | | | ○ |
| ②－0 延納・分納及び徴収停止の措置は適正か | ○ | ○ | ○ | | ○ | | | | ○ |
| ②－1 申請書は提出されているか、また事由を証する関係書類は添付されているか | ○ | ○ | ○ | | | | | | ○ |
| ②－2 延納等に伴う担保及び利子は適正か | ○ | | | | | | ○ | | |
| ②－3 事由が消滅しているのに継続して措置しているものはないか | ○ | ○ | | | | | | | |
| ③徴収台帳等は整理されており、適正に記帳されているか | ○ | ○ | ○ | | | | ○ | | ○ |
| ④徴収台帳等の消込記録は定期的に担当者以外の職員によって検査され、滞納の状況が適切に把握されているか | ○ | ○ | ○ | ○ | | | ○ | | ○ |
| ⑤収入の消込み誤り、漏れ及び遅延しているものはないか | ○ | ○ | ○ | | | | ○ | | ○ |
| ⑥口座振替または郵便振替による収納手続は適正に行われているか | ○ | | | | | | | | |
| ⑦有価証券の整理は適正に行われているか | ○ | ○ | | | | | | | |
| ⑧嘱託受託及び引継引受事務は適正に行われているか | ○ | ○ | | | | | | | |
| ⑨過誤納金の還付手続は適正に行われているか | ○ | ○ | ○ | | | | ○ | | ○ |

245

| 質問（項目）＼監査要点 | 法令等への準拠性 | 実在性 | 網羅性 | 権利（責任）の帰属と義務 | 期間配分の適切性 | 表示の妥当性 | 計数の正確性 | 評価の妥当性 | 情報・通信システムの妥当性 |
|---|---|---|---|---|---|---|---|---|---|
| ⑩延滞金の徴収事務は適正に行われているか | ○ | ○ | ○ |  |  |  | ○ |  | ○ |
| ⑪報奨金の交付事務等は適正に行われているか |  | ○ | ○ |  |  |  | ○ |  | ○ |
| ⑫徴収（収納）率低下の場合、その原因の把握及び対策は適切か |  | ○ | ○ |  |  |  | ○ |  | ○ |
| ⑬繰上徴収手続は適正に行われているか | ○ | ○ | ○ |  |  |  |  |  |  |
| ⑭不能欠損処分は適時、厳正に行われているか | ○ | ○ | ○ |  |  | ○ |  |  |  |
| （3）滞納整理事務 |  |  |  |  |  |  |  |  |  |
| ①滞納状況と、その理由を明確に把握し、記録しているか |  | ○ | ○ | ○ |  |  |  |  | ○ |
| ②徴収（収納）率低下の場合、その原因の把握及び対策は適切か |  | ○ | ○ |  |  |  | ○ |  | ○ |
| ③滞納の状況は定期的に監督者に報告され、これに対する監督者の指示が適切に行われ、記録されているか |  | ○ | ○ | ○ |  |  |  |  | ○ |
| ④滞納者に対する督促、催告及び時効中継手続は適時かつ適正に行われているか | ○ | ○ | ○ |  |  |  | ○ |  | ○ |
| ⑤滞納者に対する滞納処分は適時、かつ適正に行われているか | ○ | ○ | ○ |  |  |  | ○ |  | ○ |
| ⑥必要に応じて徴収猶予及び換価猶予の措置がとられているか、またその手続は適正か | ○ | ○ | ○ |  |  |  |  |  |  |
| ⑦滞納処分の執行停止は適正に行われているか | ○ | ○ | ○ |  |  |  |  |  |  |
| ⑧前記④～⑦に関する記録は、監督者によって適切に検閲され、検印が押されているか | ○ |  |  | ○ |  |  |  |  |  |
| ⑨-0　滞納整理について、対応措置を講じているか | ○ | ○ | ○ |  |  |  | ○ | ○ | ○ |
| ⑨-1　時機を失せず強制執行、仮処分、債権の申出、担保権の実行、 | ○ | ○ | ○ |  |  |  | ○ |  | ○ |

| 質問（項目） \ 監査要点 | 法令等への準拠性 | 実在性 | 網羅性 | 権利（責任）の帰属と義務 | 期間配分の適切性 | 表示の妥当性 | 計数の正確性 | 評価の妥当性 | 情報・通信システムの妥当性 |
|---|---|---|---|---|---|---|---|---|---|
| 履行期限の繰上げ等、債権の確保のための措置がとられているか、また手続は適正か | | | | | | | | | |
| ⑨－2 必要に応じ徴収停止、履行期限の延長、分割納付、債務の免除等の債務の緩和措置がとられているか、また手続は適正か | ○ | ○ | ○ | ○ | | | ○ | | ○ |
| ⑨－3 滞納処分に伴う差押物件及びその換価事務は適正に行われているか | ○ | ○ | ○ | ○ | | | ○ | ○ | |
| ⑩督促手数料、延滞金等は適正に徴収しているか またこれを免除しているものについては、理由及び手続は適正か | ○ | ○ | ○ | ○ | | | ○ | | ○ |
| ⑪－0 不能欠損処分は適時かつ厳正に行われているか | ○ | | | | | | | | |
| ⑪－1 時効の起算点に誤りはないか | ○ | ○ | ○ | | ○ | | | | ○ |
| ⑪－2 不能欠損処分に至るまでの徴収努力を尽くしているか、記録はあるか | ○ | ○ | ○ | | | | ○ | | |
| ⑪－3 時効完成前に不能欠損処分にした場合、理由は正当か、また法令等特別に定める場合を除き、議会の議決を経ているか | ○ | | | ○ | | | | | ○ |
| ⑪－4 時効完成等により、既に消滅した債権が未整理のまま残っていないか | ○ | ○ | | | | | | | ○ |

（以下略）

　はじめに、第1部　共通事項、第2部　事務事業の執行に係る内部統制、までの詳説は紙幅の関係で割愛するが、第3部　財務に関する事務の執行に係る内部統制、について説明する。

〈1　財務事務の構成図〉
　地方自治法第9章財務に規定されている財務に関する事務を体系的に把握し、相互関連も理解できるように図示した。

〈2　内部統制〔統制活動（手続）〕評価に当たっての着眼点（質問書形式）〉
　前1に示された図中の枠内事務別に質問が設定され、監査要点と関連させている。監査調書との一体化も含めて様式を検討している段階であるので不十分であるが、「監査等の着眼点」[注11]と「内部統制実施基準」[注12]の「リスクと統制の対応（例）」の考え方をも取り入れ、通常業務に組み込まれる統制活動（手続）の整備・運用状況を点検する上で有効であると考えられる。
　ここに記載されている、1．財務事務共通、2．地方税に係る収入事務は、1．財務事務の構成図に掲記されている左側1列目「財務事務共通」、2列目の「地方税に係る収入事務」のみを示している。
　表中の監査要点における情報・通信システムの妥当性は、ICTが財務事務処理に利用されている場合に、処理システムに統制活動（手続）が組み込まれており、有効に機能しているかを検討することを意味している。したがって、情報・通信システム妥当性の検討は、後述するICTを利用したシステムにおける内部統制—特に業務処理統制の点検の一環として実施する必要がある。

3．監査委員の役割
(1)　定期監査による組織への浸透
　第2節冒頭でふれたが、藤沢市では2005（平成17）年度から、監査委員による定期監査に「内部統制の整備状況の点検」を加え、チェックリスト方式を採用し、第1段階は質問をいくつかに絞りこみ、部門責任者にヒヤリングし、第2段階では、チェックリストを事前に各部署に渡し、回答を記入してもらい、それに基づき必要資料を徴求し、質疑を行い整備状況を検討して来た。次の段階は運用状況の検討に入る。

(2)　教育研修による組織への浸透
　定期監査において内部統制の浸透を図るとともに、藤沢市における職員への

基本研修プログラムに「内部統制の基礎と整備・運用」を組み込み、2007（平成19）年から実施している。内部統制は全職員が理解し、整備・運用に努める必要があるために、各部課に設けられている「職場研修担当者」が職場内で、研修できる体制も整えた。

## 4．ICTを利用したシステムにおける内部統制

ICTを利用したシステム（以下ICT利用システムという）における内部統制は全般統制と業務処理統制とに分けて検討する。

全般統制は、地方公共団体がICTを利用して事業活動に伴う業務処理を実施している場合に、業務処理過程に組み込まれる統制活動（手続）が、常時整備され、運用され、業務処理が、計画されたとおり実行されることを支援する仕組み、活動である(注13)。個々の業務ごとに組み込まれる統制活動（手続）ではなく、すべての業務処理を対象とする。

業務処理統制は、個別の業務処理過程に組み込まれる統制活動（手続）である。

### (1) 全般統制

全般統制を適用する対象は、二つに分けられる。一つは、地方公共団体が採用するハードウェアシステム、二つは、当該ハードウェアシステムを利用するためのソフトウェアの開発からハードウェア・ソフトウェアを一体化した運用に至る活動全体である。

① ハードウェアシステム

ハードウェアシステムは、構成するハードウェアシステムによりいくつかの形態がある。主なものとしては、

　　［1］大型汎用コンピュータを中心とするホスト系システムの利用
　　［2］クライアントサーバシステムを利用している場合
　　［3］ネットワーク上でプログラムやデータが流れている場合
　　［4］地方公共団体外に開かれた接続環境が存在する場合—この場合は
　　　　地方公共団体の支配力が直接及ばない範囲も統制対象として考慮

する必要がある[注14]

② ソフトウェアの開発からシステム全体の運用活動

前①掲記のハードウェアシステムを利用するためにはソフトウェアが必要である。ソフトウェアの開発からそれを利用したハードウェア、ソフトウェア一体化の運用全体までを対象とする。具体的には、

　　　［1］ソフトウェアの開発
　　　［2］ソフトウェアの変更等維持
　　　［3］ICT利用システム全体の運用
　　　［4］［1］から［3］のうち一部又は全部が外部委託されている場合、全般統制は外注先にまで及ぶ
　　　［5］情報セキュリティ管理[注15]

以上全般統制については、基本的には、採用するハードウェアシステムとそれを利用するためのソフトウェアの開発・維持そしてシステム全体の運用に関する取扱規程が制定されている。筆者が最も重視するのは、ICT利用システム全体が常時安全運行できること、すなわち安全運行を妨げる要因（リスク）に対する安全・安心への備え管理サークルが確立されていることである[注16]。

最後［5］情報セキュリティ管理は、企業はもちろんのこと多くの地方公共団体においても、「情報セキュリティマネジメントシステム」が導入され、ICT利用システムの生命を支えているといっても過言ではない。

(2) 業務処理統制

地方公共団体が実施する事業活動に伴う個別業務に組み込まれる統制活動（手続）である。本項では、第2節2で紹介した内部統制のチェックリスト―藤沢市の事例―の中で特に財務事務で発生する安全・安心を妨げる要因（リスク）に注目し、リスク発生予防にどのように対応しているかを説明する。

藤沢市のICT環境は、パソコンによるクライアントサーバー方式を採用、庁内LANシステムを導入している。内部事務処理の高効率化を実現するために「職員ポータルシステム」を構築し、職員がかかわるすべてのシステムの入口となるサイトを設けており、文書管理システム、財務会計システム、庶務シ

ステム、メールサービス、行政評価システム、掲示板、施設予約、スケジュール管理等のサイトを束ねる。この職員ポータル構築の基本思想は、次のとおりである。

・機器の管理から人の管理へ
　作業は機器（パーソナルコンピュータ）が行う→作業は"人（職員等)"が行う
・すべて①誰が（職員等）、②何ができるか制御（権限付与）、③いつ、何をしたかを記録する

　職員ポータルシステムに組み込まれた財務会計システムが財務事務を処理するシステムである。職員１人１台配置された情報系端末から財務会計システムの利用が可能である。

　財務会計システムは①情報系端末からの利用となるので、詳細な操作マニュアルが作成されている。画面上メニュー、指示を見ながら操作することになるが、チェックリスト―藤沢市の事例中、第３部財務に関する事務の執行に係る内部統制に掲記した監査要点とリンクした統制活動（手続）が財務会計システムに組み込まれているかどうかを確認しなければならない。財務事務の統制活動（手続）の整備・運用状況は、ICTを利用した財務会計システムと一体化して検討されなければならない。

　財務会計システムは情報系端末の画面を見ながら財務会計処理が可能である。ここに大きな問題が発生する。会計処理は自動的に実行されてしまうので、会計処理の背景にある根拠法令等、会計処理原則等財務会計の基本的な知識、論理を理解することなく会計処理が終了してしまう。地方公共団体は法令等を遵守して事業を遂行しなければならない使命がある。遵守すべき法令等、会計処理の原則等、手作業とコンピュータ処理との組合せによる処理の場合の留意点等を説明した手引書がどうしても必要になる。

　藤沢市では、会計事務ハンドブックと財務会計事務手引きの２つを作成している。

　会計事務ハンドブックは、地方公共団体の会計、収入、支出、支出と支払の原則の例外、予算執行の手順が記載されている。

財務会計事務手引は、財務会計処理は情報系端末の画面を見ながら実行できるようになっているが、メニュー、指示を選択するに際し各勘定科目別（例えば節別）に注意すべきこと、遵守すべきこと、手作業で処理すべきことが詳述されている。

　財務事務を処理するシステムはICTを利用した財務会計システムとして構築され、情報系端末による会計処理（プログラムによる自動処理）―操作マニュアル完備、会計事務ハンドブック、財務会計事務手引の3部から構成される処理手引書によって運用されている。

## 第3節　おわりに

　内部統制の充実強化を目指し、まだ多くの課題を解決しなければならない。いくつかを挙げてみる。

①　安全・安心への備えの管理サークルを部署単位、さらには職員一人一人、自分が担当する業務、職場での位置を考慮して確立すること
②　内部統制に関係を有する者の役割と責任を明確化すること
③　ICT利用システムにおける内部統制の監視の強化


（注1）日本公認会計士協会「地方公共団体における内部統制」（地方公共団体監査特別委員会研究報告第1号、平成13年5月14日「JiCPAジャーナル」No.553、2001年8月号、第一法規出版
（注2）「地方財務」No.571、2001年12月号、ぎょうせい
（注3）「財務報告に係る内部統制の評価及び監査の基準並びに財務報告に係る内部統制の評価及び監査に関する実施基準の設定について（意見書）」平成19年2月15日　企業会計審議会
（注4）地方公共団体の長、副知事・副市長・副町村長、各部門の管理に責任を有する局長、部長等の職にある者
（注5）「財務報告に係る内部統制の評価及び監査の基準」平成19年2月15日、企業会計審議会
（注6）日本公認会計士協会「統制リスクの評価」監査基準委員会報告書第20号（中間報告）、平成14年7月11日、原図出典：AICPA, AU Section 319「Consideration of Internal Control in a Financial Statement Audit」Para. 08, May 2001（訳：日本公認会計士協会監査基準委員会）
（注7）（注5）同掲書Ⅰ．2．(2)

(注8) (注5) 同掲書Ⅰ.2.(6)
(注9) (注5) 同掲書Ⅰ.3
(注10) 注1同掲書前文4.用語の定義
(注11) 全国都市監査委員会編著『監査手帳』、「監査等の着眼点、」平成17年度改訂版
(注12) 財務報告に係る内部統制の評価及び監査に関する実施基準:平成19年2月15日、企業会計審議会、Ⅱ.財務報告に係る内部統制の評価及び報告 3財務報告に係る内部統制の評価の方法(参考3)リスクと統制の対応(例)
(注13) 日本公認会計士協会「ITに係る内部統制の枠組み～自動化された業務処理統制等と全般統制～」IT委員会研究報告第35号、平成20年1月21日、Ⅳ.全般統制 1.意義
(注14) 注13同掲書 Ⅳ.全般統制 2.全般統制の適用範囲
(注15) 注13同掲書 Ⅳ.全般統制 3.全般統制のリスク評価
(注16) 第1節の2(3)内部統制の構成要素 ②リスク評価

# 第16章
# 公会計の財務報告の目的と会計の基礎

米田　正巳
(東京富士大学経営学部教授・公認会計士)

## 第1節　序文
### 1．公会計とは

　わが国で「公会計」は公的部門の会計 (Public Sector Accounting) の意味で用いられている。この公的部門に政府は含まれるが、政府以外にどこまでの組織を含めるかが問題となる。政府とは、中央政府である国と、地方政府である自治体を指す。しかし、政府以外の特殊法人、政府企業、第三セクター等の公企業や財団法人、社団法人、NPO法人等の非営利組織も公的部門に含まれるかは、意見が分かれている。

　わが国の公会計について広義説と狭義説がある。狭義説は国と自治体を会計主体とする考え方で、政府会計といわれている。広義説は、その政府会計に公企業を含めたものと考えられている。さらに、非営利組織も含めた考え方は、最も広い意味での公会計の定義といえる。本章では、特に、狭義説の政府会計の内の自治体についての会計を対象とする。

### 2．自治体の財務報告の目的と会計の基礎

　本章において、国際会計士連盟 (International Federation of Accountants：以下「IFAC」という。) 理事会の常設委員会の公会計委員会 (Public Sector Committee：以下「PSC」という。) の研究報告及び米国政府会計基準審議会 (Governmental Accounting Standards Board：以下「GASB」という。) の概念書を参考にし、わが国の「財務報告の目的」と「会計の基礎」について論述するものである。

　本章第2節では、IFACとGASBの概要、刊行物の説明を行い、第3節では、

「財務報告の目的」、第4節では、「会計の基礎」について紹介・解説することにより、わが国の現状と課題について国際的な取組みを視野に入れながら論述する。

## 第2節　IFACとGASB
### 1．IFAC/PSCについて

IFACの理事会の常設委員会として、PSCがある。わが国は、現在まで、PSCに委員を送っていない。わが国の窓口としては、日本公認会計士協会の公会計委員会が対応しており、IFAC/PSCからの公開草案又は質問書への回答、PSCへの各種の情報提供等を行っている。

IFAC/PSCの主たる刊行物は、次のものが挙げられる。

① 国際公会計基準（International Public Sector Accounting Standards：以下「IPSAS」という。）

国際公会計基準は、公的部門の財務報告、会計及び監査に係る個別のテーマを、関連する注記その他に係る指針と合わせて対象とするものである。IPSASは、国際会計基準委員会（IASC）が公表した国際会計基準（IAS）を基礎とし、それを公的部門に適用した際に問題となる部分を妥当なものに変更することにより作成・公表されてきた。

② 実務指針（International Public Sector Guidelines）

実務指針は、公的部門の財務報告、会計及び監査に関して、遵守されるべき実務について勧告するものである。

③ 研究報告（International Public Sector Studies）

研究報告は、公的部門の財務報告、会計及び監査にかかわる概念及び基本的問題に関する助言を提供するものである。

④ 臨時報告書（Occasional Papers）

臨時報告書は、公的部門の課題への新たな情報又は洞察を提供することを目的とするものである。

IFAC/PSCの刊行物は、各加盟国に対して法的強制力を有するものではないが、国際連盟などの国際機関が、IFAC/PSCの活動にオブザーバーとして加わ

り、スポンサーとして寄付等も行っている。また、北大西洋条約機構（NATO）が2006年から国際公会計基準の適用を開始しており、国際機関の中で採用の動きが出てきている。

　本章においては、特に、研究報告第11号（政府の財務報告：Governmental Financial Reporting,Study No. 11：以下「研究報告」という。）を参考にして、論述を行うものである[注1]。この「研究報告」は2000年5月、英国のエジンバラで開催されたIFAC世界大会において、それまでの公会計に係る基礎理念を集大成した報告として採択されたものである。「研究報告」の解説書として、筆谷勇監修の月刊誌「ぎょうせい」の「短期連載世界に取り残される日本の公会計」を参考とした[注2]。

## 2．GASBについて

　GASBは、米国の州及び地方政府に適用される会計基準の設定機関として、前身の全米政府会計審議会（National Council on Governmental Accounting）の任務を継承するかたちで財務会計財団（Financial Accounting Foundation）のもとに1984年設立された。財務会計財団は、FASB（Financial Accounting Standards Board）の上部団体であるもので、GASBはFASBの姉妹組織ということになる。両審議会の取決めによって、GASBは州及び地方政府に適用される会計基準を設定し、FASBは、それ以外の団体（主として営利企業及び非営利組織）に適用される会計基準を設定するという役割分担がなされている。

　本章においては、GASBの（概念書第1号「財務報告の基本目的」：GASBCS Ⅰ"Objectives of Financial Reporting"：以下「概念書」という。）を参考にして、論述を行うものである[注3]。この「概念書」は1987年5月に公表され、その後の公会計部門の「財務報告の目的」の基本概念の基礎となった報告書であり、前述の「研究報告」にも影響を与えている。「概念書」の翻訳書として、藤井秀樹監訳『GASB/FASAB公会計の概念フレームワーク』を参考にした[注4]。

## 第3節　財務報告の目的
### １．自治体会計の特徴
　自治体会計は企業会計と異なり、次のような特徴があるが、財務報告の目的には差異はない。

(1)　予算管理の重要性
　政府・自治体は課税、政策的な財政支出、金融政策を通して資源配分プロセスへ介入している。企業は市場のコントロールに服する度合いが高いが、自治体は市場競争の影響が少なく、資源の使途制限、予算管理が資源の獲得・配分の重要な要素となる。

(2)　資源提供者
　政府・自治体の公的部門では企業のような所有主は存在せず、納税者(住民)は強制的な課税により徴収されるが、直接的な金銭的な見返りを期待しているわけではない。むしろ、自治体の事業そのものに関心があり、事業の目的や目標が達成されていく状況を見守ることに関心がある。

### ２．財務報告の基本目的
　自治体の目的は利益をあげることではなく、住民サービスを提供し、住民福祉の向上に資することにある。したがって、自治体の財務報告の基本目的は、使用された資源と提供されたサービスの関係が組織の目的の達成にどの程度成功しているかについて、評価をするのに役立つ情報を提供することである。

(1)　「研究報告」の財務報告の基本目的
　「研究報告」において、財務報告の最も重要な目的は、利用者のニーズに適合する情報を提供することであり、政府財務報告の主要な利用者が必要とする情報のタイプを明らかにすることが求められる。また、政府財務報告が行われる社会的、経済的な環境についても検討することが有用となるとする。
　一般に政府は利益をあげるために存在するものでなく、政府の業績を評価す

るためには、利益指標以外の種々の財務的・非財務的指標が必要となる。公的部門の報告主体は、投下資本に対するリターンの多寡というよりも、住民福祉に対する最善の能力発揮と、利用可能な資源によって最少コストで市民が要求する財貨とサービスを提供することが求められている。そのため、予算配分と執行に関する準拠性報告及び非財務的な業績報告などが必要とされることになる。

(2) 財務報告の利用者とそのニーズ

政府財務報告の主要な利用者には以下の者が含まれる。

① 立法府及びその他の政府団体

これらの団体は行政府に対して公的資源を管理する権限を付与しており、行政府の準拠性あるいは付与された資源の受託管理状況、行政府の財政状況及び財務業績について評価するために財務報告を利用する。

② 国民(住民)

政府の課税等によって受領した資金の利用方法や政府の公的サービス提供に資するための情報に関心がある。

③ 投資家及び与信者

政府の借入金等に係るコミットメント(法律上又は契約上の義務であり、法律上又は契約上の条件が満たされた時に債務となるものである。)が満期になる際の償還能力の有無に関して、その評価が可能となる情報に関心がある。

④ 格付機関

政府が資本市場から調達した債務に関する償還能力及び支払能力に係る情報に関心を持っている。

⑤ その他の政府、国際的機関及び資源提供者

投資家及び与信者と類似した情報ニーズを有している。なお、国際的機関は、種々の政府の財務諸表の比較可能性及び完全なディスクロージャーの入手という点に関心を有している。

⑥ その他の利用者

経済分析者及び財務分析者あるいは政府内部の責任者などが挙げられる。

以上の政府財務報告の利用者のニーズとしては、次のものが考えられる。
① 収入のタイプと源泉を評価すること
② 資源の利用と配分を評価すること
③ 収入が事業のコストを回収するのにどの程度有効であったか評価すること
④ キャッシュ・フロー、将来の資金及び借入の必要性につき、そのタイミングと取引量を予想すること
⑤ 短期及び長期の財政上の負担を満たす政府の長期的能力を評価すること
⑥ 政府の包括的な財政状態を評価すること
⑦ 納税者のために保有する資産に関する情報（資産状態と維持管理に関する情報等）
⑧ 政府の財務業績に関する評価
⑨ 政府支出の経済への影響及び代替的支出と優先順位の評価
⑩ 公的資源の利用に関して、予算等に係る法的準拠性の評価
⑪ 公的資源の保管・維持に関する受託責任の評価

これらの利用者のニーズを満たす財務報告の質的特性については、公的部門と私的部門に大きな差異がなく、国際会計基準におけるフレームワークで述べている「理解可能性」、「目的適合性」、「重要性」、「信頼性」、「表示の忠実性」、「実質優先」、「中立性」、「慎重性」、「完全性」、「比較可能性」、「適時性」などが挙げられる。

(3) GASBの「概念書」における財務報告の基本目的

「概念書」は、公的説明責任について広範な見解をとっており、財務報告のすべての基本目的は、一般目的財務諸表を通じて達成できるものではないと考えている。財務報告の基本目的は、一般目的外部財務報告に関連しており、一般目的財務諸表の情報に限定されない。

「概念書」は、地方自治体の財務報告の基本目的として、次の項目を挙げている。
① 財務報告は、以下のような役立ちを通じて、公的説明責任の履行という

義務を政府が全うするのを支援し、また、その説明責任の履行状況を利用者が査定するのを可能にするものでなくてはならない。

　ア．当該年度の歳入は当該年度の行政サービスを賄うのに十分であったかどうかを明らかにする情報を提供すること

　イ．法的手続に従って採択された当該政府機関の予算に準拠して資源が調達され、利用されているかどうかを明らかにし、またその他の財政関連法規や契約で規定された条項が遵守されているかどうかを明らかにすること

　ウ．政府機関におけるサービス提供の努力、コスト及び成果を、利用者が査定するのに役立つ情報を提供すること

② 財務報告は、以下のような役立ちを通じて、政府機関における当該年度の活動成果を利用者が評価するのに役立つものを支援するものでなければならない。

　ア．財務的資源の調達源泉と使途に関する情報を提供すること

　イ．当該政府機関が自らの活動に必要な資源をどのように調達し、またその資金需要をどのように賄ったかについての情報を提供すること

　ウ．当該年度の活動の結果、当該政府機関の財政状態が改善されたのか、悪化したのかを明らかにするのに必要な情報を提供すること

③ 財務報告は、以下のような役立ちを通じて、政府機関における提供可能なサービスの水準及び支払期限の到来した債務の支払能力を、利用者が査定するのに役立つものでなければならない。

　ア．政府機関の財政状態と財政状況に関する情報を提供すること

　イ．耐用期間が当該年度を超える物的資源及びその他の非財務的資源に関する情報を、これら諸資源のサービス提供能力を査定するのに利用可能な情報とともに、提供すること

　ウ．資源に対する法律上又は契約上の制約並びに資源の潜在的損失のリスクを開示すること

(4) 「概念書」の利用者とそのニーズ

「概念書」は、政府の外部財務報告書の主たる利用者として、次の３つのグループがあると考えている。

① 政府が第一義的な説明責任を負っているグループ（市民グループ）

市民（納税者）、有権者、サービス受取人、メディア、市民運動グループと財政研究者が含まれる。

② 市民を直接的に代表するグループ（立法機関及び監督機関）

州議会、カウンティー委員会、市議会、信託基金理事会及び教育委員会のメンバー、並びに他のレベルの政府機関に対する監督責任を負った政府行政部局の職員が含まれる。

③ 融資を行い、融資のプロセスに関与するグループ（投資家と与信者）

個人又は法人の投資家及び与信者、地方債引受機関、地方債格付機関、地方債保険業者並びに金融機関が含まれる。

また、「概念書」は、政府の財務報告は、経済性、社会的、政治的意思決定を行い、説明責任を査定するに当って、以下のような手続を通じて利用されるとしている。

① 実際の財務的成果と法的に採択された予算の比較

上記の３つのグループはいずれも、当初予算又は補正予算と実際の成果を比較することに関心をもっている。市民並びに立法機関・監督機関は、資源が予算どおりに利用されたかどうかを確かめたいと考える。

② 財務状態と活動成果の評価

財務報告書は、財務状況並びにサービス提供能力、債務償還能力を査定するために広く利用されている。投資家及び与信者は、自治体の長期的な債務償還能力を評価するため、市民グループは、増税やサービス料金の引き上げの可能性を評価するため、立法及び監督当局は、資本予算及び経常予算、活動プログラムに関する勧告を策定し、類似の地域の支出額との比較を行うため、財務報告を活用する。

③ 財政関連の法律、規則、及び規則への準拠性の判定への役立ち

予算及び基金によるコントロールの他にも、地方債発行限度、課税制限

など政府活動を規制する法的制約がある。準拠性が確保されなければ財政責任の欠如を意味し、債務返済の累増、補助金の削減など深刻な財政上の結果をもたらす。そのため、立法及び監督当局は、予算編成プロセスの準拠性に関心をもつ。一方投資家及び与信者は、投資家を保護するための地方債契約や地方債制限を遵守しているかに関心を抱く。

④ 効率性と有効性の評価への役立ち

特に市民及び立法当局者は、政府機関におけるサービス提供の努力、コスト及び成果に関する情報を必要としている。財務情報と他の情報と組み合わせることにより、利用者が、政府の経済性、効率性、有効性を評価するのに役立つ。情報は、他の年度及び他の政府機関との比較ができるほどに十分に詳細である必要がある。

(5) 「概念書」の公的説明責任（アカウンタビリティ）の定義

「概念書」では、地方自治体の公的説明責任（アカウンタビリティ）は、「自己の行為を説明する義務、すなわち自己の行ったことを弁明する義務」（注）と定義されており、より具体的には「公的資源の調達と使用目的について弁明する義務」（同上注）をいう。自治体の公的説明責任は、住民が「知る権利」を持っているという信念に基づいている。知る権利とは、住民とその選ばれた代表が、包み隠さず言明された事実を受け取ることにより、開かれた協議ができることを保証するものである。民主主義社会において、自治体が説明責任の履行という義務を全うする上で、財務報告は重要な役割を果たす。

## 第4節　会計の基礎

### 1.「会計の基礎」と「測定の焦点」

IFAC/PSCの「研究報告」は、政府がその財務報告を作成及び報告する際にベースとすべきものであることを企画し、かつ、政府が使用する共通の「会計の基礎」について記述している。「会計の基礎」とは、「いつ取引の効果が認識されるべきか」という会計取引の認識概念に関係するものである。「測定の焦点（対象）」とは、「何が報告主体の財政状態（貸借対照表）の中で表示される

べきか」に関係するものである。

　会計行為とは、会計取引の「認識」、「測定」、「記録」、「報告」することである。「認識」と「測定」とを合わせて「評価」と言われることもある。「報告」の手段として、企業会計において財務諸表が用いられる。財務諸表における認識とは、財務諸表の構成要素を満たす諸項目を財務諸表の本体に計上することをいう。このような企業会計における考え方は、自治体の会計においても大いに参考になる。

　企業会計においては、発生主義が当然のごとく採用されている。一方、自治体の会計においては、純粋な現金主義から完全な発生主義まで様々な種類が採用されている。IFAC/PSC の「研究報告」の公開草案（1998年3月）では、次のような4つを取り上げていた[注5]。最終報告である「研究報告」では現金主義会計と発生主義会計のみに焦点をあてている。

① 現金主義

　現金主義とは、現金・預金（貨幣資源）が変動したときにこの増加・減少と残高を把握する会計システムである。このようなシステムにおいては、一般的には現金・預金の増加・減少の原因を勘定に集約して収支計算書を作成する。つまり、会計期間中に調達した資金の源泉、その資金を充当した使途、及び期末日の現金の残高に関する情報を提供する。

② 修正現金主義

　わが国の自治体の会計年度は3月31日に終了するが、その後2ヶ月間の出納整理期間を設け、この間における前年度予算に計上された項目に係る出納を前年度の取引として処理し、出納を5月31日に閉鎖し、この日をもって収支を確定するシステムである。修正現金主義は、原則的に入出金時に取引を認識する現金主義を基本とし、期末のみ出納整理期間内の入出金を年内の取引として取り込む方法である。しかしながら、出納整理期間内に当座資産（流動財務資源）の流入・流出がないものについては、会計期間内に発生した収入や費用であっても認識しない点で発生主義とは異なる。

③ 修正発生主義

　実物資産を除いた全財務資源のフローを捕捉しようとするものである。

収入は、その年度に確定した金額を、その回収の有無にかかわりなく表示する。支出は、その年度に調達した物品及びサービスの額を支払いの有無にかかわりなく表示する。本来、耐用年数により当期以降に繰延べる実物資産の原価は購入時に費用化される。財政状態は金融資産と金融負債との差額により把握される。支出主義あるいは権利確定主義とも呼ばれる。

④ 完全発生主義

　発生主義とは、経済資源全般に焦点を当て、経済資源が変動したときにこの増加・減少と残高を把握する会計システムである。すなわち、自治体が支配する経済資源の全項目を対象として、その増加・減少を発生時点で認識するものである。なお、「研究報告」の発生主義会計は、この完全発生主義を示している。

以上を一覧表でまとめると図表1のようになる。

図表1　「会計の基礎」と「測定の焦点」の関係

| 会計の基礎 | 認識・測定（評価）の時 | 測定の対象(B/S計上項目) |
| --- | --- | --- |
| ① 現金主義 | 入金、出金の時 | 現金預金のみ |
| ② 修正現金主義 | 同上（出納整理期間を考慮する。） | 当座の財務資源のみ |
| ③ 修正発生主義 | 財務資源が増減する時 | 財務資源（注1） |
| ④ 完全発生主義 | 取引及び事象が発生した時 | 経済資源（注2） |

（出典）筆谷　勇『公会計原則の解説』35頁
（注1）財務資源とは、現金及び通常の運営過程で現金化すると見込まれる資源であり、固定資産は含まれない。
（注2）経済資源とは、固定資産、棚卸資産、前払費用などの非財務資源を合わせたすべての資源が含まれたものである。

　住民等の利害関係者が要求する情報は年々高度化しており、全経済資源の受託と説明責任を果たすには発生主義を採用すべきである。発生主義の採用は公会計における国際的な潮流でもある。

## 2.「現金主義会計」の利点とその限界

　IFAC/PSC の「研究報告」の目的は、「現金主義、発生主義等の概念及び実例を示すことにより、政府が自己の会計実務の検討課題や会計基準を変更しようとする場合に有用な源泉となる情報を提供することを目的とする。」と定義している。

(1)「現金主義会計」の利点

　現金主義会計の利点としては、次のことが考えられる。

　① 財務諸表

　　現金主義会計の財務報告では、現金という財務資源について、その源泉、配分及び用途を占めしている。この報告により、財政活動を行うのに必要な資金量と、それを満たすために税金を含めどれだけの資金を確保する必要があるのかが明らかになる。

　② 歴史的展望

　　歴史的に見ると、政府は現金主義による予算によって財政運営をコントロールしてきた。このことが、公会計において、現金主義会計の優位性をもたらしている大きな要因である。

　③ 予算への準拠性

　　現金主義会計の下では、予算に対する執行実績の報告として財務報告を作成するのが一般的である。政府は、この予算にかかわる財務報告を通じて、予算を議決した議会や住民などに対して、説明責任を果たすのである。

　④ 質的特性

　　現金主義会計の下での会計基準は理解が容易であり、説明も簡単であるという特性を有している。また、提供される会計情報も、客観性や情報の信頼性が高く、複雑な会計上の調整を必要としないことから他の基準に比べタイムリーな情報開示が可能である。

　⑤ 情報提供コスト

　　専門的知識がなくても、現金主義会計の財務報告を作成することは可能なため、一般に、現金主義による情報提供は他の基準に比べ、情報提供コ

ストは低いと考えられる。一方、情報の利用者から見ると、報告書を理解するのに詳細な会計知識の必要がないため、情報の理解が容易であるという利点がある。

(2) 現金主義会計の限界

現金主義会計の限界としては、次のことが考えられる。

① 利用者のニーズ

現金主義会計は、政府の会計に対して利用者ニーズが、経済資源に関するより広範囲の情報を求めて変化をしてきているという時代の流れには対応できていない。そのために、広範囲の情報を求める人々は、現金以外の資産、負債に対する追加の情報提供や、認識対象をより広げた会計基準(発生主義会計など)への移行を求めているのである。

② 財政状況のマネージメント

政府の資産及び負債のマネージメントに対しての外部からの監視が不十分になっており、現金主義会計は、政府に対する保有資源の使用に関する説明責任を果たさせるという有権者の権利を制限しているのではないかという声が多くある。

③ 会計数値の操作

現金主義会計には、客観性が高いという利点があるが、それは完全なものではない。現金の受払時期を翌年度まで遅らせることによって、会計数値の操作が可能だからである。

④ 財務報告の理解可能性

現金主義会計では、仕組み上は簡明性をもっているが広範囲の性格の資金を多量に取り扱う政府の会計では、財務報告を予算との整合性を図るため、組織別、機能別、性質別などに細かく分類して作成するので、大量の情報の羅列となり、利用者(特に外部の利用者)にとっては、簡単に理解し易いものとはなっていないという問題がある。

## 3.「現金主義会計」に対する修正
### (1) 「研究報告」の修正の内容

　現金主義会計に対する最も普通の修正は、会計年度終了後の特定期間（出納整理期間）は帳簿を締め切らずにオープンのままにしておくことである。それにより、会計年度終了後の収入若しくは支払を、翌期ではなく、現会計年度のものとして会計認識することになる。この修正の背景にある意図は、その会計年度に関係する収入若しくは支出が、会計年度末まで完結しなかった時に生じるズレの問題を一定期間ではあるから幾らかでも克服しようとするものである。

### (2) わが国の出納整理期間について

　決算の作成に当たって歳入・歳出の出納事務が完結しなくてはならない。自治体の会計年度は、地方自治法（以下「法」という。）第208条1項で「普通地方公共団体の会計年度は、毎年4月1日に始まり、翌年3月31日に終わるものとする。」と規定している。現金主義が採られているのであれば、原則として収入・支出は当該年度内に限られるべきである（会計年度独立の原則）。

　しかし、例外もあり、その対処として、出納の閉鎖に関する規定「普通地方公共団体の出納は、翌年度の5月31日をもって閉鎖する。」（法235条の5）がある。出納の閉鎖とは、当該年度の現金の移動を一切締め切って元帳を封鎖し、出納を完結させて、決算に備えることである。その締切の終期は5月31日とされ、これを出納閉鎖期日といい、4月1日から5月31日までの間を出納閉鎖期間あるいは出納整理期間という。

　松本英昭は、「本条（法235条の5）は、単に出納を閉鎖すると定められていることから、広く物品、有価証券の出納までを含み、これらも閉鎖すると解すべきかについて疑義が持たれるのであるが、この規定が現金出納に限るものとされてきたこと、本条の趣旨が決算に備えてのものであることから、決算制度を有しない物品、有価証券等の出納までは含んでいないと解するのが自然である。」[注6]と記述し、また、「出納整理期間は、本来、前会計年度末までに確定した債権債務について、所定の手続を了し、現金の未収未払いの整理のみを行

うために設けられている期間であって、この期間中に、歳入の調定なり支出負担行為ができないことはいうまでもない。また予算の繰越しをする場合のほかは、前年度の予算をそのまま執行するようなことは一切認められていない。」(注6)と記述している。

　地方公共団体の予算は、会計年度の終了とともにその執行力が失われ、執行は停止されるが、現金主義の会計方式にもかかわらず収入支出の会計年度所属区分の原則が発生主義であるため、会計年度経過後ある一定の期間を限定し、その期間内は当該年度に属する現金収支は行い得ることとされているものである。このように、出納整理期間は、決算に当たって、地方公共団体の現金の出納を整理する便宜のために設けられているものである。

　企業会計に準じて自治体の決算会計に発生主義を導入するのであれば、出納整理期間中の収入・支出を考慮することに疑義が生じることになる。しかし、実務上、予算の影響が色濃くあるように思える。予算は現金主義であり、現実の財務は出納整理期間を考慮した修正現金主義で歳入・歳出が処理されている。会計制度改革を進めている東京都においても、現行の歳入歳出決算書の作成は義務づけられている。地方自治法が改正されない限り、決算書についても、発生主義と修正現金主義の二重の報告書を作成せざるをえないのが現状である。

　行政評価はその結果を予算等に反映することにより、その効果が生じる。すなわち、マネジメント・サイクルの確立である。そのためには迅速に、適切な評価・決算が実施されることが必要である。二ヶ月間の出納整理期間を考慮しないで、決算期（3月31日）の本来の発生主義による財務諸表を作成することにより、より有効な自治体経営のツールとして役立つことになる。また、出納整理期間を利用した夕張市のような事件が発生する余地があり、内部統制において問題を残すことになる。

## 4．「発生主義会計」の利点とその限界

(1) 「発生主義会計」の利点

　発生主義会計の利点としては、次のことが考えられる。

政府財務報告の目的は、説明責任を果たすこと及び利用者の意思決定に資する情報提供にある。発生主義会計における政府財務報告では利用者は次のことが可能となる。
① 報告主体の業績、財政状態及びキャッシュ・フローの評価
② 報告主体の発生主義に基づく予算への準拠性の評価
③ 報告主体への資源提供に対する意思決定や報告主体とのビジネス実施の意思決定

発生主義会計により、報告主体は利用者に次のような有益な情報を提供できる。
① 政府が、そのすべての資源の利用状況に関し、説明責任を果しているかどうかを評価するための情報
② 政府が、財務諸表で認識されたそのすべての資産及び負債の管理に関し、説明責任を果しているかどうかを判断するための情報
③ 政府が、その活動につき、どのようにして資金調達し、その資金需要を満たしたかを示す情報
④ 政府が、現在その活動に資金調達し、その債務とコミットメントを返済する能力を利用者が判断するための情報
⑤ 政府の財政状態及びその変化を示す情報
⑥ サービス・コスト、効率性及び成果に関して、政府の業績を評価するための情報

(2) 発生主義会計の限界

発生主義会計の限界としては、次のことが考えられる。

一般的に、発生主義会計を実際に運用すると、現金主義会計の運用時より、高いレベルの会計技術と訓練が必要となりコストが増大する。発生主義会計を導入する場合のコストには、次のものがある。
① 存在する資産の識別及び評価をするためのコスト
② 会計方針の開発コスト
③ コンピューター、システムの購入及びシステムのパイロット・テムトを含んだ会計システムの開発コスト

④　財務情報の作成者と利用者に対する技術と訓練のためのコスト

　以上、利用者が財務報告を通して、サービス・コスト、効率、達成度に関する政府業績を評価するには、発生主義会計が不可欠となる。発生主義会計は、意思決定と説明責任に関するより優れた情報を提供し、かつ、政府内部のマネージャーの思考・行動様式を変革することにより、利用者を支援するものである。

## 第5節　まとめにかえて─わが国の現状と課題

　わが国の財政状況は国と地方を含め危機的状況であると言われ続けている。夕張市の財政破綻を契機に、平成19年6月22日「地方公共団体の財政の健全化に関する法律（財政健全化法）が公布された。この「財政健全化法」は、四つの健全化判断比率(①実質赤字比率、②連結実質赤字比率、③実質公債費比率、④将来負担比率)、資金不足比率及び三つの基準（①早期健全化基準、②財政再生基準、③経営健全化基準）を規定している。将来負担比率は「ストック」情報による比率と言われているが、将来負担比率が基準値を超えても、財政再建団体にはならない。その理由は、この指標が「ストック」に着目しているといっても、フローである公債費を将来にわたって足し合わせるという性格を持っており、真の「ストック」情報ではないからである。貸借対照表等が不在である現行公会計制度をそのままにして、公会計制度改革を置き去りにした法律であるため、その弱点が出ているのである。負債額は残高法で算出され、その資金の運用形態である資産額の把握はできない。総務省もこの指標で財政再生団体を指定することに躊躇したのであろう。

　現在、わが国において、修正現金主義・単式簿記の反省により、公会計制度改革（発生主義・複式簿記）が叫ばれているが、「研究報告」、「概念書」のような公会計基準の設定団体が明確でない。その結果、各自治体、所管省庁で必要に応じて個別に検討を重ねバラバラに会計基準を設定しているのが現状である。よるべき公会計の基準・原則がないことは、その代償として、会計処理の統一性、財務情報の比較可能性を犠牲にすることになる。現代の公会計に特有なルールを国際的諸基準を十分に反映しないまま、わが国独自の公会計制度改革が実施されれば、会計基準の有効性、基準の成果物である財務情報の比較可

能性が著しく損なわれることになる。

　公会計制度改革の基本概念を明確にすることは急務である。今後、実務内容の標準化、内外の自治体・機関及び民間企業との比較可能性、さらに諸外国への財務内容の紹介、内外の一般投資家を対象とした起債といった課題にも対応できるような基準・原則に立脚したものであることが必要である。そのことが、わが国の国益に合致すると確信する。


(注1)　"Governmental Financial Reporting : Accounting Issues and Practices" May 2000, Study No.11
(注2)　・「世界に取り残される日本の公会計─国際公会計基準の概要について─」筆谷勇、月刊地方財務、2003年1月号
　　　　・「世界に取り残される日本の公会計─国際会計士連盟公会計委員会　研究報告第11号「政府財務報告」の解説(1)─」筆谷勇、月刊地方財務、2003年3月号
　　　　・「世界に取り残される日本の公会計─国際会計士連盟公会計委員会　研究報告第11号「政府財務報告」の解説(2)─」筆谷勇、月刊地方財務、2003年4月号
　　　　・「世界に取り残される日本の公会計─国際会計士連盟公会計委員会　研究報告第11号・第14号解説連載終了に当たって─公会計の概念フレームワークについて─」筆谷勇、月刊地方財務、2004年3月号
(注3)　"Objectives of Financial Reporting" GASB Concepts Statement No.1, May 1987
(注4)　『GASB/FASAB 公会計の概念フレームワーク』藤井秀樹、㈱中央経済社、2003年1月
(注5)　『公会計原則の解説・自治体外部監査における実務指針の検討』筆谷勇、㈱中央経済社、1998年7月
(注6)　『新版　逐条地方自治法』松本英昭、学陽書房、2001年10月、816頁

# 第17章
# 公会計改革をベースにした予算制度改革

筆谷　勇
（公認会計士）

要　約

　日本の公的部門の財政制度を支える予算制度に期待されている本来の機能である『資源の最適配分』、『所得の再配分』『経済成長の促進・安定化』などが十分機能していないのは、制度的側面も考えられるが、もっと本質的な問題点は、そのよるべき会計が現金主義会計であるという点にある。公的部門の会計はその『会計の基礎』を現金主義会計においているために、肝心の『決算』がフロー情報のみからなっており、歳入と歳出が並列的に記載したものとなっているために、国民にとって、非常にわかり難いだけではなくて、行政及び立法者自身にとってもその経営管理にほとんど役に立っていない。この『会計の基礎』を発生主義会計に改めることによって、資産・負債等のストック情報を提供するとともに、『収支分岐点分析』を実施することによって、中長期予算における、非常に有益な経営管理情報を得ることができるようになる。本稿では、『収支分岐点分析』を事例によって紹介した。

> キーワード
> 会計の基礎、測定の焦点、中長期予算、収支分岐点、発生主義会計

## 第1節　はじめに

　昨今、わが国の多くの地方公共団体は総務省方式による貸借対照表（以下、「B/S」という。）を作成しているが、この総務省方式によるB/Sの作成方式は平成12年に公表されたものであるが、会計制度に基づかずにあくまで統計的手法に基づいてB/Sを作成しているために，折角のB/Sも中身のない外枠のみ

からなる「張子の虎」のような入れ物を作ったにすぎず、経営管理目的には全く役に立っていないのが現状であり、平成18年5月に公表された総務省の［新地方公会計制度研究会報告書］においても、6年前とほとんど同じものが名称を変えて公表されたにすぎず、一向に改善しようとする気配が感じられないのは極めて遺憾な状況といわざるを得ない。

　いうまでもなく、財務報告作成の目的としては、①資源を委託された者がその資源の活用状況について、説明するためのアカウンタビリティを果たすために作成されるものであり、一方、②その財務報告の利用者にとっては、その意思決定の基礎をなすための有用な情報をその財務報告から入手する必要性があること、の二点が挙げられており、特に、昨今は、適切な企業統治（ガバナンス）のための財務マネジメントを中心とする経営管理目的に財務報告を有効に活用しようとする動きが活発になってきている。

　このような財務報告に期待される情報の有用性向上の期待にこたえるためには、本来、財務報告に求められている［会計の基礎］及び［測定の焦点］について、改めて見直してみる必要性が大きくなってきているものといえる。

　前者の［会計の基礎］についての世界的な趨勢を見ると、会計取引の認識時点を、①現金主義、②修正現金主義、③修正発生主義、④発生主義へと変遷させてきているが、日本においては、平成15年6月30日、財政制度等審議会が、［現金主義会計］について、「最も作成しやすくしかも理解しやすい」という理由から、これに優る［会計の基礎］はない、ということを、その［公会計に関する基本的考え方］において明言し、この考え方をわざわざインターネット等を通じて国民の前に公表しているが、今や、英国、ニュージーランドをはじめ先進各国は発生主義会計を既に導入しているか、または、その導入準備に走っている国々が大部分であり、旧態依然として守旧的な取組みのみを行なおうとしている日本の現状を知るたびに、日本人としては背筋に極めて冷たいものが走るのを感ずるのを禁じ得ない人々が多いといわざるを得ない。

　一方、［測定の焦点］についても、財務諸表項目が、財務諸表において認識されるのは、現金主義論者が言うように現預金のみでよい、というように考える人は世界的に見て日本と僅かな発展途上国のみであり、財務諸表を構成する

資産、負債、収益、費用、純資産を全て財務諸表において認識すべきであるというのは、今や、「世界的常識」になっており、今更、公的部門において、ニュー・パブリック・マネージメント（NPM）を持ちださなくとも当然の大前提として、［測定の焦点］は先述の［財務諸表の要素］に決まっているのであり、この「財政の基礎をなす会計」の大前提についての国民的な議論が、国会の予算委員会等において全く行われていない日本という不思議な国の特殊性について、日本国民がその理由に関して真剣に考えてみるべきときにきているものといえる。

このような「発生主義会計導入の必要性」については、日本においても昭和30年代において、当時の「地方財務会計制度調査会」などから提唱されている、［地方財務会計制度の改革に関する答申］（昭和37年3月23日）が存在しているのであり、これを「無視」し続けてきた当時から現在に至るまでの日本国の為政者に対して、全面的にその釈明を求めている日本国民が数多くいることについて認識を新たにしていただきたいものである。

すなわち、［優れた財政制度は優れた会計制度の上に初めて成り立つ］という極めて［当然の常識］を国会審議等において「遅まきながら」議論を深めていただきたいものである。

本稿においては、日本の予算制度の抱える問題点について検討を加え、かつ、現在、多くの地方公共団体が総務省方式に基づいて「貸借対照表」を作成しているが、その利用方法について全く［知るところ］もなく、ただ単に、B/Sの作成そのものを「自己目的化」してB/Sを作成している現状を紹介するとともに、［貸借対照表の活用方法］についての「一つの提案」をすることによって、財政制度等審議会などが提唱している貸借対照表の作成方法に関しての本質的な欠陥（会計制度によらずに統計的に貸借対照表を作成する会計方針を指導していること）について、再考を促したいと念ずるものである。

## 第2節　予算制度改革と公会計改革の必要性について

### 1．現行予算制度の問題点

わが国の公会計制度改革に当たっては、わが国の予算制度の抱える基本的問

題点に関連して検討を加える必要がある。すなわち、財政の要をなしているのが予算制度であり、国策に密接に結びついた予算制度のあり方を、会計的側面から、根本的に見直すことによって、財政改革の方向性を探ろうとするものである。

　すなわち、本来、予算制度は財政の目的及び機能に対応して作成されなければならないものである。この財政の本来備えているべき目的及び機能がどのような要因によってその機能を発揮することを妨げられており、それを解決する方策にはどのような問題点が存在するのか、また、その改善策について検討を加えようとするのが本稿の趣旨である。

　現在のわが国の予算制度を見るとその機能が比較的限定されたものになっており、規模の小さい財政には対応することはできても現在の日本のような規模が拡大し、多様化し、複雑化している財政には十分には対応し得るものとはなっていない。例えば、現在は独立行政法人化した旧公団とか旧事業団とかについては、国会の審議の範囲を外れたところで行なわれている活動が拡大しているのもその一つの現れである。このことは、明治時代に基礎を置く現金主義による日本の財政制度に拠っていては不適当であるといわざるを得ないのである。

　さらに、このような問題点以上に、現行予算制度の基本的性格が本来予算制度に要求されている機能を果たしていない点について指摘せざるを得ない。すなわち、第一は、財政の経済安定化機能の実現に対する現行予算制度の限界であり、第二は、財政運営における効率性の確保が現行予算制度では困難である点が挙げられる。

## 2．財政政策機能と予算制度

　現在の日本が直面しているような経済環境において、経済政策機能、特に、経済安定化及び経済成長促進機能を果たすためには、現行予算制度は余りにも不備といわざるを得ない。すなわち、財政を通じて経済安定又は経済成長を果たすためには、不況期には財政赤字、景気過熱時には財政余剰を生ずることによって、総需要の調整を図ることが必要である。いわゆる税制におけるビルト・イン・スタビライザー機能がこれである。しかし、財政法第4条は、［国の歳

出は、公債又は借入金以外の歳入を以て、その財源としなければならない］（いわゆる、財政のゴールデン・ルール）と規定していて、均衡予算主義を原則としており、単年度のプライマリー・バランスのみに着眼する硬直的な予算主義に重点をおいている。

また、一方では、財政法第12条（会計年度独立の原則）では［各会計年度に於ける経費は、その年度の歳入を以て、これを支弁しなければならない（単年度ごとの、財政のサステイナビリティのためには、公的債務残高を GDP の一定比率以下に抑制すべきである。）］として、長期的な予算均衡の考え方をも否定しており、不況時の赤字を好況時の余剰によってバランスさせるという至極当然の条理をも踏みにじる結果を招来している。これなどは、現金主義会計の悪弊が全面的に前面に出た最悪の事態を招来する結果を現出しており、財政の効率化、最適化などは完全に無視されてしまい、［財政は単なる予算消化のための道具］という極印を押される事態を招いている。英国の時価主義、発生主義会計に基づく予算と実績の対比を最も重要な財務諸表（スケジュール１）に位置づけている国との余りにも大きな落差のあり方には只々唖然とするしかないものといえる。

さらに、財政が十分な［経済資源の最適配分］、「経済安定化機能」又は「経済成長促進機能」を果たすためには、適切な時期に、適切な規模での経済的出動を行なわなければならないにもかかわらず、単なる制度上の要請（緊急経済立法など）を満たさんがために、具体的な経済対策が立案されそれが国会の審議と議決を経て実施に移されるまでには、多大な時間を必要とするように制度が出来上がっている。このために、経済対策の適時性が大きく阻害されることになり、その結果、財政による景気対策の効果は不十分であったり、誤った方向に走ってしまうことが往々にしてあるのが日本の実情である。今回の日本経済の平成不況を乗越えるために多大な時間と多くの議論が横行したのも一つにはこの予算制度の持つ問題点が大きくのし掛かったためであるものといえる。

このような予算制度の持つ欠陥を是正し、財政による［経済資源の最適配分］、「経済の安定化機能」及び「経済成長促進機能」を確保するためには、次のような予算制度改革について検討をする必要がある。

(1) 財政運営を各年度独立のものとしてではなく、英国資源会計のような中長期的予算の視点で考える必要がある（2年ごとに3年分の予算を作成する。）。そのためには、「均衡予算主義（プライマリー・バランスの前提）」、「会計年度独立の原則」などの非現実的な規定をもつ財政法を改めることがまず必要となる。中長期均衡予算を考える場合には将来の予測情報に基く資産及び負債から構成される「貸借対照表」が必要となり、そこでは、資産及び負債を計上することによって、中長期にわたる収支を会計年度を超えて認識することが、初めて、可能となる。現在行われている債務負担行為、継続費、繰越明許費などの予算行為のみでは、国によるこの複雑で、大規模で、多様化した長期経営計画予算に対応することは到底不可能であり、[会計の基礎]を見直すことにより、発生主義会計による財務会計システムへの一日も早い転換が必要であるといえる。

(2) 経済計画と財政計画の整合化が必要である。そのためには、現在の単年度予算に基づく財政制度の在り方の見直しが必要であり、中長期的視点に立った中長期財政計画の樹立が望まれる。為政者は、[単年度の経済計画などはありえない]、ということと同様に、「単年度の財政計画などはありえない」ということを一日も早く悟る必要がある。

(3) 景気変動に敏速に対応できるためには、歳出の実施時期の選択、税率の一時的変更など、内閣に対して思い切った権限委譲が必要となる。現在の対立する与野党からなる国会に早期の意思決定を臨むことが、どれだけ非現実的であって、そのことがいかに国益を阻害することになっているかについて、国民とともに十分検討をしてみる必要がある。この日本に真の意味の民主主義が育まれる日を期待するものである。

(4) 中長期予算制度、内閣への大幅な権限委譲を考えるためには、決算制度の強化が必要である。すなわち、予算については、憲法第86条において、「内閣は、毎会計年度の予算を作成し、国会に提出して、その審議を受け議決を経なければならない。」として国会の「議決」を求めている。これに対して、憲法第90条①は、「国の収入支出の決算は、すべて毎年会計検査院がこれを検査し、内閣は、次の年度に、その検査報告とともに、これを国会に提出しなければならない。」として、[決算]の国会への「提出義務」のみを定めて[決算に関す

る国会決議]については一切触れていない。一方、財政法第40条は「内閣は、会計検査院の検査を経た歳入歳出決算を、翌年度開会の常会において国会に提出するのを常例とする」として、会計検査院による行政内部の監査に重点をおいており、国会による[決算]に関する外部監査についてはこれをなおざりにしている、というよりも、むしろほとんど無視をしているのが現状である。少なくとも、国会による決算の妥当性についての「決議」が必要といわれており、そのためには、現行の歳入歳出決算書のみの「フロー情報」に係る決算だけではなく、貸借対照表などの「ストック情報」に係る決算についても国会の「議決」を必要とするように現行の「憲法」及び「財政法」を改めるべきである。英国の発生主義会計にベースを置いている資源会計においては、

①スケジュール１：時価主義、発生主義に基づいて作成された予算及び実績の対比表；
②スケジュール２：運営費用計算書（損益計算書、行政コスト計算書）；
③スケジュール３：貸借対照表；
④スケジュール４：キャッシュ・フロー計算書；
⑤スケジュール５：行政目標別コスト報告書。

　これらの「決算書」は、会計検査院の検査を経た上で、「国会の議決」を得ている。

### ３．財政運営の効率性と予算制度

　現行予算制度の重点は説明責任（アカウンタビリティ）を明確にすることによって、行政活動・財政活動をコントロールすることにある。この目的を遂行するために「会計年度独立の原則」が強調され、また、歳出予算の区分は所管省庁別と縦割りが強調されている。

　しかし、現在の日本のように財政規模が大きくなり、財政活動が多様化し、複雑化すると、上記のような予算制度は財政運営を非効率なものにする。

　まず、「会計年度独立の原則」が強調されるあまりに、財政運営に中長期的な計画性を導入することが困難となっている。個々のプロジェクトごとには継続費や国庫債務負担行為は認められてはいるが、財政運営全体を通じてのシス

ティマチックな中長期経営計画を設定することは不可能となっている。また、事業計画や歳出予算が所管省庁別になっているために、いくつかの省庁にまたがっている公共サービスや事業の実施については、総合的、効率的な管理を期待することが困難となってしまっている。

## 4．行政評価と予算評価

　さらに、現在の予算編成においては、歳出予算の編成は前年度の実績が基準になる、いわゆる、「前年度実績増分主義」が採用されている。このような予算編成方式の下では、優先度の高い経費が新規経費であるという理由のみで見送られてしまい、優先度の低い経費であっても過去の実績があるという理由のみで予算を獲得することになりがちである。このために経費＝経済資源の効率的配分が実現しないことになってしまう。このような事態を改善するためには、明確な事業目標を設定し、その実現のための手段を評価するという「事業評価」又は「政策評価」を徹底する必要がある。このような「行政評価」を効果的に行うためには当該事業に係る「コスト情報」が必要であり、この「コスト情報」に基づいて当該事業の経済性、効率性などの評価が有効に実施されることになる。この「コスト情報」を提供するためには、発生主義会計に基づいた決算情報が不可欠となる。このように、「予算制度改革」は「公会計制度改革」と有機的に結び付くことによって、初めて、いわゆる完全な意味での［市場化テスト］を有効ならしめることが可能となるのであり、予算制度改革が機能することになることを銘記すべきである。

## 5．公会計制度改革をベースにした予算制度改革
(1)　現行法体系における予算制度改革の位置づけ

　現行の憲法、財政法、地方自治法及び地方財政法等における予算制度は、単年度収支均衡予算主義によっていて、これを固定資産も含めた「中長期収支及び中長期損益予算」にまで改訂するには現行法制度の改正を伴うことになり、その改正を緊急に達成することは極めて困難なことと言わざるをえない。しかし、先進公会計改革諸国の努力の成果について見習うべき時期は目前にあると

いえるのであって、日本のみが例外ということはありえないものと考えられるのであり、現に、東京都においては、平成18年度より発生主義会計の導入に踏み切っており、発生主義会計→予算制度改革→中長期収支・損益会計導入の路線が、近い将来において敷かれるものと期待されており、したがって、これに伴う法整備も近い将来に実現することになるものと考えられている。

(2) 予算制度改革の視点
　① 単年度収支均衡予算主義から中長期収支均衡予算主義への予算制度フレーム・ワークの転換。
　② 中長期財政戦略計画の策定に当たっては、単なる資金収支のみではなく、貸借対照表に基づいた損益及び純資産についての予算情報を提供することが必要になる。すなわち；
　　a. 中長期的視点に立った経常的行政活動費（コスト情報）の予測、
　　b. 固定資産を中心とする資本的支出、資産更新支出の予測、
　　c. 支出に対応した必要税額等の収入に関する予測など、中長期的な資本収支及び経常収支に基づいた中長期財政戦略計画を策定し、それに基づいた予測貸借対照表を作成し、中長期における財務内容の健全性及び純資産の成長性等について検討する。
　③ 予算制度に、貸借対照表に基づいたコスト情報をベースにした行政評価システム（費用便益分析、コスト分析手法など）の導入を図る。
　④ 予算のフィードバック機能を高めることによって、予算統制主義から決算重視型経営管理システムへのフレーム・ワークの転換を図る。そのためには、予算及び決算の両者に対する発生主義会計の導入が必須の条件になる。（予算は現金主義会計、決算のみが発生主義会計、という国も他にはあるが、これも発生主義に統一するという改善の方向に向かっている。）

関係法令
　(1) 憲法第86条
　　　内閣は、毎会計年度の予算を作成し、国会に提出して、その審議を受

け議決を経なければならない。
(2)　憲法第90条①

　国の収入支出の決算は、すべて毎年会計検査院がこれを検査し、内閣は、次の年度に、その検査報告とともに、これを国会に提出しなければならない。

(3)　財政法第4条①

　国の歳出は、公債又は借入金以外の歳入を以て、その財源としなければならない。但し、公共事業費、出資金及び貸付金の財源については、国会の議決を経た金額の範囲内で、公債を発行し又は借入金をなすことができる。

(4)　財政法第12条

　各会計年度における経費は、その年度の歳入を以て、これを支弁しなければならない。

(5)　地方財政法第5条①

　地方公共団体の歳出は、地方債以外の歳入をもって、その財源としなければならない。ただし、次に掲げる場合においては、地方債をもってその財源とすることができる。(以下省略)

(6)　財政法第40条①

　内閣は、会計検査院の検査を経た歳入歳出決算を、翌年度開会の常会において国会に提出するのを常例とする。

(7)　地方自治法第233条③

　普通地方公共団体の長は、前項の規定により監査委員の審査に付した決算を監査委員の意見を付けて次の通常予算を議する会議までに議会の認定に付さなければならない。

## 第3節　中長期予算編成と貸借対照表の役割

### 1．単年度予算主義からの決別

　これまで見てきたように、予算編成を中心とする日本の財政活動は、あくまで「(修正)現金主義会計」という「会計の基礎」の上に立った単年度ベース

の財政活動として永年（百数十年）にわたって行なわれてきている実情について知ることが出来た。この単年度予算主義の財政活動を改めるには、英国はじめニュージーランド等の先進 OECD 各国が行なっているように、「会計の基礎」を「発生主義会計」に改めることにより，将来の正確な予測情報を提供することが出来る「貸借対照表」を財務諸表に加えることによって、中長期的な視点からの損益及資金収支を把握できる会計技術・制度を導入し、それに習熟して有効に活用する経営管理技法について学習すべきなのである。

　先にも述べたように、財政規律を保つために、[財政法] に「財政のゴールデン・ルール」及び「財政のサステイナビリティ」などを規定することによって、いわゆる、単年度ごとの「プライマリー・バランス」を正常（プラス）に保つことのみに重点が置かれてきている。

　この「プライマリー・バランス」の考え方は、現金主義会計に基づく日本の財政にとっては基本的に守らねばならない命題であり、かつ、財政上の重要課題ではあるが、このような単年度のみの収支バランスのみを図ればよいという短絡的、かつ、短期的な考え方のみによっていては中長期的視点に立っての国の財政運営が図れないのである。このような欠点を克服するために、中長期的な思考方法にベースを置いた中長期的な資金バランスのあり方に「最良の智恵」を与えてくれるのが発生主義会計に「会計の基礎」をおく民間の [貸借対照表] を中心とする中長期的資金収支に基く資金計画なのである。ここにこそ、公的部門の経営管理に対して、民間の経営管理の理念と経営管理技法を取り入れようとするニュー・パブリック・マネジメント（NPM）の真骨頂が見られるのであり、特に、為政者の方々には是非ともこの中長期的な経営理念及び経営管理技法について学んでもらいたいのである。

　本稿においては、資金収支に将来情報を提供することによって、「貸借対照表」がいかに [中長期的な資金管理] に有効な役割を果たすかについての一例として、「収支分岐点分析」の考え方を簡単に紹介することにする。

## 2．中長期的視点から資金収支の均衡を検討する「収支分岐点」の算出

　収支分岐点は、収入＝支出となるような売上高（X）を算出することである。

これを公的部門に置き換えると、(税金等の歳入) = (人件費、補助金等の歳出)となるような、(税金等の歳入(X))を求める問題に置き換えることになる。

以下の説明においては、考え方の筋道を関係者に理解していただくために、民間で経営分析等において用いている用語に基いて説明をすることにし、例えば「売上高」は税収等に相当し、「固定費」は補助金、社会保障費、庁舎・インフラ資産等の減価償却費又は公務員等の人件費のように、税収の多寡によっては余り変動しない費用項目を表すものとし、「変動費」は徴税費用等のように税収の多寡によって変動するものを表すというように、読者は考えていただきたい。

(1) 損益計算書項目の記号化

　　F：固定費、V：変動費、S：売上高、V/S：変動費率

　　N：固定費のうちの非資金費用（減価償却費、引当金繰入額など）

(2) 貸借対照表項目の記号化

　①期首残高を、売上債権（未収税金など）：R、棚卸資産（貯蔵品など）：I、買入債務（未払費用など）：P、前受金（前納税金など）：A

　②期末残高は、売上高にこれらの運転資金項目の売上高に対する回転期間を乗じたものとして表すこととし、売上債権期末残高：S＊tR[注1]、棚卸資産期末残高：S＊tI、買入債務期末残高：S＊tP、前受金期末残高：S＊tAとする。

　　(注1) 売上債権回転期間＝（期末売上債権）／(月平均売上高)：「何か月分の売上が期末に未回収のままで残っているか」を示す。この式を次のように変形する→→（期末売上債権）＝（売上債権回転期間）＊（月平均売上高）：ただし、上式の「売上債権期末残高：S＊tR」におけるtRという回転期間は、月平均売上高をもって計算したものではなくて、期末残高を年間売上高で除したものである点に留意する。すなわち、ここでの「売上債権回転期間」は、「何年分の売上が期末に未回収のままで残っているか」を示す点に留意する。

(3) 収支分岐点の算出（歳入＝歳出となるための必要税収金額等の算出）

　① 収入＝売上高－売上債権増加高(期末－期首)＋前受金増加高(期末－期首)

　　　　　＝S－(S＊tR－R)＋(S＊tA－A)

　　　　　＝S（1－tR＋tA)＋(R－A)

② 支出＝費用（変動費＋固定費）－非資金費用 N＋棚卸資産増加高（期末－期首）－買入債務増加高（期末－期首）
　　　　＝S＊V/S＋F－N＋(S＊tI－I)－(S＊tP－P)
　　　　＝S（V/S＋tI－tP）＋{F－N－(I－P)}

③ ・売上高以外のその他の収入（税収以外の罰金、没収、など）、運転資金項目（主に流動資産項目）での資産の減少、負債の増加：E
　・上記以外の費用の支出、運転資金項目での資産の増加、負債の減少：D
　・(E－D) を収入として上式に加える。

④ 収支分岐点 X は、収入＝支出（歳入＝歳出）となる売上高（税収、など）とすると、次のように表せる（①＝②－③として、S→X として整理する。）：
　X＝{F－N－(E－D)－(R＋I－P－A)}÷{(1－V/S)－(tR＋tI－tP－tA)}
　　＝（固定的支出（収入））÷（限界収入（支出）率）

(4) ここで、上記の算式の意味するところを検討してみる。

① 固定的収支＝ {F－N－(E－D)－(R＋I－P－A)} において、
　a；F－N－(E－D)、b；(R＋I－P－A) とすると、固定的収支＝a－b と表すことが出来る。

　a は、当該会計期間の固定的な支出金額である。b は、期首の正味運転資金であるが、既に、これは支出済みのもの（支出済固定費用）であるから、その期に支出する金額から控除してもよいことを示している。

　また、a－b が後出の B 地方公共団体のようにマイナスの場合には、固定的収入を意味することになるので、税収（売上高）がゼロの場合にも収入があることになる。（図表2参照）

　一方、

② 限界収支率＝ {(1－V/S)－(tR＋tI－tP－tA)} において、
　a：(1－V/S)、b：(tR＋tI－tP－tA) とすると、限界収支率＝a－b と表すことが出来る。

　a は、限界利益率（すなわち、後出の A 地方公共団体の経常損益段階の損益分岐点は、固定費/a＝12,863/（1－0.030748）≒13,271（百万円）、同じく、B 地方公共団体の経常損益段階の損益分岐点は1,303/（1－0.591049）≒3,186

（百万円）となる。）であり、売上高（税収）のうち（徴税費用等の）変動費以外に対応する（変動費以外の固定費を賄う）収入部分である。

一方、bは、期末の正味運転資金回転期間を表しており、この数値bがプラスであればその割合bだけ（当期売上の他に）資金を前払いしていることを表しており、このことは、aの限界収入割合から控除すべきことを示している。

逆に、後出のB地方公共団体のように、このbの値がマイナスのときには、（当期売上の他に）資金が増加していることを意味しており、aの限界利益率に加算すべき資金割合を示していることになる。

したがって収支分岐点の計算においては；

(ア)：①、②ともプラスのときは、収支分岐点を境にして、売上高（税収、など）がそれに至らない間は支出超過となり、逆に、それを超えると収入超過となる。（図表1参照）

(イ)：①、②ともマイナスのときは、逆に売上高（税収、など）が収支分岐点に至らない間は、収入超過となり、それを超えると支出超過になる。ただしこの(イ)のようなケースは、通常は、ほとんど生起し得ない事象であり、売上高（税収など）が増加すれば財政赤字になるなどという事態は、単なる理論上の産物としかいえないものと考えられるが、B地方公共団代について例示をすることにした。（図表2参照）

なお、このほかのパターンとしては：

(ウ)：①がマイナス、②がプラス、の場合が考えられるが、この場合は収支分岐点がマイナスであって、売上高（税収、など）がゼロであっても収入超過となり、売上高（税収、など）が増加するに従って収入超過も増加する、というケースに相当する。これは極めてレア・ケースであり、考察の対象からは除外する。

(エ)：また、①がプラス、②がマイナスの場合が考えられる。この場合は、収支分岐点は(ウ)と同様にマイナスであって、売上高（税収、など）がゼロで支出超過、売上高（税収、など）が増加するに従って支出超過も増加するという、(ウ)と同じく極めて稀なケースに相当するので、(ウ)と同じく考察の対象からは除外することにした。

以上に述べてきたことを、事例について、財務諸表等及び図表1～3によっ

て説明することにする。

(5) A普通地方公共団体における発生主義会計に基いて作成された仮想財務諸表における普通会計(一般会計及び特別会計)に係る収支分岐点分析の事例研究

仮想貸借対照表（財政状態表）

(単位：百万円)

| | 第83期(前期) | 第84期(当期) |
|---|---|---|
| 流動資産 | | |
| 　現金預金 | 1,192 | 1,900 |
| 　未収税金等 | 1,245 | 1,134 |
| 　貯蔵品等 | 1,771 | 1,496 |
| 　その他の流動資産 | 555 | 575 |
| 　　流動資産合計 | 4,763 | 5,105 |
| 固定資産 | | |
| 　有形固定資産 | 2,972 | 2,883 |
| 　無形固定資産 | 157 | 158 |
| 　投資 | 2,758 | 2,826 |
| 　その他投資 | 5 | 5 |
| 　　固定資産合計 | 5,892 | 5,872 |
| 　　　資産合計 | 10,655 | 10,977 |
| 流動負債 | | |
| 　買入債務等 | 1,916 | 1,700 |
| 　前受税金等 | 194 | 196 |
| 　その他の流動負債 | 2,775 | 2,598 |
| 　　流動負債合計 | 4,885 | 4,494 |
| 固定負債 | | |
| 　地方債 | 881 | 755 |
| 　職員退職給付引当金 | 948 | 1,120 |
| 　その他の固定負債 | 591 | 1,091 |
| 　　固定負債合計 | 2,420 | 2,966 |
| 　　　負債合計 | 7,305 | 7,460 |
| 　　　純資産 | 3,350 | 3,517 |
| 　　　負債純資産合計 | 10,655 | 10,977 |

## 仮想損益計算書（財務業績報告書／行政コスト計算書）

（単位：百万円）

| | 第84期（当期） | 備　考 |
|---|---|---|
| ア．行政活動収支 | | |
| ①．税　金　等　収　入 | 13,692 | |
| ②．行　政　活　動　費　用 | | |
| 　　徴　税　費　用　等 | 421 | 変動費（人件費の一部を含む） |
| 　　減　価　償　却　費 | 141 | 固定費、非資金費用 |
| 　　人　件　費 | 1,306 | 固定費、徴税活動以外 |
| 　　その他の行政活動費用 | 11,194 | 固　定　費 |
| 　（行政活動費用合計） | 13,062 | |
| 　（行政活動余剰） | 630 | |
| イ．行政活動外収支 | | |
| 　行政活動外収益 | | |
| 　　受取利息 | 60 | 固定収入 |
| 　　その他 | 43 | 固定収入 |
| 　（行政活動外収益合計） | 103 | |
| 　（行政活動外費用） | | |
| 　　支払利息 | 111 | 固定費 |
| 　　特定引当金繰入 | 80 | 固定費 |
| 　　その他 | 31 | 固定費 |
| 　（行政活動外費用合計） | 222 | |
| 　（経常余剰） | 511 | |
| ウ．特別損失合計 | 265 | 分析対象外 |
| | | |
| 　　当期余剰 | 246 | |

> [収支分岐点分析]（単位：百万円）
> ア．経常収支比率の算出
> 　(ア)　A地方公共団体
> 　　①経常収入：税金等収入13,692＋行政活動外収益103＋未収税金等の減少111＋前受税金等の増加2　＝13,908
> 　　②経常支出：行政活動費用合計13,062－減価償却費141＋行政活動外費用合計222－貯蔵品等の減少275＋買入債務等の減少216＋その他の流動資産増加20＋その他の流動負債の減少177＝13,281
> 　　③経常収支：①－②＝627
> 　　④経常収支比率：①／②＝104.72％
> 　(イ)　B地方公共団体（参照）
> 　　①経常収入：税金等収入3,240＋行政活動外収益0―未収税金等の増加313＋前受税金等の増減0＝2,927
> 　　②経常支出：行政活動費用合計3,218―減価償却費190＋行政活動外費用合計2＋貯蔵品等の増加188＋買入債務等の減少77＋その他の流動資産増減0＋その他の流動負債の増減0＝3,295
> 　　③経常収支：①－②＝△368
> 　　④経常収支比率：①／②＝88.83％

　プライマリー・バランスについてみると、A地方公共団体はプラスであるのに対し、B地方公共団体はマイナスであり、経常収支比率もこの両者について全く正反対の傾向を示している。この最大の要因は、B地方公共団体の徴税費等の変動費が極端に大きいことが挙げられるが、これを中心とした財政改革を積極的に採らない限り、B地方公共団体の財政破綻は避けられないものといえる。

第17章　公会計改革をベースにした予算制度改革

## イ．収支分岐点の算出

(単位：百万円)

| 番号 | 分析対象項目 | 算式または記号 | A地方公共団体の第84期の数値 | A地方公共団体の備考 | B地方公共団体の第84期の数値 | B地方公共団体の備考 |
|---|---|---|---|---|---|---|
| ① | 税　金　等　収　入 | S | 13,692 | | 3,240 | |
| ② | 変　　動　　費 | V | 421 | 税金等収入に比例して発生する費用合計 | 1,915 | 税金等収入に比例して発生する費用合計 |
| ③ | 変　動　費　率 | V/S | 0.030748 | 参考：限界利益率（1－V/S） | 0.591049 | 参考：限界利益率（1－V/S） |
| ④ | 固　　定　　費 | F | 12,863 | 仮想損益計算書の固定費の累計 | 1,303 | 仮想損益計算書の固定費の累計 |
| ⑤ | 非　資　金　費　用 | N | 141 | 減価償却費 | 190 | 減価償却費 |
| ⑥ | その他の収支 | E－DΣ①～③ | △94 | 本例では、経常収支段階までの収支分岐点を求めている。<br>①．行政活動外収益：103<br>②．その他の流動資産増加：△20<br>③その他の流動負債減少：△177 | △2 | A地方公共団体と同様に、本例では、経常収支段階までの収支分岐点を求めている。 |
| ⑦ | 期首未収税金等 | R | 1,245 | (R)期末残高： 1,134 | 期首875 | (R)期末残高：1,188 |
| ⑧ | 期首貯蔵品等 | I | 1,771 | (I)期末残高： 1,496 | 期首1,005 | (I)期末残高：1,193 |
| ⑨ | 期首買入債務等 | P | 1,916 | (P)期末残高： 1,700 | 期首367 | (P)期末残高：290 |
| ⑩ | 期首前受税金等 | A | 194 | (A)期末残高： 196 | 期首0 | (A)期末残高：0 |
| ⑪ | (R)期末未収税金等回転期間（単位：年） | tR | 0.082822 | (R)回転期間＝1,134／13,692 | 0.366667 | (R)回転期間＝1,188／3,240 |
| ⑫ | (I)期末貯蔵品等回転期間（単位：年） | tI | 0.109261 | (I)回転期間＝回転期間1,496／13,692 | 0.368210 | (I)回転期間＝1,193／3,240 |
| ⑬ | (P)期末買入債務等回転期間（単位：年） | tP | 0.124160 | (P)回転期間＝1,700／13,692 | 0.089506 | (P)回転期間＝290／3,240 |
| ⑭ | (A)期末前受税金等回転期間（単位：年） | tA | 0.014315 | (A)回転期間＝196／13,692 | 0 | (A)＝0／3,240 |
| ⑮ | 期末残高回転期間合計（単位：年） | tR＋tI－tP－tA | 0.053608 | Σ⑪＋⑫－⑬－⑭ | 0.645371 | Σ⑪＋⑫－⑬－⑭ |
| ⑯ | 分析対分析対象経常収支 | 経常収入－経常支出 | 627 | ①－②－④＋⑤＋⑥＋⑦＋⑧－⑨－⑩－(R)－(I)＋(P)＋(A) | △368 | ①－②－④＋⑤＋⑥＋⑦＋⑧－⑨－⑩－(R)－(I)＋(P)＋(A) |
| ⑰ | 固定的収支 | F－N－(E－D)－(R＋I－P－A) | 11,910 | プラスは固定支出 | △398 | マイナスは固定的収入 |
| ⑱ | 限界収支率 | (1－V/S)－(tR＋tI－tP－tA) | 0.915644 | プラスは限界支出率 | △0.23642 | マイナスは限界収入率 |
| ⑲ | 収支分岐点（必要税金等収入） | ⑰／⑱ | 13,007 | | 1,683 | ⑰／⑱ |

289

上記の結果から収支分岐点を図表で示してみると図表1、2のようになる。

図表1　収支分岐点分析（その1）

(単位：百万円)

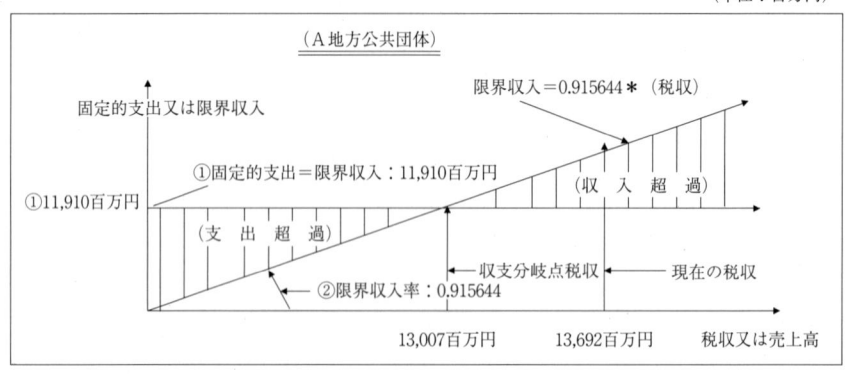

(A地方公共団体)

固定的支出又は限界収入

限界収入＝0.915644＊（税収）

①固定的支出＝限界収入：11,910百万円
（収入超過）
①11,910百万円
（支出超過）
②限界収入率：0.915644
収支分岐点税収　　現在の税収
13,007百万円　　13,692百万円　　税収又は売上高

図表2　収支分岐点分析（その2）

(単位：百万円)

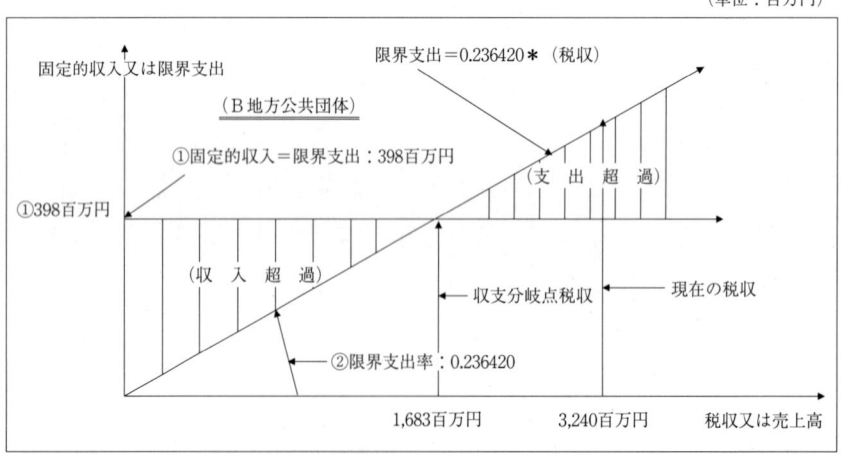

固定的収入又は限界支出

限界支出＝0.236420＊（税収）

(B地方公共団体)

①固定的収入＝限界支出：398百万円
（支出超過）
①398百万円
（収入超過）
②限界支出率：0.236420
収支分岐点税収　　現在の税収
1,683百万円　　3,240百万円　　税収又は売上高

第17章　公会計改革をベースにした予算制度改革

図表3　収支分岐点分析（その3）

（単位：百万円）

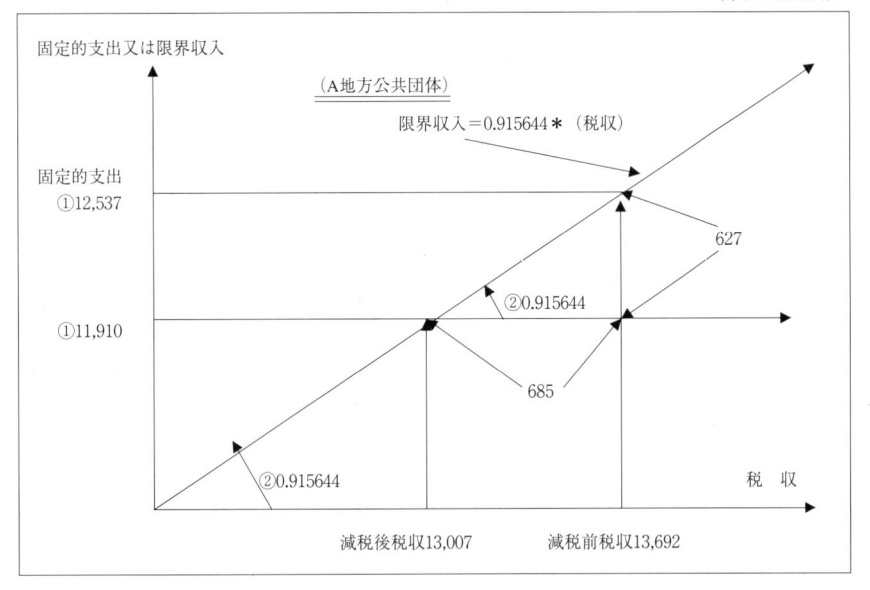

```
固定的支出又は限界収入
　　　　　　　　　　　　　（A地方公共団体）
　　　　　　　　　　　限界収入＝0.915644＊（税収）
固定的支出
　①12,537
　　　　　　　　　　　　　　　　　　　　627
　　　　　　　　　　　　　②0.915644
　①11,910
　　　　　　　　　　685
　　　　　　②0.915644
　　　　　　　　　　　　　　　　　　　税　収
　　　　　　　減税後税収13,007　減税前税収13,692
```

(6) 収支分岐点分析の見方及び活用方法

　図表1によると、A地方公共団体の場合、収支分岐点の税収は13,007百万円であって、一方、現在の税収は13,692百万円であり、685百万円の税収超過であることがわかる。この収支分岐点分析によって、A地方公共団体の「減税必要額」（限界収入）を算出してみると、次図（図表3：収支分岐点分析（その3））で見るように、685百万円＊0.915644＝627百万円ということになる。

　逆に、これの見方を変えて、627百万円を減税したいという場合には、（固定的支出）／（限界収入率）＝627／0.915644≒685（百万円）（税収減）ということになる。そのときの収支分岐点の税収を求めてみると、「減税必要額」は（固定的支出）の増加というように考えられるので、｛（固定的支出）＋627｝／（限界収入率）＝（11,910＋627）／0.915644≒13,692（百万円）となって、ここで、「現在の税収：13,692（百万円）」と「収支分岐点の税収：13,692（百万円）」とは同額になる、ということがわかる。

　このように収支分岐点分析の結果を検討することによって、次のようなこと

が計量的に明らかになるのである。

(ア) まず、その収支（例えば、本例のように、経常収支を基準とするときは経常収支、以下同じ）を均衡させる売上高（または、必要な税金収入）はいくらであるべきか、という単年度の経常資金収支バランス情報を明らかにすることが可能になる。

すなわち、例えば、単年度経常財政赤字がA百万円であるとすると、必要となる税収の増加額は、A（百万円）／（限界収入率）と表されるので、本例のA地方公共団体の場合の必要増税額は、A（百万円）／0.915644ということになる。

(イ) その収支をバランスさせるために、運転資金項目の回転期間はいかほどにすべきか。

特に、経常収支において、資金不足をきたしている場合には、運転資金項目の回転期間の対前期との変動は、未収税金の回転期間や貯蔵品等の手持ち期間が長くなったり、買入債務とか前受税金の入金条件が悪化しているときに生ずるものであって、それらの運転資金項目の変動がどの程度の資金不足を生ぜしめたかの分析が可能になる。

(ウ) その収支をバランスさせるために、固定費はいくらにすべきか、変動費率はいか程にすべきか。

特に、資金不足をきたしているときに固定費をいか程カットする必要があるか、変動費率の改善をいか程図るべきか、などの分析が可能になる。

(エ) 次に、補助金、社会保障費、公共事業費、債務償還費などの固定的支出をB百万円だけ追加的に必要とする場合の必要追加税収は、次のように算出される。すなわち、「固定的支出増加額B」／（限界収入率）＝「必要増税額」（百万円）ということになる。

(オ) さらに、減税C百万円を実施するための必要減税額は、先にA地方公共団体の場合について述べたように、C／（限界収入率）＝「必要減税額」（百万円）ということになる。

(カ) また、未収税金、貯蔵品、買入債務、前受税金、などの当期の各運転資金項目の回転期間が対前期比D％増減した場合には、各運転資金項目の前期回

期間±D%として回転期間を計算すればよいのである。なお、運転資金項目を上記の四つについて例示しているが、当該公的部門の経営実態に合わせて、適当な項目を運転資金項目として選定すべきことは言うまでもない。

(キ) あるいは、徴税費用などの変動費にE%の増減があると予想される場合には、(限界収入率)算出過程におけるV／Sにおいて、(V±E%)／Sというようにして、変動費率を求めることになる。

(ク) 一方、人件費、支払利息、などの固定費に、F%の増減が見込まれる場合には、(固定的支出)の計算において、{(前期固定的支出)±F%}として計算を行なうことになる。

(ケ) 一般に、これらの経常収支をもって賄うべき金額をあらかじめ定めることによって、経常収支尻がその金額になるような「必要税収」や「運転資金項目の必要回転期間」を求めることが可能になる。

(7) 現実のわが国の財政計画における『収支分岐点分析』の活用

上記、(ア)から(ケ)において述べたことを現実の日本国の財政問題に当てはめて考えてみると、以下のような問題点及び改善策が指摘されるのである。

すなわち、最近の新聞報道（平成18年12月20日付：日本経済新聞第一面）によると、「政府は国と地方の基礎的財政収支（プライマリー・バランス：国債の元利払い費を除く経費を毎年の税収などで賄えているかどうかを見るための指標）について、歳出・歳入の一体改革などで示した2011年度に黒字化という目標を1～2年前倒し方向で検討に入った。国債の新規発行の減額で、国の一般会計赤字が来年度に約4兆4,000億円と今年度に比べて6割程度減るためだ。景気回復による税収増と歳出抑制路線が定着すれば、財政の健全化が着実に進みそうだ。」という旨を報じている。

さらに、「これを達成するための『骨太方針』では、プライマリー・バランスの黒字化に必要な歳出削減額・増税額を16兆5,000億円と試算し、そのうち、歳出削減で11兆4,000億円～14兆3,000億円を充当し、残りを増税などの歳入増（2兆2,000億円～5兆1,000億円）で対応することとしている。」と報道している。これを表示してみると以下の「内訳表」のようになる。

図表４　内訳表　　　　　　　　　　　　　　　　　　　　　（単位：兆円）

| 必要歳出削減額11.4〜14.3 ||||  必要歳入増 | 必要歳出削減額・増税額 |
|---|---|---|---|---|---|
| 社会保障費 | 公務員人件費 | 公共事業費 | その他 | 増税等 | |
| ① | ② | ③ | ④ | ⑤ | ⑥ |
| 1.6 | 2.6 | 3.9〜5.6 | 3.3〜4.5 | 2.2〜5.1 | 16.5 |

　ここで留意すべきことは、この「内訳表」における⑥「必要歳出削減額・増税額」算出に当たって、上記、新聞報道が大前提としていることは、
　a．徴税費用等の変動費が存在しないこと；並びに
　b．公的部門の会計が現金主義会計であることを反映して、各歳出及び歳入項目の回転期間はゼロであること
の二点が大前提とされている点に注目する必要がある。

　つまり、先に述べた（限界収支率）＝｛（限界利益率）（1－V／S）－（回転期間）(tR+tI－tP－tA)｝において、V＝0、(tR+tI－tP－tA)＝0、すなわち、（限界収支率）＝1（つまり、図表１及び図表２おいて、限界収支＝税収）になることを意味しており、このことは先に述べた収支分岐点図表の限界収支線の傾斜角度が45度になるということを大前提にしているといえる。つまり、「固定的支出増減額」＝「必要税収額」が、常に成り立つことを大前提にしていることになるが、これが成り立つとすれば、例えば、A地方公共団体についていうと、税収の増減と固定的支出の増減は、常に、等しいということになり、前記の新聞報道のような計算（「内訳表」）が成り立つものといえる。

　しかし、現実においては、aの徴税費用のような収入を得るために直接的に発生する費用が必ず存在するのである（統計的に見ると、人件費等の間接的発生費用を含まない直接的現金支出を伴う『徴税費』のみについてみると、国税と地方税には若干の差はあるが、平均して税収の２〜３％位であり、これに、人件費等の間接的発生費用を含めると、より、大きな数値になるものと推察される（財務省『財政金融統計月報』租税特集号における添付図表：「国税及び地方税の徴税費の累年比較」；附表参照）。

　並びに、貸借対照表を作成してみるとわかることではあるが、bの回転期間

についてもそれがゼロ(すなわち、費用又は収入に関する権利・義務の『発生』、即、『入・出金』ということ) ということは、現実においては、有り得ないことであり、入出金に関する権利・義務が『発生』してから『入・出金』するまでには必ず「一定の期間」が必要なのであって、このような「非現実的な大前提」を改善するためには、結局、『限界利益率』及び『各運転資金項目に関しての回転期間』に基づく『収支分岐点分析』で示したような『限界収入率（支出率）』という考え方が必要となるのであり、当該支出又は収入項目を『限界収入率（支出率）』で『割り算』することによって、正確で、かつ、現実的な『入・出金』が初めて求まることになる点に注目する必要がある。

すなわち、本例においては、⑥（必要歳出削減額・増税額：16.5兆円）÷（限界収入率）が求める⑦（必要歳出削減額・増税額）であるということになり、その結果、⑦（必要歳出削減額・増税額）－｛必要歳出削減額＝Σ（①＋②＋③＋④）｝が、本来、あるべき⑤『必要歳入増（増税等）』ということになる。

以上で検討したことからわかるように、このような『運転資金項目の回転期間』を求めるような精緻な計算を可能にするためには、『統計』を加味した『現金主義会計』で対応することは到底不可能であり、『発生主義会計に基づいて作成された貸借対照表』の活用が必ず必要ということになるのである。したがって、正確、かつ、現実的な「財政政策」を策定してそれを『予算化』するためには、『現金主義会計』のみによっていては不正確で、しかも、非現実的な結果しかもたらされないということを、為政者をはじめとする関係者は是非とも理解してもらいたいのである。

(8) 「中長期財計画」に役立つ「収支分岐点分析」

また、上記(ア)から(ケ)までについて留意すべき事項は、基本的には単年度ベースの収支分岐点分析について示したものであるが、これを中長期的視点から見たい場合には、将来の税収等の収益及び変動費並びに固定費等の費用の中長期的変化、さらには、資産及び負債の運転資金項目の回転期間等の中長期的変化を参考にして算出した将来に向けての「予測貸借対照表」をベースにして上記の「中長期的視点に立った収支分岐点分析」を行なうことになる。

295

さらに、言うまでもないが、上記(ア)から(ケ)までの検討は、それぞれを単独で行うべきではなくて、経済又は財政の実態に合わせて、上記(ア)から(ケ)の計算を適当に組み合わせて分析を行なうべきものである。

(9) わが国における「公会計改革」のあり方

「収支分岐点分析」の例で見たように、「公会計改革」の基本となるものは「会計の基礎」を現在の「現金主義会計」から「発生主義会計」に改めることが最小限必要な大前提であることが理解できるのであり、「新地方公会計制度研究会報告書」が提唱しているような「統計的手法によった単なる空洞化した貸借対照表」の作成のみでは、「収支分岐点分析」のような精緻な計算を可能にすることは到底不可能であることを理解すべきなのである。

さらに、中長期的視点に立った予測貸借対照表の作成についてのモデルは、既に、英国の資源会計、ニュージーランド等の中長期的視点に立った予算及び決算に関しての発生主義会計による実績が公表されており、「日本のような公会計の後進国」は是非ともこれらの手法を真摯な気持ちで学ぶべきときなのである。

世界的に見て、先進国の公会計の分野において「発生主義会計」が支配的な勢力を占めている中で、今更、[公会計のあり方＝現金主義会計]（財政制度等審議会：平成15年6月30日：「公会計に関する基本的考え方」）などということを言っている時代ではない、ということを為政者及び関係者は心底より反省すべきときである、という点を特に強調しておきたい。

## 第4節　おわりに

2007年6月に制定された「財政健全化法」において、「将来負担比率」が都道府県においては「標準財政規模」の4倍、市町村においては3.5倍というように定められ、これをオーバーした場合には「財政健全化計画」を提出するように定められているが、この3.5〜4倍という数値には何の根拠もなく、とにかく、債務（ストック指標）が標準的年間収入（フロー指標：税収、地方交付税、地方譲与税）の何倍になっているかを対比したものであり、分子と分母の

関連性が全く無視された極めて不思議な「財政健全化判断比率」が提示されている。この考え方によると、公共事業などの公共投資をすると、瞬く間に、この「判断比率」をオーバーすることになり、地方公共団体は「公共投資に慎重」にならざるを得なくなる。このようにあまり関係のない数値を対比させることによって、経営分析の判断基準を設定するとそれからとんでもない結論が招来されることになる。

　この不合理を解決するためには、分子の債務をそれによって取得された「インフラ等の資産」と対比させ、その金額を当初の債務から控除してゆくことによって、単年度収入によって賄うべき「経常支出等の単年度支出」に対応する債務額を算出してこそ、この「将来負担比率」の本来の狙いが達成されることになる。しかし、残念ながら、現在の地方公共団体の単式簿記・現金主義会計によっていては、分子の債務に対応させるべき資産の取得価額を求めることは不可能であり（すべて、「簿外」となっている。）、止むを得ずに目の子算的に3.5～4倍という「判断比率」が算定されたものであり、このようなことを避けるためにも、「財政健全化法」の制定とともに、「公的部門の会計を発生主義に改める法案」も成立させるべきであったと考えられるのである。

　さらに、最近の国会討論を聞いていると、「麻生政権」においては、当面する日本国の課題は「衆議院の解散・総選挙」よりも、「財政出動による景気対策」が優先課題であると主張して、「解散」を主張する民主党との意見対立が先鋭化しているが、これとても必ずしも計数的な裏づけを欠く主観的な景気対策論に終始しており、「金融政策のみが先行した議論」と指摘せざるを得ない。

　こういうときにこそ「発生主義に基づいた現預金のみではない全経済資源の把握とその政策による変化」を計数的に説明することが求められているものといえる。

　すなわち、現預金のみにベースを置く「財政学」の考え方のみでは説明しきれない「金融危機」が、「現在のアメリカ発の経済危機」であり、増税、国債発行等による「不良資産の買取」が盛んに議論され（アメリカの「金融安定化法案」の下院による否決、等）、日本においても、「基礎年金財源」として「つなぎ国債」案が浮上しているようであるが、このような「ケインズ経済学的な

対処方法」のみが有効とはいえない、という反論も無視し得ないのが「極端に疲弊した現在の金融危機」であるとも言える。

つまり、国債の大量発行は国債価格の下落を通じて金利の上昇を招き、かえって景気を冷やしてしまうという懸念も表明されている。

また、有効需要を喚起するためには、「国債発行→設備投資の喚起」という構図よりも、減税、賃上げ等を含む「労働分配率の向上」を中心とした「所得の再分配政策」こそが焦眉の景気対策であるという意見も公表されている。

このように意見が分かれて紛糾しているときにこそ「財政学、経済学、等」が適当な「解」を示すべきなのではあるが、その「解」の計数的な裏づけをなす「ツール」として「伝統的な統計学的手法（需要曲線分析、等）」のみに頼っていては、適切な「解」を求めることは困難であると言わざるを得ない。

このようなときに、「伝統的な統計学的手法」に「思索のため、かつ、具体化ための」明快な根拠を提供することが出来るのは「発生主義に基づく（公）会計学」であり、この「１円単位で物事を考えることを可能にするツールとしての会計学」、すなわち、「数学そのもの」の、「発生主義に基づく会計学」の力を借りなければならないのである。

現在の予算制度は、「現金主義会計」をベースにした資金収支に重点をおいた「一種の会計」ではあるが、これをいかに改善して「行財政の経営管理」に役立てるかについて検討を加えたのが本稿の目的ではあるが、やはり、現金主義会計を前提にした改善手法には自づから限界があり、ましてや、単年度のみではなくて中長期的に資金収支を合理的に管理するためには、「会計の基礎：会計基準」を現金主義会計から発生主義会計に転換しない限りにおいては、有効な改善手法が見当たらない、というのが本稿の結論と言える。

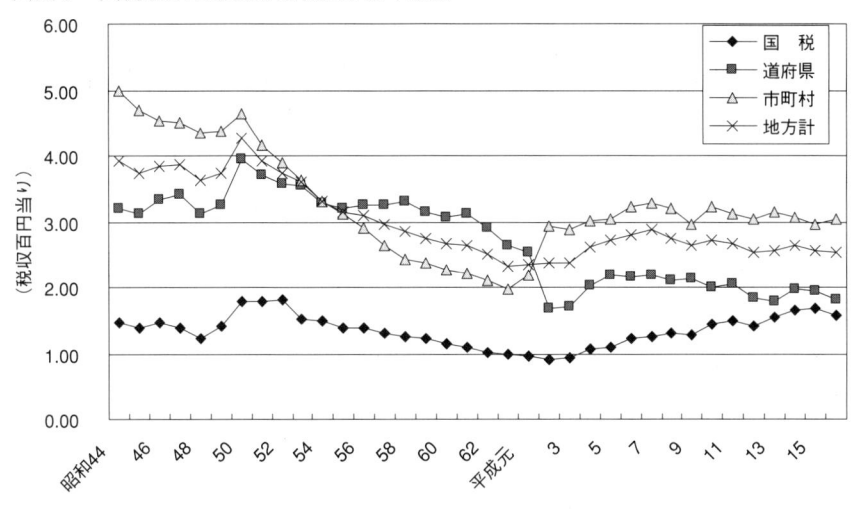

図表5　国税及び地方税の徴収費の累年比較

**【参考文献】**
浅見敏彦編（1986）『世界の財政制度』きんざい
行政改革会議事務局（1997）『諸外国の行政改革の動向』行政管理研究センター
一河秀洋（1988）『財政学』学陽書房
アンディ・リーニー（2004）『行政評価の理論と実務』東洋経済新報社
ケネス・R・フェリス（2003）『企業価値評価』ピアソン・エデュケーション
平澤英夫（1990）『財務諸表分析』日本経済評論社
筆谷　勇（1998）『公会計原則の解説』中央経済社
IFAC Public Sector Committee（2002）『*RESOURCE ACCOUNTING : Framework of Accounting Setting in the UK Central Government Sector*』
UK HM Treasury（2006—2007）『*Government Financial Reporting Manual*』
HM Treasury（2004—2005）『*Resource Accounts*』
IFAC IPSASB（2005）『*Presentation of Budget Information in Financial Statements*』

# 第18章

# 地方自治体における公会計制度改革の方向性
―持続可能で自律的な行政経営の実現に向けて―

小林　麻理
(早稲田大学大学院公共経営研究科教授)

## 第1節　問題の所在

　財政の危機的状況に加え地方分権の推進は、わが国の地方自治体の財政運営に過酷なプレッシャーを与えている。財政の硬直化をいかに回避し、柔軟な財政運営を可能にするか。財政の健全化を図る上でのこの基本的な取組みに対する効果的な処方箋は容易には得られない。それどころか、交付税削減の方向性、さらには世界的な経済不況は一層自治体の中長期の財政見通しを困難にし、投資的経費の抑制以外に解決策を見出せない厳しい現実に拍車をかけている。財政の健全化という第一のハードルを超え、限られた財源をいかに効率的かつ有効に活用するか。単年度管理の視点を脱却し、自治体が保有する人的資源、物的資源をいかにマネジメントするか。ストック情報とフロー情報をリンクさせ、ヒト、モノ、カネ、情報という経営資源の有効活用をいかに図るか。これらが、現在のわが国の地方自治体が直面する極めて重大かつ喫緊の課題である。そしてこの課題を解決する鍵となるのが、自治体の財務情報の経営情報としての位置づけ、言い換えれば、財務情報を効果的に活用して、業績評価と連携した戦略的意思決定を実施できるかであり、それこそが行財政改革の重要な焦点である。

　これまで経営情報としての財務データの蓄積と利用という観点で、地方自治体は財務情報の整備を十分に行ってきただろうか。多くの自治体が、総務省(当時自治省)が2000年3月に公表した「地方公共団体の総合的な財務分析に関する調査研究会報告書」に基づいて、貸借対照表(以下総務省方式という)の作成・公表を行ってきた[注1]。さらに、東京都をはじめとする先進的自治体が、財務諸表の改善・改革を試み、複式簿記と発生主義の導入、フロー情報の作成

や、マネジメント機能を果たす財務情報の作成とシステム構築を実践していることも既知である(注2)。これらの動きは国主導による地方財政の健全化確保の推進、すなわち、2005年地方公共団体の連結バランスシート（試案）の公表、2006年5月「新地方公会計制度研究会」報告書、さらに、2007年6月の『地方公共団体の財政の健全化に関する法律』の公布、同12月の『地方公共団体の健全化に関する法律施行令』、2008年2月の『地方公共団体の財政の健全化に関する法律施行規則』によって一層加速している(注3)。これらのいわば自治体内部の改善努力と国によるコントロールというベクトルは異なるが、地方自治体の財政の健全化の促進という共通の目的をもつ動きが、現在のわが国における地方自治体の行財政改革の方向性といえる。

　本稿はこの問題意識に基づき、わが国における公会計改革の推進の下で(注4)、依然として厳しい財政状況を克服することに困難を抱える地方自治体が取り組むべき改革の要素とそのフレームワークを検討する。財務情報をいかに活用し、自らのキャパシティビルディングを行うべきか、いかなる公会計改革の方向性が求められるかについて検討する。公会計の整備はとりもなおさず、財務情報を重要な経営の情報源としていかに活用するかという基本的視点を超えて、発生主義情報の行政経営への活用、資産・負債管理の一層の体系的整備、そして行政経営の根幹を成す予算制度の改革にまで拡張しなければ、わが国の自治体経営の再生はないといっても過言ではない。これまでの現金主義、単年度の行政管理を超えて、中長期計画を組み込んだ戦略的な行政経営、資源マネジメントが求められるのであり、その意味でいわば抜本的かつ柔軟なマインドの転換が必要とされる。公会計整備の基本的条件が示された現在、財政的、社会経済環境の悪化の中でこそ、わが国の行政経営の活路を見出し、抜本的な改革のスキームの構築を可能とする好機であるといえる。

## 第2節　わが国における地方自治体の公会計制度改革の方向性

　わが国における地方自治体の公会計改革の方向性は、具体的にどのように数字に表れているであろうか。総務省調査「地方自治体の平成18年度版財務書類の作成状況」（2008年3月31日時点）によれば、財務書類の「作成済」が都道

府県100.0%、市区町村58.6%であり、その93%超は依然として総務省方式である。このように現状はこれまでの総務省方式を踏襲する実態が明らかである。しかし、「地方公会計制度研究会報告書」による基準モデル及び総務省方式改訂モデルへの取組みに自治体が移行していることを同調査の次のような数字から読み取ることが出来る。すなわち、「作成中」の市区町村232団体（12.45%）のうち基準モデルは3団体（1.29%）にすぎないものの、総務省方式改訂モデルについては143団体（61.64%）が取り組んでいる。まさに財務書類の作成に対する地方自治体の取組の本格化を窺うことが出来る(注5)。これらの動向を同調査に基づき要約すると、図表1のとおりである。すなわち、作成済団体1,111団体で移行予定ありのうち基準モデルが115団体（10.35%）、総務省改訂モデルが812団体（73.09%）、また、「未作成」の520団体の作成予定については、基準モデルが82団体（15.77%）、総務省改訂モデルが393団体（75.58%）である。「作成済」「作成中」「未作成」のすべてにわたって公会計整備の方向性は、基準モデル10.74%、総務省改訂モデル72.36%という数字に如実に表れているとおり、自治体は少なくとも総務省の指導の下、あるべき財務情報の整備に向けて真剣に取り組んでいるということができる。

図表1 「地方公会計制度研究会報告書」に基づく公会計整備の状況

|  | 団体数 | % | 基準モデル 団体数 | % | 総務省改訂モデル 団体数 | % | 公会計整備の方向性* 団体数 | % |
| --- | --- | --- | --- | --- | --- | --- | --- | --- |
| 作成済 | 1,111 | 59.63% | 115 | 10.35% | 812 | 73.09% | 812 | 73.09% |
| 作成中 | 232 | 12.45% | 3 | 1.29% | 143 | 61.64% | 143 | 61.64% |
| 未作成 | 520 | 27.91% | 82 | 15.77% | 393 | 75.58% | 393 | 75.58% |
| 総計 | 1,863 | 100.00% | 200 | 10.74% | 1,348 | 72.36% | 1,348 | 72.36% |

＊ここでは移行予定の時期を区別せず、基準モデル、総務省方式改訂モデルを検討しているものを合計して公会計整備の方向を示すものとして団体数、比率を算定している。
（出典）総務省「地方公共団体の平成18年度版財務書類の作成状況について（調査日：平成20年3月31日）」別紙「地方公共団体の平成18年度版財務書類の作成状況」2008年5月14日 http://www.soumu.go.jp/s-news/2008/080514_2.html （2008年12月25日現在）pp.1－4のデータに基づき編集して作成

## 第3節　わが国の地方自治体の公会計制度改革に必要とされる基本要素

　「地方公会計制度研究会報告書」によって確立された4表、すなわち貸借対照表、行政コスト計算書、資金収支計算書、純資産増減計算書の大きな意義は、次の2点に集約される。すなわち、第一は、市場における対価性取引をほとんど含まない政府の会計においてストックとフローのリンケージを確立したこと、第二は、発生主義を導入したことである。これまでの単式簿記による現金主義、単年度管理により必然的に生じていた行政管理の限界を乗り越えることが出来る制度的な基盤が確立されたということができる(注6)。まさにその基盤整備としての会計制度のあり方、基準を総務省研究会報告書は設定したのであり(注7)、ストックとフローをリンクさせる財務管理のあり方、特に資産負債管理における発生主義情報の利用可能性を強調する点で、重要な意義を持つ。地方自治体はその意義を十分に確認して、財政運営、「資源」マネジメントに取り組む必要がある。

　このことを踏まえ、わが国の地方自治体における公会計改革に必要とされる基本要素として次の4点を挙げ、それらの意義を明らかにしよう。
① 発生主義に基づく財務情報活用
② 長期的視点による資産管理・債務管理の体系的方法の確立
③ 行政サービス及び／又は施策のフルコストの算定によるコスト・ベネフィットの把握
④ 複数年度の視点による効果的かつ効率的な予算制度改革

### 1．発生主義に基づく財務情報活用の重要性

　財政の逼迫と多様なサービスニーズの増大、しかも債務管理の重要性の増大という極めて困難な課題に直面しているわが国政府がまさに喫緊に検討すべき課題は、キャッシュを中心とする従来型の行政運営からの脱却である。その意味で、限られた資源の活用と長期的な財務的生存可能性の確保というまさにマインドの抜本的な転換が迫られているといえる。この点において発生主義情報は、行政サービスの原資であるヒト、モノ、カネ、情報を含む資源の効果的な

マネジメントの視点を提供する点で極めて重要であり、有効に活用されれば、まさに最適な行政マネジメントを実現することができる。このことを地方自治体はまず認識すべきである。

発生主義情報はいかなる点で行財政マネジメントに有用なのか。2002年4月国際会計士連盟（International Federation of Accountants：IFAC）パブリック・セクター委員会（Public Sector Committee：PSC）が発行した『発生主義会計への移行：政府及び政府関係機関のためのガイダンス』(注8)に基づき、政府における発生主義会計の便益とは何かを検討しよう ［IFAC, 2002, pp. 7－10］。

PSCは、まず発生主義会計による便益として、発生主義により作成された財務報告に含まれる情報が、アカウンタビリティと意思決定の両者に有用であり、会計情報の利用者が次のような評価や意思決定を行うことが可能となることを指摘している。

① 政府がコントロールするすべての資源とそれらの資源配分に対するアカウンタビリティを評価する。
② 政府の業績、財政状態及びキャッシュ・フローを評価する。
③ 政府に資源を提供し、取引を行うことに関して意思決定を行う。

より詳細なレベルでは、次のようなメリットが指摘される。

① 政府がその活動にどのように資金を調達し、その現金要求額を充たしたかを示す。
② 財務情報の利用者が、政府がその活動に資金を調達し、負債及び約定を充たすことができる現在の能力を評価することができる。
③ 政府の財政状況及び財政状況の変動を示す。
④ 政府がその資源マネジメントに成功したことを実証する機会を政府に与える。
⑤ サービス・コスト、効率性、達成によって政府の業績を評価するのに役立つ。

費目別ではコストの管理には限界がある。目的別、すなわち施策別、サービスアウトプット別にコストを発生主義に基づき集計することに、発生主義情報の意義があることを改めて認識する必要がある。

## 2．資産管理と負債管理の体系的方法の確立

　発生主義に基づく財務情報はこれまでの現金主義に基づくフロー経営とは異なる長期的視点を提供する。資産の形成は将来にわたるサービス提供を目的とするものであり、また資産の形成に当たっては将来にわたって負債を負う場合もある。発生主義会計により、主体の全般的な財政状況及び資産負債の現在のストックに関する情報が提供されるが、これらの情報は、政府が以下のことを行うために必要である［IFAC, 2002, pp.7－10］。

① 政府が提供したいと考えるサービスに対する資金調達の実行可能性に関する意思決定を行う。
② 財務諸表に認識された資産及び負債のマネジメントについてパブリックに対するアカウンタビリティを実証する。
③ 資産の維持管理及び更新に必要とされる将来の資金調達額を計画する。
④ 現在の負債の返済又は履行について計画する。
⑤ 現金有高及び資金調達要求額を管理する。

　発生主義会計においては、資産及び負債の完全な記録を維持することが必要である。これにより、より優れた維持管理、更新に関する適切な方針の決定、余剰資産の識別と廃棄、損失に対するより優れたリスク・マネジメントをはじめとして、資産マネジメントを効果的に行うことができる(注9)。これはまた、マネジャーに対する次のようなプラスのインパクトも喚起する。すなわち、資産の識別及び減価償却を認識するにより、マネジャーが、サービス提供に固定資産を利用することのインパクトを理解することにより、よりコスト・コンシャスになり、サービスを提供する別のよりよい方法を検討する可能性を生むということである。

　また、発生主義会計により、現在の負債、潜在的又は偶発的な負債を識別する一貫性のあるフレームワークが提供されるため、次のようなメリットを指摘することができる。

① 政府が、単に借入れのみならず、すべての認識された負債の返済を承認し、計画するようになる。
② 現在の負債が将来の資源に与えるインパクトに関する情報を提供する。

③　すべての負債の管理責任を個別に明確化し、管理することが可能となる。
　④　政府が現在のサービスを提供し続けることができるかどうか、政府が新規のプログラム及びサービスを行う余裕がどの程度あるかを評価するのに必要なインプットを提供する。

これらの発生主義情報から得られるメリットをどのように活用すべきであろうか。個別の資産管理、個別の負債管理を徹底して実施し、さらに全体の資産管理、負債管理の評価に役立てることが必要である。資産、負債には長期的な管理の視点が必要不可欠であり、長期計画に単年度管理を組み込む思考が重要な観点である。

## 3．行政サービス及び／又は施策のフルコストの算定によるコスト・ベネフィットの把握

　さらに、発生主義会計により間接費を把握し、施策及び／又は行政サービスに対して間接費を一定のルールで配賦し(注10)、フルコストを算定することが可能になる。これにより、以下のことを行うことが可能となる。
　①　特定の政策目標の結果としてのコストとこれらの目標を達成するための別の方法による場合のコストを検討する。
　②　政府機関内でサービスを提供するのに資金を配分すべきか、政府以外の組織から直接財又はサービスを購入すべきかどうかを決定する。
　③　利用者料金がサービスに関連して発生するコストを回収すべきかどうかを決定する。
　④　特定のコストを管理する責任を割当てる。

　また、発生主義会計により個々の政府組織が次のことを行うことが可能となる。
　①　物理的資産の減価償却及び無形資産の償却並びに特定の活動を遂行するトータルコストを記録する。
　②　財及びサービスを生産し、政府に権限を委任された資源を管理する最も効率的な方法を評価する。
　③　原価回収方針の適切性を決定する。

④ 予算に対して実績のコストを監視する。

このように、発生主義に基づく財務情報が、政府の意思決定と業績評価、しかも長期的な視点による財政運営に極めて有用であることは明らかである。ここで改めてわが国自治体における財務情報の有用性の試金石は、「目的に適合した情報であるか否か」であり、その情報が行政マネジメントにいかに有用なのかを検証することであることを再確認する必要があろう。「財務情報の公表＝アカウンタビリティの履行」ではない。アカウンタビリティとは、政府が徴

図表2　発生主義会計と現金主義会計の目的別比較

|  | 発生主義 | 現金主義 |
|---|---|---|
| アカウンタビリティの改善 | 財務諸表の利用者がより広義に財務マネジメントのパフォーマンスを評価するのに役立つ。 | 現金の使用に焦点を当てるという意味で狭義 |
| 財務政策と財務パフォーマンス | 財務状態の測定の基礎を提供するため、より優れた財務政策と財務パフォーマンスに貢献する。 | 資源の適切な配分が困難 |
| 債務マネジメント | 債権・債務に関する情報が統合的に提供され、世代間の公平性に資する情報が得られる。 | 資産及び負債の規模が適切に開示されないため、現金残高及びキャッシュ・フローを適切に管理するには不十分で、将来の納税者に負担を課すことになる。 |
| ストックマネジメント | 政府が保有する財のストック情報を提供し、運転資本を最小化する最適なストックマネジメントが可能となる。 | 資産の耐用年数にわたって減価償却を行わないため、資産の取得費用を現在の納税者に負担させることになる。 |
| サービスのフルコストの測定 | プログラムのフルコスト、プログラムコストの毎年の変動を明らかにし、意思決定と業績評価に有用な情報を提供する。 | 取引記録が、キャッシュアウトフローによって示され、一定期間に発生すべき費用を無視することになる。 |

（出典）Warwick Funnell and Kathie Cooper, *Public Sector Accounting and Accountability in Australia*, UNSW Press, 1998, pp.138-139を参考に作成

収した財源をいかに適切な行政目的のために活用し、いかなるパフォーマンスを現在及び将来にわたってあげることができるかを説明することであるとすれば、行政サービスのフルコスト、ライフサイクルコストを算定し、適切な資本マネジメントを行うのに有用な財務情報こそが求められるべきことは明らかである。財政が縮減し、政府が有する資源全体の効果的なマネジメントが求められる現在においてこそ、発生主義に基づく財務情報がもつ意味とその利用可能性は大きいといえる。

## 4．複数年度の視点に基づく予算制度改革

これまで単年度、現金主義の原則で運営されていたわが国の地方自治体の予算制度は、次の点で限界があった。すなわち、行政評価を実施している場合においても、予算、決算、行政評価のサイクルが整合せず、PDCAサイクルが効果的に機能しないという重大な問題点である。この問題点を解決するために、複数年度予算の仕組みによる予算制度改革の視点を強調したい。ここで提起する複数年度予算とは、図表3に示されるようなローリングによる業績評価と予

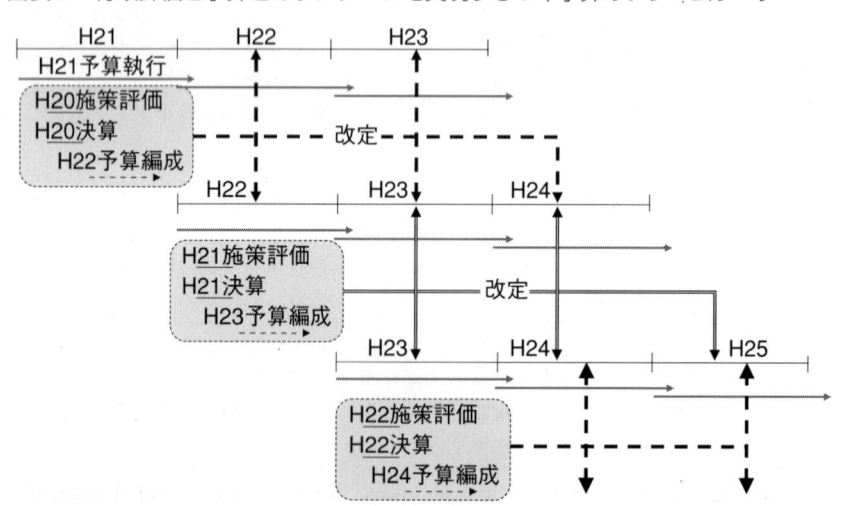

図表3　行政評価と予算とのリンケージを実現する3年予算のフレームワーク

（出典）筆者作成

算とのリンケージを実現する３年予算の仕組みである。

　この場合、2009年度の予算が既に執行されている状況で、2008年度の決算と施策評価が実施され、それに次いで2010年度の予算編成が実施される。この時点で2009年度から2011年度の予算がすでに編成されていれば、予算の執行状況を把握しながら、2010年度から2012年度の予算の改定作業を実施することができる。単年度主義のもとで毎年議決される予算に加え、翌々年、さらにその翌年度の予算を編成することにより、予算執行時に執行管理を行いながら、その翌年度予算、翌々年度予算をローリング方式で改定することが可能になる。PDCAサイクルを効果的に機能させるための効果的な仕組みであり、予算、決算という時点による管理思考からの脱却を図ることが出来る。2009年度には、９月を目途として行政評価（施策評価）と決算を行い、さらに2010年度の予算編成を行う。当然2009年度予算は執行の途上にあるが、当該年度の評価、決算を執行における進捗度管理に活用できると同時に、2010年度予算は当初編成した予算を改定する作業となり、どのような変化がその間に影響を与えているのかを検討しながら改定作業に情報を組み込むことが可能となる。また、予算編成の作業自体が効率的、効果的に進捗する結果を生み、PDCAサイクルを機能させることができる。

## 第４節　公会計制度改革の基本要素を機能させる基本的考え方

　地方自治体が公会計制度整備のスタートラインに立った現在、厳しい環境にあるからこそ、目的適合的な財務情報を柔軟に行財政マネジメントに活用し、求められる政策のアウトカムを最適かつ効果的に実現することが望まれる。この点でコントロールのフレームワークとして現在多くの自治体が実施している行政評価をさらに計画にフィードバックする仕組みの制度的構築、決算分析を含め広範な業績測定情報を予算編成に活用する具体的方策の検討と実践が、閉塞した自治体財政の将来を切り開く鍵となる。

　では、公会計制度整備が行財政改革を促進し、自律した地方自治体の行財政運営を支えるために必要とされる基本的考え方とはいかなるものであろうか。次の５点を指摘したい。第一は、財政健全化法を軸とする現行の改革が、健全

化を主目的とするいわばベースラインを設定するにすぎないものであることを認識した上で、国によるコントロールから脱却し、真の地方自治を実現する自律的かつ積極的な行政への転換を図ることである。第二は、作成を目的とする財務書類ではなく、意思決定と業績評価に最大限に活用する財務書類の作成へと、抜本的にマインドをシフトすることである。第三は、キャッシュベースの経営から、ストックとフローを連動した、資源に関する情報を活用する経営に転換することである。第四は、単年度ベースを中心とする管理ではなく、中長期計画に単年度管理を組み込むマインドセットに転換することである。第五は、積極的に情報開示を行い、情報の信頼性、理解可能性を高め、さらにすべてのユーザ、すなわち、住民、議会・監視機関、投資家・債権者、そしてとりもなおさず行政内部にとっての利用可能性を高めることである。

　この基本的な考え方を基礎とした上で、自治体財政の将来を切り開くためには、わが国の地方自治体は公会計改革において、公会計改革に向けた行政担当者の大きなマインドの転換の必要性と、発生主義に基づく財務情報の一層の活用が強調されるべきであり、次の5つのステップを提示したい。すなわち、第一に、経営情報としての財務データの位置づけ、第二に、経営情報としての財務情報の体系的整備、第三に政府全体の財政状態・運営状況を示す財務データの整備と報告、第四にPDCAサイクルを機能させるための中期財政計画と予算との連携、第五に行政評価情報の予算編成への組込み、である。

　第一ステップの経営情報としての財務データの位置づけは、議会のみならず行政自らが予算・決算に示される実質的な内容としての政府のサービス提供能力を把握しなければ、市民をはじめとする外部のステイクホルダーにとっても有用な情報とはなり得ないということを意味している。夕張破綻はまさにこの例証といえる。行政担当者は、政府の意思決定と業績評価に役立つ経営情報として財務データを位置づけることからまず着手し、自らの自治体の財政状況、運営状況について分析・説明して、アカウンタビリティを果たすことが必要である。

　第二ステップの体系的整備は、自治体が有する財務データを予算編成、決算を通じた業績評価に活用するために、目的適合的に体系的な整備を行うことを

意味する。体系的な整備に当たっては、減価償却費等を含めた間接費の配賦による事業別、施策別のフルコストの把握を目指すことが求められる。費目別管理ではなく目的別のコスト管理の方法を開発し、実践することが必要である。前年度実績をベースとした従来型の予算編成から脱却し、市民の要求水準を基礎とした優先順位づけに基づくプログラム、プロジェクトの選定、その選定に役立つコスト情報の整備が重要な課題である。

　第三ステップの政府全体の財政状態、運営状況の把握は、普通会計、公営企業会計のみならず政府出資の団体を連結して、政府全体の状況を把握し、報告することの重要性を示すものである。政府の透明性を高めるとともに、行政経営情報としての有効性が強調される。

　第四ステップの中期財政計画と予算との連携は、単年度管理の思考から複数年度の視点によるマネジメントを促進することを意味する。中長期にわたって活用する政府が保有するすべての資源を短期的な管理の視点と長期的な管理の視点の両者により、効果的にマネジメントする必要がある。

　第五ステップは業績測定と予算編成との連携の重要性を示すものであり、行政評価を実施している多くの自治体において課題とされているものである。これを実現するためには、個別の行政サービスの業績測定とともに、全体としての政策の達成評価に業績測定指標をリンクさせる業績評価体系を開発、確立することが重要なポイントとなる。

　わが国の自治体の公会計制度改革においては、まず従来の単年度思考、フロー管理から脱却すること、さらに住民に直接サービスを提供する基礎自治体においては、コスト管理、自治体が産出するサービスや財について原価計算の視点を持ってフルコストを算定することが優先課題である。特にサービスの原価を正確に算定することは、市場化をはじめとして行政が行うべき意思決定の有用な基礎情報となる。さらに、長期的思考と短期的思考を結合し、財務趨勢、コスト情報、業績評価情報を基礎として、統合的なマネジメントを行うことに加えその結果を公表し説明して、アカウンタビリティを遂行し、透明性の高い自治体となること、これこそがわが国の地方自治体の行政改革のボトルネックを打開し、自治体財政の明るい未来を切り開く鍵である。

（注１）総務省によれば、2005年３月31日現在で普通会計バランスシートを作成しているのは都道府県、政令市で100％、市区で85.2％、町村で44.6％、行政コスト計算書については都道府県95.7％、政令市100％、市区62.0％、町村20.1％、地方公共団体全体のバランスシートについては、都道府県66.0％、政令市100％、市区21.3％、町村6.3％である。これに続いて、総務省は2001年行政コスト計算書・各地方公共団体全体のバランスシート作成モデルを公表している。
（注２）東京都が2003年５月、『東京都の会計制度改革の基本的考え方と今後の方向』を公表し、複式簿記と発生主義を導入する方針を明らかにしたこと、また財務諸表体系として、貸借対照表、業績コスト計算書、キャッシュ・フロー計算書を設定し、アカウンタビリティの遂行とマネジメントへの活用を明示し、システムによる対応を実践していることは周知である。
（注３）『地方公共団体の健全化に関する法律施行令』においては、実質赤字比率、連結実勢津赤字比率、実質公債費比率、将来負担比率の４指標について、早期健全化基準の数値を規定したのをはじめとして、それぞれの数値のベースラインを明確に示し、健全化の道標を規定した。さらに2008年２月の『地方公共団体の財政の健全化に関する法律施行規則』においては、健全化法及び同施行令により、総務奨励で定めるとされた指標の算定方法や報告等が規定されている。
（注４）2006年５月18日に公表された総務省「新地方公会計制度研究会報告書」は、国の財務書類体系とも整合性をもち、資産・債務管理、費用管理のみならず、政策評価・予算編成・決算分析への活用など、わが国の地方自治体の財務情報に新たな意義づけを行い、効果的な財政運営を実現する有用な財務情報の作成・整備に向けた基本要件を提示するものとして注目される。さらに同報告書が、「取組が進んでいる団体にはさらなる改善を求めつつ、都道府県、人口３万人以上の都市とともに、３年を目処に、４表の整備ないしは４表作成に必要な情報の提示・開示を求める」としていることは、まさに国と地方が連携して、公会計制度改革を実践し、財政活動の効率化・適正化を強力に推進することが喫緊の課題であることを如実に示すものといえる。これを受け、2007年10月17日には総務省自治財政局長により、各都道府県知事、各政令指定都市市長に対し、「公会計の整備推進について（通知）」が発出され、「財政運営と構造改革に関する基本方針2006」「同2007」等によって要請されている公会計整備の推進の周知徹底が図られている。
（注５）この総務省調査では、都道府県は総務省方式で93.6％が作成済み、また市区町村では作成済みのうち２団体（0.2％）が基準モデル、45団体（4.2％）が総務省方式改訂モデル、995団体（93.5％）が総務省方式により作成していることが明らかにされている。
（注６）わが国におけるこれまでの単式簿記を所与とした現金主義のデメリットは、既に様々なところで論じられている。例えば、原田富士雄氏は、わが国の地方自治体の会計に関する現行制度を前提としながら、次のように指摘した。［原田、1989、p.55］

　「『予算』として流れる単年度の収支の均衡を図ることに重点がおかれており、単式簿記に基づいて年度間の収支を締めることで一切が決着する仕組みになっている。それは、一種の家計簿経済に等しい構造となっており、したがってすべての歳出予算は当該年度における『経費の支弁』としてのみ認識される。そこでは、消費的支出・資本的支出といった区別がなされることはない。また、予算の執行過程で取得された各種資産は『財産』であって、公共財たる行政サービスを長期にわたって提供していくための『資本』である、とい

う認識もない。」
(注7) この点において、同報告書は大きく次の2つの重要な意味をもつ。すなわち、第一は、わが国の政府におけるストック情報とフロー情報を連動させた財務諸表体系を整備・確立したこと、第二は、ストック情報を含め、発生主義に基づく財務情報の利用可能性を拡大したこと、である。
(注8) IFAC パブリック・セクター委員会は、国際パブリック・セクター会計基準 (International Public Sector Accounting Standards : IPSASs) に準拠して発生主義会計に移行しようとする政府及び政府関係機関を助力することを目的として同ガイダンスを発行した。
(注9) 「新地方公会計制度研究会報告書」は、4表のうち資金収支計算書についてパラグラフ73で次のように区分表示の観点を明確に述べている。「資金収支計算書においては、複会計予算制度と同様の財政規律の確保及び基礎的財政収支(プライマリー・バランス)の計算・開示という観点から、資金収支の性質に応じて『経常的収支区分』、『資本的収支区分』及び『財務的収支区分』の3区分による表示を行う。」ここで複会計予算制度とは、注記にもあるとおり「資金収支を経常的収支勘定と資本の収支勘定に二分した上で、それぞれ独立して予算編成を行う」仕組みであり、これまでわが国のフローによる公会計制度には存在しなかったストック管理としての資本予算を設け、経常予算と資本予算のデュアルバジェットを策定し、管理することを意味する。
(注10) 間接費の配賦に当たっては、活動基準原価計算による活動分析に基づき、コスト発生の因果関係を明確にする方法が推奨される。その意味は、フルコストを出来る限り正確に把握することが、適切なコスト・ベネフィットの評価につながるからである。

## 【参考文献】

Funnell, Warwick and Kathie Cooper, *Public Sector Accounting and Accountability in Australia*, UNSW Press, 1998

IFAC, Public Sector Committee, *Transition to the Accrual Basis of Accounting : Guidance for Governments and Government Entities*, International Federation of Accountants, 2002

新地方公会計制度研究会『新地方公会計制度研究会報告書(2006年5月)』総務省,2006年5月

総務省「地方公共団体の平成18年度版財務書類の作成状況について(調査日:平成20年3月31日)」別紙「地方公共団体の平成18年度版財務書類の作成状況」2008年5月14日http://www.soumu.go.jp/s-news/2008/080514_2.html (2008年12月25日現在)

吉田寛・原田富士雄共編著『公会計の基本問題』森山書店(原田富士雄稿「地方公会計とストック情報」), 1989年

【編集委員一覧（50音順）】

池宮城　秀正
小松　　陽一
橋本　　行史
筆谷　　勇
山内　　昭

【執筆者一覧（50音順）】

池宮城　秀正　　　鵜川　　正樹
亀井　　孝文　　　小松　　陽一
小林　　麻理　　　鈴木　　豊
徳江　　陸　　　　橋本　　行史
藤田　　昌弘　　　筆谷　　勇
星野　　泉　　　　前村　　昌健
松行　　康夫　　　山内　　昭
山本　　清　　　　米田　　正巳
若山　　浩司　　　和田　　尚久

## 地方自治の最前線

2009年10月15日　発行

| 編　者 | 日本地方自治研究学会 ⓒ |
|---|---|
| 発行者 | 小泉　定裕 |
| 発行所 | 株式会社 清文社<br>東京都千代田区内神田1−6−6（MIFビル）<br>〒101−0047　電話 03(6273)7946　FAX 03(3518)0299<br>大阪市北区天神橋2丁目北2−6（大和南森町ビル）<br>〒530−0041　電話 06(6135)4050　FAX 06(6135)4059<br>URL http://www.skattsei.co.jp/ |

印刷：亜細亜印刷㈱

■著作権法により無断複写複製は禁止されています。落丁本・乱丁本はお取り替えします。
■本書の内容に関するお問い合わせは編集部までFAX（06-6135-4060）でお願いします。

ISBN978-4-433-37389-4